H.27年6月9日(火)購入、黒崎、尾崎氏の車で駅に行く．

新TOEIC®テスト
英単語
ターゲット3000

松井こずえ 著

TOEIC is a registered trademark of Educational
Testing Service (ETS).
This publication is not endorsed or approved by ETS.

JN238201

はじめに

　ビジネスでも日々の生活でもインターネットが欠かせないものになってきており，誰もが国際化への急速な流れの中にいます。同時に世界と繋がる共通言語として，英語力がよりその重要性を増しています。

　これは近年，多くの企業や大学が高い英語力をつけるための研修・講習に力を入れていることからもわかります。そして，英語力を測るための目安として，日本で広く利用されているのがTOEICテストのスコアです。

　そこで，"まずはTOEICのスコアアップを目標として英語の勉強を進めよう"という方にぴったりなのが本書です。長年のTOEIC指導経験を持ち，学習者のつまずきやすいポイントを熟知した著者が今までの問題を徹底的に分析して執筆しました。

　TOEICテストは，ビジネスと日常の中でよく出てくる場面が満載です。日常のちょっとした会話からビジネスでのやりとり，時事的な問題まで広くカバーしています。ですから，TOEICの勉強を通して，ビジネスでも日常でも通用する高い英語力をつけることができるのです。

　英語力は，あなたの大きな強みとなります。チャンスを逃さず，より広い人脈をつくることができます。また，ネットで海外のニュースはもちろん，論文などから情報を集めることもできます。英語ができるか否かが，個人の情報収集能力の差にもなるのです。

　本書が，一人でも多くの方の英語力向上に役立ちましたら，著者としてこれ以上の喜びはありません。最後になりましたが，実戦TOEIC語彙の英文作成に協力いただいたPhilip Griffinさま，全般にわたってお世話になりました旺文社の山田弘美さま，九内麻妃さまに深く感謝を申し上げます。

松井こずえ

CONTENTS もくじ

はじめに
TOEIC テスト 単語の学習法 6
本書の利用法 10
本書の音声について 12
（付属 CD，音声ダウンロードサービス）

第1部　TOEIC 基本語彙　13

動詞	一般編 14	副詞・前置詞 193
	ビジネス編 65	イディオム 205
名詞	一般編 102	
	ビジネス編 128	基本語彙ミニテスト 222
形容詞	一般編 155	
	ビジネス編 176	

第2部　TOEIC ビジネス基礎語彙　263

会議 264	職種 284	決算 304
部門 266	備品 286	収支 306
業務 268	電話 288	商品 308
演説 270	上下関係 290	宣伝 310
会社 272	給料 292	販促物 312
組織 274	昇進 294	注文 314
取締役会 276	辞職 296	請求書 316
株 278	利率 298	顧客 318
会社間の関係 280	利益 300	不況 320
業者 282	会計 302	公共料金 322

編集：山田弘美，九内麻妃
編集協力：株式会社シー・レップス，有限会社ファイアーウィード　成澤恒人，高橋工房
データ提供：有限会社イー・キャスト　英文作成：Philip Griffin

第3部　実戦 TOEIC 語彙　325

〈人　事〉
1　求人広告 …………… 326
2　推薦状 ……………… 328
3　異動 ………………… 330
4　送別会 ……………… 332

〈講演・パーティー〉
5　招待状 ……………… 334
6　創立記念 …………… 336
7　基調講演 …………… 338
8　講習会 ……………… 340

〈会議・電話・ネット〉
9　会議の連絡 ………… 342
10　留守電 …………… 344
11　インターネット …… 346

〈発注・取引〉
12　問い合わせ ……… 348
13　受注 ……………… 350
14　催促状 …………… 352
15　クレーム ………… 354
16　保証書 …………… 356

〈財務・会計〉
17　経費精算 ………… 358
18　企業の収益報告 … 360

〈移転・閉鎖〉
19　移転通知 ………… 362
20　改修の連絡 ……… 364

21　企業の合併 ……… 366
22　工場の新設 ……… 368
23　ストライキ ……… 370
24　工場の閉鎖 ……… 372

〈環　境〉
25　環境に優しい車 … 374
26　クリーンエネルギー … 376

〈放送・アナウンス〉
27　着陸に向けたアナウンス …… 378
28　ツアーガイドのあいさつ …… 380
29　天気予報 ………… 382
30　交通情報 ………… 384
31　停電 ……………… 386
32　住宅ローン ……… 388

〈案内・アンケート〉
33　口座開設の案内 … 390
34　保養地の案内 …… 392
35　パンフレット …… 394
36　セール …………… 396
37　アンケート ……… 398
38　フィットネスクラブの案内 … 400
39　ボランティアの案内 ……… 402
40　雑誌の購読更新の案内 …… 404

〈批　評〉
41　レストランのレビュー …… 406
42　本の紹介 ………… 408

INDEX（さくいん）…………… 410

装丁デザイン：浅海新菜（及川真咲デザイン事務所）　本文デザイン：伊藤幸恵
本文イラスト：おおさわゆう、山口絵美（pict-web.com）
録音：有限会社 スタジオ ユニバーサル

TOEIC テスト 単語の学習法

TOEIC に出題される語彙を知ろう

1　TOEIC で出題される語彙

　TOEIC に出てくるシーンは，ほとんどがビジネスと日常生活ですので，当然ながら TOEIC 語彙と言えば，ビジネス用語と日常用語になります。そして，学校で皆さんが学んできた語彙を考えたとき，特に注意しないといけないのは，ビジネス用語です。

　よく知っている単語でも，ビジネスならではの別の意味になることがあります。例えば，printer「プリンター，印刷機」はビジネスでは「印刷業者」の意味でもよく使われます。TOEIC ではどちらの意味でも出題されますので，状況に合わせて判断することが必要です。

　本書で取り扱う単語を選定するにあたり，このような点にも十分注意を払いました。重要な基本単語から TOEIC によく出てくるシーンでキーとなる単語まで，さらにビジネスならではの意味もしっかりと盛り込まれています。

2　TOEIC 各パートの特徴

●リスニング

　リスニングパート（Part 1 から Part 4）は，特別に難しい単語は出てきませんが，耳で聞き取らないといけないため，目で見て理解するよりも難易度は上がります。

　写真問題の Part 1 では，人の動作や物の位置などを表す語彙に注意してください。適切な応答を問う Part 2 では，半分以上の設問が Who, Where など疑問詞で始まりますから，職業，場所や時間などに関する語彙が重要です。会話やアナウンスを聞いて 3 つの設問に答える Part 3 と 4 では，状況を把握することが大切で，広い分野での基本的語彙が必要とされます。

● リーディング

　リーディングパート（Part 5 から 7）では，比較的難しい語が出てきます。特に Part 7 では，数は多くはありませんが高難度の単語が出ています。前後の意味がわかればおよその意味は推測できる場合もありますが，単語は知っているに越したことはありません。日ごろから着実に語彙力を上げていく地道な努力が大切です。

TOEIC 単語の効果的な学習方法

　単語を学習するにあたって，ポイントは三つあります。一つ目は「繰り返し単語に触れること」，二つ目は「派生語や類義語で語彙を増やすこと」，そして三つ目は「背景知識を知ること」です。

1　繰り返し単語に触れる

　ほとんどの単語は，「あれ，前に見たことがあるのだけど…」「以前覚えたはずだけど，意味は何だったかな…」と何度も辞書を引き，覚えては忘れて…を繰り返して覚えていきます。一つの単語につき10回ほど"出会い"を繰り返すと，その単語を忘れることはほぼなくなるそうです。

　この"出会う"チャンスが増えれば，それだけ早く単語を覚えられることになります。つまり，普通に過ごしていれば10回出会うのに10年かかる単語を，意識することで１カ月の間に10回出会うようにすれば１カ月で覚えられることになります。

　"出会う"チャンスを増やすために，ぜひ日ごろの生活の中で，これは英語でどのように言うのだろうと意識するようにしましょう。例えば洗濯時に，do the laundry「洗濯する」と口に出すようにすれば，自然と繰り返すことが多くなりますから，それだけ定着しやすくなります。このようなちょっとした意識の積み重ねが，確実に後の大きな違いとなって現れてきます。

2　派生語や類義語で語彙を増やす

　単語を勉強するときは，できるだけその派生語や類義語なども一緒に覚えるようにしましょう。一つの単語からどんどん単語が広がるので，効率的に語彙力をつけることができます。

　TOEICでは，"言い換え"問題が多く出題されます。これは，本文に出てきた単語をそのまま使うのではなく，同義の別の単語を使って言い換えた選択肢を正解とするものです。特にこのタイプの問題では，類義語を知っていることが非常に重要となります。

　最初は，一緒に覚えると派生語や類義語一つ一つの意味が，きちんと覚えられないと思う方がいるかもしれません。それでもかまいません。元となる単語と一緒に覚えることで，"よいイメージの単語"か"悪いイメージの単語"かなど大まかに捉えることができます。それだけでも英文を理解する上で大きな助けとなります。繰り返しの勉強を通して，大まかなイメージを徐々に具体的な意味へと狭めていくことができます。

3　背景知識を知る

　TOEICで出てくる単語やシーンには，ビジネスの状況に馴染みがないために，ピンとこないものがあります。そこで，広くビジネスで使われる基本語彙やシーンを理解しておく必要があります。ビジネス関連の本や外国映画のDVDなどを利用することもできます。また，興味のあるビジネスニュースがあればネットの英文記事を読んでみるとよいでしょう。

本書の特徴

　本書は，「TOEIC基本語彙」，「TOEICビジネス基礎語彙」，そして「実戦TOEIC語彙」と，3つの章に分かれています。

❶　見出し語の複数回掲載

　「TOEIC 基本語彙」では，イディオムを除く536の見出し語それぞれが，ほかの見出し語の例文中でも使われています。つまり，このセクションの例文中に，どの見出し語も必ず複数回登場するので，その分本書は単語に"出会う"チャンスが多いのです。

　また，「TOEIC ビジネス基礎語彙」で取り上げたメインの30用語について，その多くが「実戦 TOEIC 語彙」の長文中でも使われています。

　さらに，付属の CD には，「TOEIC ビジネス基礎語彙」を除く全ての例文や長文が収録されています。CD を利用した勉強でも，単語に"出会う"チャンスが倍増されていることになります。

❷　類義語や関連表現，フレーズが多い

　本書では，見出し語とともに派生語や類義語，反意語などの関連表現やフレーズを数多く載せています。ですから，見出し語を軸にして大変効率的に語彙を増やしていくことができます。

❸　ビジネス関連の背景知識がわかる

　「TOEIC ビジネス基礎語彙」では，一般的なビジネスシーンを理解するのに必要かつ重要で，基本的な30のビジネス用語やその背景をわかりやすく解説し，関連用語をまとめています。

　さらに，「実戦 TOEIC 語彙」では，ビジネスシーンを中心に42の長文が出ています。ビジネス独特の言い回しも数多く出てきます。商品のクレームを述べるときの話の流れ，求人広告のパターンなど，各シーンを勉強することでビジネス関連の背景知識が身につくようになります。同時に，日ごろあまり馴染みのないビジネスシーンに慣れることができますので，TOEIC 問題の状況把握がしやすくなります。

本書の利用法

本書は,「TOEIC 基本語彙」,「TOEIC ビジネス基礎語彙」,「実戦 TOEIC 語彙」の3章で構成されています。付属の赤セルで語義を隠すことができます。

第1部　TOEIC 基本語彙

TOEIC を受ける際,基本となる単熟語を,短い例文を用いて覚える章です。

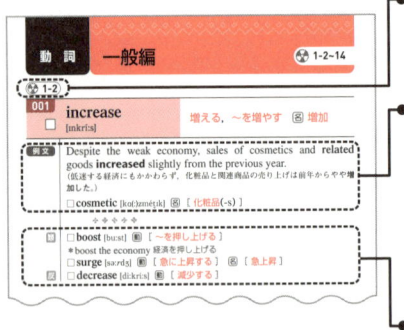

- CD のトラック番号です。ハイフンの左の数字が CD 番号,右がトラック番号です。4ページごとに入っています。

- 例文を用いて見出し語の用法を理解して覚えましょう。例文中の太字には2種類あります。**ABC** がその例文の見出し語,**ABC** がほかの例文で見出し語となっている語です。☆の付いた語句は例文の中での見出し語の用法,□の付いた語句は例文の中で覚えておきたい重要語です。

- 見出し語とあわせて覚えたい派生語・類義語・反意語・関連語です。

- イディオムをのぞく536の見出し語は,ほかの例文で「見出し語リピート」として必ず1回掲載されています。(　)の中の数字は見出し語の番号です。

最後には60問のミニテストが付いています。訳・解答のページの見出し語の後ろに付いている(　)の中は見出し語の番号です。

第2部　TOEIC ビジネス基礎語彙

ビジネス用語の背景知識を読んで理解する章です。
左ページでビジネス文書を読む際にキーとなる語句を取り上げ，その背景知識を説明しています。右ページはその場面に関連した語句のリストです。
なお，この章には音声は付いていません。

第3部　実戦 TOEIC 語彙

テーマ別の長文を読みながら TOEIC 特有の語を覚える章です。TOEIC に出題されるような英文が左ページに，その中に出てくる見出し語と，まとめて覚えておきたい関連語句を右ページにまとめています。また，TOEIC 受験の際に役立つ知識をコラムとしてまとめています。

例文中に出てくる見出し語です。

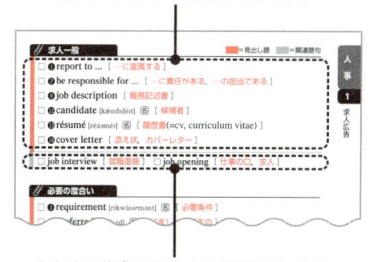

まとめて覚えておきたい関連語句です。

表示について

派 派生語　　類 類義語　　反 反意語　　関 関連語
動 動詞　　名 名詞　　形 形容詞　　副 副詞　　前 前置詞　　接 接続詞

※発音記号は原則として「オーレックス英和辞典」に基づいています。
※目的語が動詞と副詞の間にも，副詞の後ろにも入る句動詞は，turn ... on「…のスイッチを入れる」のように間に入れています。

本書の音声について

付属CD

本書のCDの収録内容は以下の通りです。書籍内の該当箇所ではCD番号とトラック番号を ⊙ 1-2 と表示しています。なお，TOEIC基本語彙の例文はアメリカ，イギリス，カナダ，オーストラリアのネイティブスピーカーが担当しています。

CD 1 （約74分）	第1部（TOEIC基本語彙） 見出し語 ➡ 例文
CD 2 （約62分）	第3部（実戦TOEIC語彙） 見出し語 ➡ 日本語訳 ➡ 長文

音声ダウンロードサービス

さらに暗記しやすい工夫をした音声を，ダウンロードすることができます。

- TOEIC基本語彙 …… 見出し語 ➡ 日本語訳 ➡ 例文の順で収録。CDに入っていない，見出し語の日本語訳（語義）を収録しました。
- 実戦TOEIC語彙 …… 見出し語の意味を例文で確認しやすいよう，例文を見出し語の入っている文単位で区切りました。

p.326「人事1求人広告」の冒頭を例に見てみましょう。

Wanted: Sales Manager と PrintStar is ... の二文は見出し語が入っていないので読まれず，見出し語の入っている Reporting to から始まり，以下の順番で読まれます。

❶ 見出し語① report to ... 「直属する」

❷ 見出し語② be responsible for ... 「責任がある，担当で」

❸ 例 文 Reporting to the Sales Director, this person is responsible for leading the sales team in Singapore.

下記サイトにアクセスし，PASSWORDを入力してください。※検索エンジンの「検索」欄は不可。
URL：http://tokuten.obunsha.co.jp/target3000/　　PASSWORD：target3000

〈注意〉 音声は，MP3ファイル形式となっています。音声の再生にはMP3を再生できる機器などが別途必要です。

第1部　TOEIC 基本語彙

　本章では，TOEIC に出てくる基本的な語彙を学習します。
　見出し語が繰り返し例文に出てくるよう工夫しています。イディオムをのぞく536の見出し語は「見出し語リピート」としてほかの見出し語の例文に1回掲載されています。
　最後にミニテストが60問付いています。身についたか学習しましょう。

動詞　一般編　1-2~14

1-2

001 increase [ɪnkríːs]
増える，～を増やす　名 増加

例文 Despite the weak economy, sales of cosmetics and **related** goods **increased** slightly from the previous year.
（低迷する経済にもかかわらず，化粧品と関連商品の売り上げは前年からやや**増加した**。）
□ **cosmetic** [kɑ(ː)zmétɪk] 名 [化粧品(-s)]

✤ ✤ ✤ ✤ ✤

類 □ **boost** [buːst] 動 [～を押し上げる]
＊boost the economy 経済を押し上げる
□ **surge** [səːrdʒ] 動 [急に上昇する]　名 [急上昇]
反 □ **decrease** [diːkríːs] 動 [減少する]

002 raise [reɪz]
～を上げる　名 上げること

- 他動詞 raise は，目的語になるものを「上げる」。一方，自動詞 rise は主語が「上がる」。
- 「賃上げ」は pay raise，pay rise どちらも可。

例文 The politician **acknowledges** that he is in **favor** of **raising** the income tax.
（その政治家は，所得税の引き上げに賛成だと認めている。）

✤ ✤ ✤ ✤ ✤

類 □ **rise** [raɪz] 動 [上がる]　名 [増加，上昇]

003 avoid [əvɔ́ɪd]
～を避ける

例文 For security reasons, **avoid** leaving any **luggage** unattended in the airport.
（保安上の理由から，空港では手荷物を放置し**ないようにしなさい**。）
☆ **avoid** *doing* [～することを避ける，～しないようにする]

□ **unattended** [ʌ̀nəténdɪd] 形 [付き添い人のいない]
*unattended bag 持ち主のわからない放置されたかばん

✤ ✤ ✤ ✤ ✤

類 □ **avert** [əvə́ːrt] 動 [〜を避ける]
□ **evade** [ɪvéɪd] 動 [〜を逃れる，〜を避ける] *evade taxes 脱税する

004 admit [ədmít]
〜を認める

例文 The official was **reluctant** to **admit** accepting any bribes from the local construction company.
(その役人は，地元の建築会社からわいろを受け取ったと認めるのを渋った。)
□ **official** [əfíʃəl] 名 [役人，役員] 形 [公式の]
□ **bribe** [braɪb] 名 [わいろ]

✤ ✤ ✤ ✤ ✤

派 □ **admission** [ədmíʃən] 名 [入場許可，入場料(=admission fee)]
類 □ **grant** [grænt] 動 [〜を与える，〜を認める]
*His request was granted. 彼の要求は認められた。
反 □ **deny** [dɪnáɪ] 動 [〜を否定する]

005 allow [əláʊ]
〜を許す，〜を可能にする

例文 The website **allows** you to compare the prices of various products.
(このウェブサイトで，いろいろな製品の価格を比較できる。)
☆ **allow ... to** *do* […に〜させておく]

✤ ✤ ✤ ✤ ✤

類 □ **forgive** [fərɡív] 動 [〜を許す]
□ **enable** [ɪnéɪbl] 動 [〜を可能にする]

見出し語リピート 他で見出し語になっている単語

□ related (485)　□ acknowledge (227)　□ favor (287)　□ luggage (245)
□ reluctant (409)　□ accept (7)

006 approve [əprúːv]
~を承認する，~に賛成する

例文
- approve of ... 「…をよいと思う」も覚えておこう。

This budget has been **approved** by a majority vote of the board members.
(この予算は理事会メンバーの多数決で**承認**された。)

□ **by a majority vote** [多数決で]

＊＊＊＊＊

派 □ **approval** [əprúːvəl] 名 [賛成，承認]
類 □ **agree** [əɡríː] 動 [(~に)同意する (with)]
□ **consent** [kənsént] 動 [(~に)同意する (to)]
＊He consented to the plan. 彼は計画に同意した。
□ **endorse** [ɪndɔ́ːrs] 動 [~を是認する，~に裏書きする]
＊endorse a proposal 提案を承認する
反 □ **disapprove** [dìsəprúːv] 動 [(~に)不賛成である (of)]
＊disapproval 名 不賛成

007 accept [əksépt]
~を受諾する，~を受け取る

例文
I am **pleased** to **accept** your offer of employment for the position of assistant manager.
(アシスタント・マネジャー職での採用のお申し出を喜んで**お受けします**。)

＊＊＊＊＊

派 □ **acceptance** [əkséptəns] 名 [受け入れ]
□ **acceptable** [əkséptəbl] 形 [許容できる]
類 □ **tolerate** [tá(ː)lərèɪt] 動 [~を許容する]
反 □ **object** [əbdʒékt] 動 [(~に)反対する (to)] 名 [物体]

008 depend [dɪpénd]
頼る，次第である

例文
We offer a competitive salary **depending** on experience and qualifications.
(経験と資格により，給与を優遇いたします。)

☆ **depend on ...** […次第である，…に頼る]
□ **qualification** [kwà(ː)lɪfɪkéɪʃən] 名 [資格]

動詞 一般編

＊＊＊＊＊
派 □ **dependent** [dɪpéndənt] 形 [頼っている]
類 □ **be up to ...** […次第だ] ＊ It's up to you. あなた次第だ。

009 rely
[rɪláɪ]

頼る，当てにする

例文 We **rely** on Cathy for her knowledge of world **financial** markets.
（われわれは，世界の金融市場に関するキャシーの知識に**頼っている**。）

☆ **rely on ...** […に頼る]

＊＊＊＊＊
派 □ **reliability** [rɪlàɪəbíləṭi] 名 [信頼性]
類 □ **turn to ...** […に頼る，…の方を向く]
□ **count on ...** […を頼りにする]

010 hold
[hoʊld]

(手や腕に)〜を持っている，(会・式など)を催す，(場所が)〜を収容できる

- hold a meeting「会議を開く」
- The theater holds 300 people.「その劇場は300人収容できる。」

例文 The woman going up the **stairs** is **holding** the documents in her hand.
（階段を上っている女性は，手に書類を**持っている**。）

□ **document** [dá(:)kjumənt] 名 [文書，書類]

＊＊＊＊＊
類 □ **grab** [græb] 動 [〜をひっつかむ]
□ **grasp** [græsp] 動 [〜をしっかりとつかむ，〜を握る]
□ **seize** [siːz] 動 [〜をつかみ取る]
＊ seize power 権力を握る

見出し語リピート　他で見出し語になっている単語

□ pleased (412)　　□ financial (463)　　□ stair (244)

1-3

011 carry [kǽri]
(商品)を置いている，〜を運ぶ

- carryには「運ぶ」以外にも，「店が〜を在庫や商品として置いている」という意味がある。

例文 This shop **carries** a full range of audio equipment **manufactured** by a leading maker.
(この店は，ある大手メーカーが製造するオーディオ機器を全種類置いている。)

☐ **range** [reɪndʒ] 名 [(商品の)取りそろえ，幅，範囲]

✤ ✤ ✤ ✤ ✤

類 ☐ **deal in ...** [(商品など)を扱う，…を取引する]
☐ **deliver** [dɪlívər] 動 [〜を配達する]

012 save [seɪv]
(労力・時間・金)を節約する，〜を貯める，〜を救う

例文 **Book** your flight with us online, and you can **save** up to $500 on airfare.
(当社にて搭乗便をオンライン予約されますと，航空運賃を最大500ドル節約できます。)

☐ **up to ...** [最大で…まで]

✤ ✤ ✤ ✤ ✤

類 ☐ **rescue** [réskju:] 動 [〜を救う]
☐ **defend** [dɪfénd] 動 [〜を守る]
反 ☐ **endanger** [ɪndéɪndʒər] 動 [〜を危険にさらす]
☐ **harm** [hɑːrm] 動 [〜を害する]
☐ **waste** [weɪst] 動 [〜を浪費する]

013 regret [rɪgrét]
〜を後悔する

- regret to do「残念ながら〜する」と，regret doing「〜したことを後悔する」の意味の違いに注意。

例文 We **regret** to inform you that the position you applied for has already been filled.
(残念ながら，貴殿が応募された職にはもうほかの方を採用したことをお知らせします。)

☆ **regret to** *do* [残念ながら～する]
□ **fill** [fɪl] 動 [～を満たす, ～をいっぱいにする]

014 realize
[ríːəlàɪz]
～だとわかる, ～を実現する

例文 I'm sorry. I didn't **realize** how serious the **situation** was.
(すみません。どんなに深刻な状況か**わかって**いませんでした。)

✦ ✦ ✦ ✦ ✦

派 □ **realization** [rìːələzéɪʃən] 名 [認識, 実現]

015 introduce
[ìntrədjúːs]
～を導入する, ～を紹介する

• 「A を B に紹介する」は, introduce *A* to *B*。

例文 A new system to **evaluate** the **individual** performances of all staff members will be **introduced** next year.
(すべてのスタッフの個人業績を評価する新システムが来年**導入**される。)

✦ ✦ ✦ ✦ ✦

派 □ **introduction** [ìntrədʌ́kʃən] 名 [導入, 紹介]

016 leave
[liːv]
(～を)去る, ～を後に残す

例文 Adam usually **sweeps** and **tidies** up his room before **leaving** for work.
(アダムは仕事に**行く**前に, いつも部屋を掃いて片付ける。)

☆ **leave for ...** […に向かって出発する]

✦ ✦ ✦ ✦ ✦

類 □ **depart** [dɪpɑ́ːrt] 動 [出発する]

🔁 見出し語リピート 他で見出し語になっている単語

□ manufacture (182)　□ book (62)　□ situation (303)　□ evaluate (204)
□ individual (354)　□ sweep (33)　□ tidy (36)

017 track [træk]

~の跡を追う，~をたどる
名 跡，小道，鉄道線路

- on the right track「(考え・行動が) 正しく」
- (proven) track record「(折り紙付きの) 実績，業績」

例文 With the purchase number, you can **track** the delivery status of your online purchase.
(購入番号があれば，オンラインでご購入いただいた品の配達状況を**追跡**できます。)

✢ ✢ ✢ ✢ ✢

関 □ **path** [pæθ] 名 [小道]
□ **trail** [treɪl] 名 [通った跡，道]

018 borrow [bɔ́(ː)roʊ]

~を借りる

- borrow は「借りて移動させて使用する」ことだが，use は「借りてその場で使用する」。よって，傘を借りる場合は borrow，トイレなら use を使う。

例文 Can I **borrow** your stapler for a minute? — Yes, here you are.
(ちょっとホチキスを借りてもいいですか。—はい，どうぞ。)

□ **for a minute** [少しの間]

✢ ✢ ✢ ✢ ✢

類 □ **lend** [lend] 動 [~を貸す]
□ **rent** [rent] 動 [~を賃借り[賃貸し]する，賃貸しされる]

019 forget [fərgét]

~を忘れる

- forget to *do* は「(しなければならないことを) するのを忘れる」だが，forget *do*ing は「~したことを忘れる」のように意味が違う。

例文 Please do not **forget** to take your personal **belongings** when you leave the bus.
(バスを降りる際は所持品を**忘れ**ないようご注意ください。)

☆ **forget to** *do* [~するのを忘れる]

020 cause [kɔːz]
〜を引き起こす 名 原因

例文 Accumulated stress **causes** frustration and anxiety, and can lead to attention **deficit** problems.
(たまったストレスは欲求不満と不安を引き起こし，注意力欠如の問題につながりうる。)

- □ **frustration** [frʌ̀stréɪʃən] 名 [失望，欲求不満]
- □ **anxiety** [æŋzáɪəṭi] 名 [心配，不安]

✼ ✼ ✼ ✼ ✼

類
- □ **bring ... about** […を引き起こす]
- □ **generate** [dʒénərèɪt] 動 [〜を発生させる]
- ＊generate electricity 電気を発生させる

021 lead [líːd]
至る，〜を導く

- • lead the sales team「販売チームを率いる」

例文 He is firmly **convinced** that **shortened** delivery times will **lead** to additional sales.
(配達時間の短縮がさらなる売り上げにつながると，彼は固く信じている。)

- ☆ **lead to ...** […につながる，(事が)…を引き起こす]
- □ **firmly** [fə́ːrmli] 副 [堅く]

✼ ✼ ✼ ✼ ✼

派
- □ **leading** [líːdɪŋ] 形 [先頭に立つ，主要な]
- ＊play a leading role in ... …において主導的な役割を果たす

反
- □ **mislead** [mìslíːd] 動 [〜を誤った方向に導く]

見出し語リピート 他で見出し語になっている単語

□ belonging (246)　□ deficit (344)　□ convince (126)　□ shorten (107)

1-4

022 add [æd]
〜を加える、〜と付け加えて言う

例文 The web designer **suggested adding** more visuals to improve the image of the client's websites.
(ウェブデザイナーは顧客のウェブサイトのイメージをよくするためにもっと映像を**加える**よう提案した。)

❖ ❖ ❖ ❖ ❖

派 □ **additional** [ədíʃənəl] 形 [追加の]
＊additional [extra] charge 追加料金
反 □ **subtract** [səbtrǽkt] 動 [〜を引く、〜を減じる]
関 □ **multiply** [mʌ́ltɪplài] 動 [〜を掛ける、〜を増す]
□ **divide** [dɪváɪd] 動 [〜を割る、〜を分割する]

023 calculate [kǽlkjulèɪt]
〜を計算する

例文 In general, wages for most part-time jobs are **calculated** on an hourly basis.
(一般に、ほとんどのパートタイムの賃金は時給で**計算**される。)

□ **in general** [一般に、概して]
□ **on an hourly basis** [時給(ベース)で]

❖ ❖ ❖ ❖ ❖

派 □ **calculation** [kæ̀lkjuléɪʃən] 名 [計算]
□ **calculator** [kǽlkjulèɪtər] 名 [計算機]
反 □ **miscalculate** [mìskǽlkjuleɪt] 動 [〜の計算を誤る]

024 follow [fá(ː)loʊ]
〜に従う、〜について行く、〜の次に起こる

• as follows 「次のとおり」

例文 We **urge** you to **follow** the instructions, **otherwise** the machine may be damaged.
(説明書の指示に**従う**よう強く求めます。さもなくば、機械が損傷するかもしれません。)

❖ ❖ ❖ ❖ ❖

| 派 | □ **following** [fá(:)louɪŋ] 形 [次の] ＊the following day 次の日
| 反 | □ **precede** [prɪsíːd] 動 [〜に先んじる，〜より前に起こる]

025 recommend [rèkəménd]
〜を勧める

- recommend *doing*「〜することを勧める」

例文　I highly **recommend** this investment seminar to anyone who wishes to succeed in investing in financial markets.
（金融市場への投資で成功したい人なら誰であれ，この投資セミナーを強く勧めます。）

☆〈recommend ＋物＋ to ＋人〉[(物)を(人)に勧める]

✵ ✵ ✵ ✵ ✵

| 派 | □ **recommendation** [rèkəmendéɪʃən] 名 [推薦(状)]
| | □ **commend** [kəménd] 動 [〜をほめる，〜を推薦する]
| 類 | □ **advise** [ədváɪz] 動 [〜に勧める，助言する]
＊動詞は語尾が -se だが，名詞 advice「助言」は -ce となることに注意。
□ **advocate** [ǽdvəkèɪt] 動 [〜を擁護する] 名 [主張者，支持者]
＊名詞の発音は [ǽdvəkət] となることに注意。
＊an advocate of peace 平和論者
□ **support** [səpɔ́ːrt] 動 [〜を支える，〜を支持する]
□ **uphold** [ʌ̀phóuld] 動 [〜を支持する，〜を守る]
＊uphold international standards 国際基準を支持する[守る]

026 cross [krɔ(ː)s]
〜を横切る，交差する，(手・脚)を組む

- cross [fold] one's arms「腕を組む」，cross one's legs「足を組む」

例文　The man holding an umbrella is waiting at the traffic light to **cross** the street.
（傘を持った男性が通りを**渡ろ**うと信号機のところで待っている。）

見出し語リピート　他で見出し語になっている単語

□ suggest (64)　　□ urge (238)　　□ otherwise (516)

027 hang [hæŋ]
掛かる，〜を掛ける，〜をつるす

例文
- hang up the phone「電話を切る」

Many **valuable** paintings **hang** on the walls of the art gallery.
(画廊の壁には，たくさんの高価な絵が**掛かっている**。)

□ **painting** [péɪnṭɪŋ] 名 [絵画]

✦ ✦ ✦ ✦ ✦

類 □ **hook** [hʊk] 動 [(かぎなどで)〜を引っ掛ける]　名 [留め金]

028 lay [leɪ]
〜を置く，〜を横たえる

- 他動詞で活用は lay-laid-laid。なお，自動詞 lie「(主語が) 横たわる」の活用は lie-lay-lain。

例文
Two workmen are **laying** bricks on the sidewalk.
(2人の作業員が歩道にれんがを**敷いている**。)

□ **workman** [wə́ːrkmən] 名 [職人，作業員]
□ **brick** [brɪk] 名 [れんが]
□ **sidewalk** [sáɪdwɔ̀ːk] 名 [歩道]

029 point [pɔɪnt]
指差す

- point ... out「…を指摘する」
- 〈point the finger at ＋人〉「(人)を非難する」

例文
The man sitting on the right is **pointing** at the screen.
(右側に座っている男性がスクリーンを**指差している**。)

☆ **point at ...** […を指差す]

030 bend [bend]
体を曲げる，〜を曲げる

例文 A man is **bending** over to pick up **garbage** on the floor.
(男性が床のごみを拾おうと腰を曲げている。)
☆ **bend over** [かがむ，腰を曲げる]

031 lean [liːn]
寄りかかる

例文 The ladder is **leaning** against the wall of the barn.
(はしごが納屋の壁に立てかけてある。)
☆ **lean against ...** […に寄りかかる，…に立てかけてある (=prop up against ...)]
□ **ladder** [lǽdər] 名 [はしご]
□ **barn** [bɑːrn] 名 [納屋]

032 overlook [òuvərlúk]
〜を見渡せる(ところにある)，〜を見落とす

• overlook the mistake「誤りを見落とす」

例文 Bay Resort is a luxurious hotel **overlooking** the ocean.
(ベイ・リゾートは，海を見渡す豪華なホテルです。)
□ **luxurious** [lʌgʒúəriəs] 形 [豪華な]

✣ ✣ ✣ ✣ ✣

関 □ **oversight** [óuvərsàɪt] 名 [見落とし]

見出し語リピート 他で見出し語になっている単語

□ valuable (431)   □ garbage (282)

1-5

033 sweep [swi:p]
〜を掃く，〜を一掃する

例文 A janitor is **sweeping** the floor with a broom.
(用務員が床をほうきで掃いている。)
- □ **janitor** [dʒǽnəṭər] 名 [管理人，用務員]
- □ **broom** [bru:m] 名 [ほうき，長柄のブラシ]

✤ ✤ ✤ ✤ ✤

派 □ **sweeping** [swí:pɪŋ] 名 [掃除] 形 [広範囲にわたる，全面的な]
*win a sweeping victory 大勝利を収める
関 □ **mop** [mɑ(:)p] 動 [〜をモップでふく]
□ **scrub** [skrʌb] 動 [〜をごしごし磨く]
□ **wipe** [waɪp] 動 [〜を(布などで)ふく]
□ **clear the table** [テーブル(の上の食器など)を片付ける]
□ **vacuum** [vǽkjuəm] 動 [〜に掃除機をかける]
□ **do the laundry** [洗濯をする]
□ **wash [do] the dishes** [皿洗いをする]

034 pile [paɪl]
〜を積み上げる，積み重なる
名 積み重ね

例文
- a pile of books「積み上げられた本のひと山」

When I **entered** the kitchen, I saw many dirty **plates** that were **piled** up high in the **sink**.
(台所に入ると，流しに汚れた皿が高く積まれていた。)
☆ **pile (...) up** [(…を)積み重ねる，積み重なる]

✤ ✤ ✤ ✤ ✤

類 □ **stack** [stæk] 動 [〜をきちんと積み重ねる] 名 [積み重ね]

035 dig [dɪg]
〜を掘る

- 活用は dig-dug-dug。
- フレーズ dig a ditch「(排水)溝を掘る」も覚えておこう。

例文 The man wearing a hard hat is **operating** the machine that **digs** holes.
(ヘルメットをかぶった男性が穴を掘る機械を操作している。)

□ **hard hat** [（安全）ヘルメット]

＊＊＊＊＊

類 □ **excavate** [ékskəvèɪt] 動 [〜を掘る，発掘する]

036 tidy
[táɪdi]

〜をきちんと片付ける
形 （整理して）きちんとした

- neat and tidy「きちんと整って」は，形容詞で同義の neat「きちんとした」を使って意味を強めたセットフレーズ。

例文 The secretary was **tidying** up the desk when I entered the room.
（私が部屋に入ったとき，秘書は机を**片付け**ていた。）

＊＊＊＊＊

類 □ **clean (...) up** [（…を）片付ける]
＊clean up the room 部屋を片付ける

反 □ **clutter** [klʌ́t̬ər] 動 [〜を散らかす]
＊The desk is cluttered with papers. 机に書類が散らかっている。

037 confuse
[kənfjúːz]

〜を混乱させる，〜を困惑させる

- confuse A with B「A を B と間違える」も覚えておこう。

例文 The **instructions** from my **predecessor** on this project just **confused** me more.
（このプロジェクトに関する前任者からの指示は，私をもっと**混乱させ**ただけだった。）

＊＊＊＊＊

派 □ **confusion** [kənfjúːʒən] 名 [混乱]
□ **confused** [kənfjúːzd] 形 [混乱した，困惑した]

類 □ **puzzle** [pʌ́zl] 動 [〜を当惑させる]
＊What puzzles me is ... わからないのは…だ

反 □ **clarify** [klǽrəfàɪ] 動 [〜を明確にする]
＊clarify the issue 問題を明確にする

見出し語リピート 他で見出し語になっている単語

□ enter（77）　□ plate（280）　□ sink（98）　□ operate（158）
□ instruction（370）　□ predecessor（397）

038 wear [weər] 〜を身につけている

- wear は「着ている状態」を表し，put ... on は「着る動作」を示す。

例文 The woman **wearing** glasses is checking the date on her calendar.
(メガネをかけた女性がカレンダーで日付を確認している。)

☆ **wear glasses** [メガネをかけている]

✦ ✦ ✦ ✦ ✦

類 □ **put ... on** [(服など)を身につける]
関 □ **dressed** [drest] 形 [服を着た]
＊He is dressed in a suit. 彼はスーツを着ている。

039 explain [ɪkspléɪn] 〜を説明する

例文 Could you **explain** to me the **directions** to the train station in more detail?
(駅への行き方をもっと詳しく説明してくれますか。)

040 insist [ɪnsíst] 〜であることを主張する

- insist on ... 「…を主張する」の形も覚えておこう。

例文 Moreover, the sales manager **insisted** that additional staff be hired as soon as possible.
(その上，営業部長はできるだけ早くスタッフを追加で雇うよう主張した。)

✦ ✦ ✦ ✦ ✦

類 □ **persist** [pərsíst] 動 [(〜を)主張する，(〜に)固執する(in)]

041 mention [ménʃən] 〜に言及する　名 言及

- not to mention ... 「…は言うまでもなく」

例文 In your brochure, it was **mentioned** that I can **track** my package on the website.
(貴社のパンフレットに，ウェブサイトで荷物を追跡できると述べられていました。)

042 detail
[díːteɪl]

〜を詳しく述べる　图 詳細

- in detail「詳細に」

例文 Jack submitted a comprehensive report **detailing** the complaints and **compliments** from our customers.
（ジャックは，顧客からのクレームと賛辞を詳述している包括的な報告書を提出した。）

✦ ✦ ✦ ✦ ✦

派 □ **detailed** [díːteɪld] 形 [詳細な]
＊more detailed informátion さらに詳しい情報

043 express
[ɪksprés]

（考え・感情）を表現する
形 急行の

- by express mail「速達で」, by express train [bus / elevator]「急行電車［バス／エレベーター］で」。

例文 Mr. Wells **expressed** his appreciation for the cordial **hospitality** that had been extended to him during his visit.
（ウェルズ氏は，訪問中に受けた心からの歓待を感謝を表した。）

□ **cordial** [kɔ́ːrdʒəl] 形 [心のこもった]

✦ ✦ ✦ ✦ ✦

類 □ **articulate** [ɑːrtíkjulət] 動 [〜をはっきり述べる]

044 offer
[ɔ́(ː)fər]

〜を申し出る，〜を提供する
图 申し出

例文 We **offer** a full refund or **exchange** for any defective items purchased from our store.
（当店で購入された品に欠陥があれば，全額返金または交換いたします。）

見出し語リピート　他で見出し語になっている単語

□ direction (369)　□ moreover (515)　□ track (17)　□ compliment (226)
□ hospitality (382)　□ exchange (100)

🔊 1-6

045 wonder
[wʌ́ndər]

～だろうかとあれこれ思いを巡らす，不思議に思う　图 驚き

例文 I was **wondering** if you could **explain** it with a simple example.
(簡単な例を挙げて説明していただけませんでしょうか。)

☆ **I was wondering if you could ...** […していただけませんでしょうか]　＊丁寧な依頼。

046 suspect
[səspékt]

～ではないかと思う，～を疑う
图 容疑者

- suspect that ... 「（たぶん）…ではないかと思う」と doubt that ... 「…ではないと思う」の違いに注意。

例文 There are good reasons to **suspect** that the official was **involved** in the theft of **classified** materials.
(その役人が機密情報の盗難にかかわっていたのではないかと思うのに十分な理由がある。)

□ **good reason** [もっともな理由]
□ **theft** [θeft] 图 [盗み]

✴ ✴ ✴ ✴ ✴

派 □ **suspicious** [səspíʃəs] 形 [怪しい，疑い深い]

047 consider
[kənsídər]

～をよく考える

- consider *do*ing 「～することをよく考える[検討する]」
- consider *A* (to be) *B* 「A を B と見なす」

例文 We are **considering** the purchase of your baggage products, especially the travel suitcases with **wheels**.
(貴社の手荷物製品，特にキャスター付き旅行用スーツケースの購入を検討しています。)

✴ ✴ ✴ ✴ ✴

派 □ **consideration** [kənsìdəréiʃən] 图 [よく考えること]
＊take ... into consideration …を考慮する
□ **considerable** [kənsídərəbl] 形 [かなりの]
＊considerable income かなりの収入

類
- □ **considerate** [kənsídərət] 形 [思いやりがある]
- □ **deliberate** [dɪlíbərèɪt] 動 [(〜を)熟考する]

048 repair
[rɪpéər]

〜を修理する　名 修理

例文
- •「〜を修理する」という意味で repair と fix の言い換えが頻出。

I took my old camera to a local camera shop to see if it could be **repaired**.
(**修理**できるかどうか確かめるため，古いカメラを地元のカメラ店に持って行った。)

□ see if [whether] ...　[…かどうか見てみる]

049 fix
[fíks]

〜を修理する，（物）をしっかり固定する，（日時）を定める

- • fix A to B「A を B に取り付ける」
- • fix a date「日時を決める」

例文
On my way home, I stopped by Camel Garage to get my car window **fixed**.
(自宅への帰りに，車の窓を**直し**てもらうためキャメル自動車修理工場に立ち寄った。)

✣ ✣ ✣ ✣ ✣

派
- □ **fixture** [fíkstʃər] 名 [据え付け品]　＊lighting fixtures 照明器具
- □ **fixed** [fíkst] 形 [固定した，不変の]
＊a fixed amount of money 一定の金額

見出し語リピート　他で見出し語になっている単語

□ explain (39)　□ involved (484)　□ classified (450)　□ wheel (258)

050 maintain
[meɪntéɪn]

〜を維持する，〜と主張する，〜のメンテナンスをする

例文 The **domestic** airline has **maintained** a high level of customer service for **several** years.
(その国内航空会社は，何年間も高いレベルの顧客サービスを維持している。)
□ **airline** [éərlàɪn] 名 [航空会社]

✱ ✱ ✱ ✱ ✱

派 □ **maintenance** [méɪntənəns] 名 [維持，整備]
類 □ **sustain** [səstéɪn] 動 [〜を支える，〜を維持する]
＊sustain economic growth 経済成長を維持する

051 prepare
[prɪpéər]

〜を準備する，〜を用意する

例文
• prepare [fix] a meal「食事の用意をする」
UMart, a major **grocery** store chain, is **preparing** to open a new store right downtown.
(Uマートは大手の食料品店チェーンだが，中心街に新店舗をオープンする準備を進めている。)

✱ ✱ ✱ ✱ ✱

派 □ **preparation** [prèpəréɪʃən] 名 [準備]
＊in preparation for ... …に備えて

052 afford
[əfɔ́:rd]

〜を持つ余裕がある，〜を与える

例文 For those who can **afford** to **invest** in the stock market, now is the best time to do so.
(株式市場に投資する余裕のある人には，今が絶好の時機だ。)
☆ **can afford to** *do* [〜する(金銭的・時間的)余裕がある]
□ **now is the time to** *do* [今こそ〜する時だ]

✱ ✱ ✱ ✱ ✱

派 □ **affordable** [əfɔ́:rdəbl] 形 [購入しやすい]
＊at an affordable price 手ごろな価格で
□ **affordability** [əfɔ̀:rdəbíləti] 名 [値ごろ感]

053 reduce [rɪdjúːs]
～を減少させる

例文 Due to the **current** difficult economic situation, many companies are making every effort to **reduce** costs.
(現在の厳しい経済状況のため，多くの会社は経費削減のためあらゆる努力をしている。)

□ **make every effort** [あらゆる努力をする]

✵ ✵ ✵ ✵ ✵

派 □ **reduction** [rɪdʌkʃən] 名 [減少，削減]
類 □ **diminish** [dɪmínɪʃ] 動 [～を減らす，減少する]
□ **lower** [lóuər] 動 [～を下げる]
□ **curtail** [kərtéɪl] 動 [～を減じる，～を抑える]
＊curtail the rising unemployment rate 上昇する失業率を抑える
□ **alleviate** [əlíːvièɪt] 動 [(苦痛など)を軽減する]
□ **cut down on ...** […を減らす]

054 decline [dɪkláɪn]
減少する，(丁寧に)～を断る
名 低下

・decline the invitation「招待を断る」

例文 Domestic sales of passenger cars have **declined** for five **consecutive** months.
(国内の乗用車販売は5か月連続で減少している。)

✵ ✵ ✵ ✵ ✵

類 □ **shrink** [ʃrɪŋk] 動 [縮む，小さくなる]
□ **turn ... down** […を断る]

見出し語リピート 他で見出し語になっている単語

□ domestic (465) □ several (404) □ grocery (281) □ invest (180)
□ current (426) □ consecutive (497)

1-7

055 refuse [rɪfjúːz] 〜を拒否する，〜を断る

例文 The young man **applied** for a housing loan, which was **refused** by the bank because he was unemployed.
(その若い男性は住宅ローンを申し込んだが，無職なので銀行に拒否された。)

056 reject [rɪdʒékt] 〜を拒絶する

例文 The proposal to build a stadium was **eventually rejected** by a large majority.
(スタジアムの建設案は結局，反対大多数で却下された。)

✦ ✦ ✦ ✦ ✦

派 □**rejection** [rɪdʒékʃən] 名 [拒絶]

057 occur [əkə́ːr] 起こる，心にふと浮かぶ

例文 When a wildfire **occurred** and spread quickly in the **region**, many **residents** had to be evacuated.
(その地域で山火事が発生し，すぐに広がったとき，多くの住民が避難しなければならなかった。)

□**wildfire** [wáɪldfàɪər] 名 [山火事]
□**evacuate** [ɪvǽkjuèɪt] 動 [〜を避難させる]

✦ ✦ ✦ ✦ ✦

派 □**occurrence** [əkə́ːrəns] 名 [発生，出来事]
類 □**arise** [əráɪz] 動 [起きる，出現する]

058 contain [kəntéɪn] 〜を含む

● 「〜を抑える，〜を封じ込める」の意味も。contain my anger「怒りを抑える」，contain the fire「火事を食い止める」。

例文 The file **attached** to the e-mail **contained** a computer virus.
(そのメールに添付されたファイルは，コンピューターウイルスを含んでいた。)

□ **virus** [váɪərəs] 名 [ウイルス] ＊発音注意。

✦ ✦ ✦ ✦ ✦

派 □ **container** [kəntéɪnər] 名 [容器，(貨物用)コンテナ]

059 complete
[kəmplíːt]
～を完成させる，～に記入する
形 完全な

例文 Please **complete** this **questionnaire** and return it to me at the end of the seminar.
(このアンケートを完成させ，セミナーの終わりに私に返却してください。)

✦ ✦ ✦ ✦ ✦

派 □ **completely** [kəmplíːtli] 副 [完全に]
□ **completion** [kəmplíːʃən] 名 [完成]
＊on completion of ... …の完了時に

060 remain
[rɪméɪn]
～のままである，とどまる，残る

• It remains to be seen.「それは，まだ［後になってみないと］わからない。」

例文 This position has **remained** vacant since the **former** director resigned.
(前任のディレクターが辞めてから，この職は空きのままだ。)

✦ ✦ ✦ ✦ ✦

派 □ **remainder** [rɪméɪndər] 名 [残り]
＊for the remainder of the month その月の残りの期間
類 □ **stay** [steɪ] 動 [～のままでいる，滞在する]
＊We must stay competitive. 競争力を保たねばならない。

見出し語リピート　他で見出し語になっている単語

□ apply (202)　□ eventually (522)　□ region (264)　□ resident (292)
□ attach (83)　□ questionnaire (317)　□ former (421)

061 remind [rɪmáɪnd]
〜に思い出させる

例文
- ⟨remind ＋人＋ of ...⟩「(人)に…を思い出させる」

I'd like to **remind** you that our monthly meeting has been **rescheduled** to next Monday.
(月例会議は来週月曜日に変更されたことを思い出してください。)

✣ ✣ ✣ ✣ ✣

派 □ **reminder** [rɪmáɪndər] 图 [思い出させるもの，催促状]
＊We'll send a reminder when your payment is due. 支払期限が来ましたらお知らせを送ります。

類 □ **recall** [rɪkɔ́ːl] 動 [〜を思い出す]
□ **remember** [rɪmémbər] 動 [〜を覚えている，〜を思い出す]

062 book [bʊk]
(座席・部屋など)を予約する

例文
- be booked up「全席［室］予約されている」

After **registering** for the TEC Conference in London, I **booked** a hotel room in the city.
(ロンドンで開かれるTEC会議に参加登録した後，市内のホテルを予約した。)

✣ ✣ ✣ ✣ ✣

派 □ **overbook** [òʊvərbʊ́k] 動 [定員以上の予約をとる]
類 □ **make a reservation** [予約する]
□ **reserve** [rɪzə́ːrv] 動 [〜を予約する，〜を取っておく]

063 compare [kəmpéər]
〜を比較する，〜をたとえる

例文
Kate **compared** the old prices with the revised ones to check the accuracy of the new price list.
(ケイトは新しい価格表が正確か調べるため，旧価格を改定価格と比べた。)

☆ compare *A* with [to] *B* [AをBと比較する]
□ **accuracy** [ǽkjərəsi] 图 [正確さ]

✣ ✣ ✣ ✣ ✣

派 □ **comparison** [kəmpǽrɪsən] 图 [比較]
＊in comparison with ... …と比べて

064 suggest
[səgdʒést]

~を示唆する，~を提案する

例文 The market research **suggested** that most consumers **prefer** environmentally-friendly products.
（市場調査は，ほとんどの消費者が環境に優しい製品を好むことを**示唆**していた。）

□ **environmentally-friendly** 形 [環境に優しい]

✦ ✦ ✦ ✦ ✦

派 □ **suggestion** [səgdʒéstʃən] 名 [提案，示唆]

065 imply
[ɪmpláɪ]

~をほのめかす，~を暗に意味する

例文 At the press conference, the chief executive officer **implied** that there could be a merger.
（CEOは記者会見で，合併の可能性があることを**ほのめかした**。）

✦ ✦ ✦ ✦ ✦

派 □ **implication** [ìmplɪkéɪʃən] 名 [含意，ほのめかし]
類 □ **hint** [hɪnt] 動 [~をほのめかす]
　 □ **infer** [ɪnfə́ːr] 動 [~を暗示する，~を推論する]

066 indicate
[índɪkèɪt]

~を示す

例文 The latest sales figures **indicate** that there is **virtually** no demand for this product.
（最新の販売数量は，この製品に対する需要が実質的には無いことを**示している**。）

✦ ✦ ✦ ✦ ✦

派 □ **indication** [ìndɪkéɪʃən] 名 [指示，徴候]

🔁 **見出し語リピート**　他で見出し語になっている単語

□ reschedule (197)　□ register (105)　□ prefer (113)　□ virtually (525)

1-8

067 attempt [ətémpt]
～を試みる 名 試み，企て，努力

例文
- in an attempt to *do*「～しようとして」

I **attempted** to book a flight online, but my credit card was **rejected** for some reason.
(オンラインで飛行機の予約を**試みた**が，何らかの理由でクレジットカードが拒否された。)

✦ ✦ ✦ ✦ ✦

派 □ **tempt** [tem*p*t] 動 [(人)をそそのかして…する気にさせる(to *do*)]
類 □ **strive** [straɪv] 動 [(～しようと)努力する，励む(to *do*)]

068 serve [sə:*r*v]
(食べ物)を出す，～に仕える，～を務める

例文
- He served 3 terms as mayor.「彼は市長として3期務めた。」

Light **refreshments** and snacks will be **served** after the seminar.
(セミナーの後，軽食が**出されます**。)

✦ ✦ ✦ ✦ ✦

類 □ **wait on ...** [(客)に応対する]
＊ Have you been waited on?(店員が客に対して)ご用をお伺いしていますか。

069 surround [səráʊnd]
～を囲む

例文
- be surrounded by ...「…に囲まれている」の形で Part 1でよく出題される。

Fortunately, I was able to find an apartment in a peaceful neighborhood **surrounded** by parks.
(幸運にも，公園に**囲まれた**のどかな場所にアパートを見つけることができた。)

✦ ✦ ✦ ✦ ✦

派 □ **surrounding** [səráʊndɪŋ] 名 [環境(-s)，周囲(の状況)]
＊quiet surroundings 静かな環境

070 consist
[kənsíst]

成り立つ

- consist in ... 「…にある」

例文 Our IT team **consists** of 12 staff members who are **devoted** and **competent** professionals.
(当社の情報技術チームは，熱心で有能な専門家である12人のスタッフから**成る**。)

☆ **consist of ...** […から成り立つ(=be comprised of, be made up of)]

✽ ✽ ✽ ✽ ✽

派 □ **consistent** [kənsístənt] 形 [一貫した]
*be consistent with ... …と一致する

類 □ **comprise** [kəmpráɪz] 動 [〜から成る]

071 describe
[dɪskráɪb]

〜を記述する，〜を描写する

例文 Details of the **responsibilities** for this position are **described** in this document.
(この職責の詳細については，この文書に**記述**されています。)

✽ ✽ ✽ ✽ ✽

派 □ **description** [dɪskrípʃən] 名 [記述，描写]
*job description 職務記述書

類 □ **depict** [dɪpíkt] 動 [〜を描く，〜を描写する]
□ **illustrate** [íləstrèɪt] 動 [〜を説明する，〜を例証する]

見出し語リピート 他で見出し語になっている単語

- □ reject (56)
- □ refreshment (380)
- □ fortunately (519)
- □ devoted (434)
- □ competent (477)
- □ responsibility (305)

072 improve [ɪmprúːv]
〜を改善する，よくなる

例文 Many employers are always **seeking** ways to reduce costs and **improve** productivity.
(多くの雇用者は，経費を削減し，生産性を**改善する**方法を常に求めている。)

✴ ✴ ✴ ✴ ✴

類 □ **revamp** [riːvǽmp] 動 [〜を改良する，〜を改訂する]
＊revamp the corporate image 企業イメージをよくする

反 □ **worsen** [wə́ːrsən] 動 [悪化する，〜を悪化させる]
□ **deteriorate** [dɪtíəriərèɪt] 動 [悪化する，〜を悪化させる]

073 owe [oʊ]
〜に(恩義)を負っている，
〜に(金)を借りている

・How much do I owe you? は「（私は）あなたにいくら借りているでしょうか」のほか，「お勘定はいくらですか」と普通に代金を尋ねるときにも使われる。

例文 Thanks for helping me finish writing the report. I really **owe** you one!
(報告書を仕上げるのを手伝ってくれてありがとう。一つ借りができたね。)

☆ **I owe you one.** [一つ借りができました。]

074 recognize [rékəgnàɪz]
〜に覚えがある，〜を認める，
〜を表彰する

例文 I wonder if I will **recognize** James when I see him again after all these years.
(こんなにも年月がたって，再びジェームズに会ったときに，私は彼のことがわかるだろうか。)

✴ ✴ ✴ ✴ ✴

派 □ **recognition** [rèkəgníʃən] 名 [承認，表彰，見覚え]
□ **recognized** [rékəgnàɪzd] 形 [世に認められた]
＊recognized painter 名の知れた画家

075 suffer [sʌ́fər]

苦しむ，悩む

例文 He **frequently suffers** from severe headaches and lower back pain.
（彼は，たびたび激しい頭痛と腰痛に苦しむ。）

☆ **suffer from ...** ［(病気)にかかる，…に苦しむ］
□ **headache** [hédèɪk] 名 ［頭痛］
□ **lower back pain** ［腰痛］

✣ ✣ ✣ ✣ ✣

類 □ **afflict** [əflíkt] 動 ［～を悩ます，～を苦しめる］
＊be afflicted with debts 負債に苦しむ

076 subscribe [səbskráɪb]

(予約)購読する

例文 You can **subscribe** to the magazine for $20 a year, a savings of 30% off of the regular price.
（この雑誌は20ドルで年間購読できます。定価より30％安くなります。）

☆ **subscribe to ...** ［…を予約購読する］
□ **regular price** ［定価］

✣ ✣ ✣ ✣ ✣

派 □ **subscriber** [səbskráɪbər] 名 ［(予約)購読者］
□ **subscription** [səbskrípʃən] 名 ［(予約)購読(料)］

見出し語リピート 他で見出し語になっている単語

□ seek (110)　　□ wonder (45)　　□ frequently (523)

1-9

077 enter
[éntər]
〜に入る，〜に加わる

例文
- enter a contest「コンテストに参加する」

All travelers are required to **possess** a **valid** passport to **enter** the country.
(その国に入国するには，すべての旅行者は有効なパスポートを所持しなければならない。)

✦ ✦ ✦ ✦ ✦

派
- □ **entry** [éntri] 名 [入場，入会，入り口]
- □ **entrance** [éntrəns] 名 [入り口]

078 board
[bɔ:rd]
(船・飛行機・バス・電車)に乗り込む
名 板，幹部会議

例文
- 「掲示板」は，notice board や bulletin board。

The passengers are waiting in line to **board** the bus.
(バスに乗るため，乗客は列に並んで待っている。)

☆ **board a bus [train / plane]** [バス［電車／飛行機］に乗る]
□ **wait in (a) line** [並んで待つ]

✦ ✦ ✦ ✦ ✦

派
- □ **aboard** [əbɔ́:rd] 副 [乗って(=on board)]
- □ **overboard** [óuvərbɔ̀:rd] 副 [船外に]
  *fall overboard (船から)水中に落ちる

関
- □ **catch the train** [電車に乗る［間に合う］]
- □ **miss the train** [電車に乗り遅れる]

079 face
[feɪs]
〜に直面する，〜に面する

例文
- 「問題に直面する」と言う場合には，I face a problem. と I am faced with a problem. の二つの言い方ができる。

The police are **facing** severe **criticism** for losing evidence necessary to indict the prime **suspect**.
(警察は第一容疑者を起訴するのに必要な証拠を紛失したため，激しい非難に直面している。)

- □ **indict** [ɪndáɪt] 動 [〜を起訴する] ＊発音注意。
- □ **prime** [praɪm] 形 [最も重要な，最初の]

✢ ✢ ✢ ✢ ✢

類
- □ **confront** [kənfrʌ́nt] 動 [〜と向かい合う，〜に立ち向かう]
- □ **encounter** [ɪnkáʊntər] 動 [〜に出くわす]
  ＊encounter difficulties 困難にぶつかる

080 occupy [á(:)kjupàɪ] 〜を占有する

例文
- Is this seat occupied [taken]?「この座席は空いていますか。」

The front-row seats were **occupied** by journalists covering the event.
（イベントを取材するジャーナリストで，最前列の座席は占められていた。）

- □ **cover** [kʌ́vər] 動 [〜を覆う，〜を報道する]

✢ ✢ ✢ ✢ ✢

派
- □ **occupancy** [á(:)kjʊpənsi] 名 [占有]
  ＊hotel occupancy rate ホテルの客室利用率

081 locate [lóʊkeɪt] （建物など）を置く，（場所）を突き止める

例文
Mr. White sold a property **located** on Pine Avenue in order to **settle** the debt he **owed** me.
（ホワイト氏は，私への借金を清算するため，パイン通りにある不動産を売った。）

☆ be located on [in / at] ... […に位置する]

✢ ✢ ✢ ✢ ✢

類
- □ **situate** [sítʃuèɪt] 動 [〜を（ある場所に）置く (on [in / at)]]
  ＊The office is situated in London. 事務所はロンドンにある。

見出し語リピート　他で見出し語になっている単語

- □ possess (185)
- □ valid (454)
- □ criticism (385)
- □ suspect (46)
- □ settle (140)
- □ owe (73)

082 postpone [poústpóun] ～を延期する

例文 The sales meeting that was supposed to take place tomorrow was **postponed** due to scheduling **conflicts**.
(明日行われることになっていた販売会議は，スケジュールが重なったため**延期された**。)

✢ ✢ ✢ ✢ ✢

類 □ put ... off […を延期する]
□ suspend [səspénd] 動 [～を一時停止［中断］する，～をつるす]
＊suspend the construction of ... …の建設を一時中断する

083 attach [ətǽtʃ] ～を張り付ける，～を添付する

例文 Do not **remove** the label **attached** to the product because it **contains** the model's serial number.
(モデルのシリアル番号が書いてありますので，製品に**付けられた**ラベルをはがさないでください。)

☆ attach *A* to *B* [A を B に張り付ける]

✢ ✢ ✢ ✢ ✢

派 □ **attachment** [ətǽtʃmənt] 名 [取り付け，添付ファイル(=attached file)]
類 □ **adhere** [ədhíər] 動 [(～に)くっつく(to)]
□ **affix** [əfíks] 動 [～を(～に)張る(to)]
□ **label** [léɪbəl] 動 [～にラベルを張る，～にレッテルを張る]
＊発音注意。
反 □ **detach** [dɪtǽtʃ] 動 [～を引き離す]

084 hesitate [hézɪtèɪt] ためらう

• 「遠慮なく～してください」は Please don't hesitate to *do* と Please feel free to *do* の二つが頻出。

例文 Please don't **hesitate** to **contribute** any opinions you may have during the meeting.
(会議では，皆さんの意見を**遠慮なく**出してください。)

☆ hesitate to *do* [～するのをためらう]

派 ✱✱✱✱✱
□ **hesitation** [hèzɪtéɪʃən] 名 [ためらい，ちゅうちょ]
□ **hesitant** [hézɪtənt] 形 [ちゅうちょして，ためらいがちの]

085 intend
[ɪnténd]

～を意図する

例文
• be intended for ... は「…向きである，…を対象としている」の意味。
The owner of the hotel **intends** to install more security cameras on its **premises**.
（ホテルのオーナーは，敷地内にもっと監視カメラを設置するつもりだ。）
☆ **intend to** *do* [～するつもりである]
□ **security camera** [監視［防犯］カメラ]

✱✱✱✱✱
派 □ **intent** [ɪntént] 名 [意思，故意]
□ **intention** [ɪnténʃən] 名 [意図，意志]
□ **intentional** [ɪnténʃənəl] 形 [意図的な，故意の]

086 succeed
[səksíːd]

成功する，～の跡を継ぐ

例文
•「跡を継ぐ」の意味も重要。
We have **succeeded** in increasing profits by improving productivity.
（生産性を高めることで，増益に**成功**した。）
☆ **succeed in ...** […に成功する]

✱✱✱✱✱
派 □ **successful** [səksésfəl] 形 [成功した]
□ **succeeding** [səksíːdɪŋ] 形 [続いて起こる]
類 □ **inherit** [ɪnhérət] 動 [～を引き継ぐ，～を相続する]
反 □ **fail** [feɪl] 動 [失敗する]
＊ fail to *do* ～するのに失敗する，～できない

🔁 見出し語リピート 他で見出し語になっている単語

□ conflict (219)　□ remove (172)　□ contain (58)　□ contribute (117)
□ premise (361)

1-10

087 prevent
[prɪvént]

〜を防ぐ，〜を妨げる

- prevent A (from) doing「A が〜するのを妨げる」で keep A from doing と同義。

例文 The safety **regulations** are designed to **prevent** accidents in the workplace.
(安全規則は，職場での事故を**防ぐ**ためのものです。)
□ **workplace** [wə́ːrkplèɪs] 名 [職場]

✣ ✣ ✣ ✣ ✣

派 □ **prevention** [prɪvénʃən] 名 [妨害，予防]
□ **preventive** [prɪvéntɪv] 形 [予防の]
類 □ **hinder** [híndər] 動 [〜を妨げる]
□ **obstruct** [əbstrʌ́kt] 動 [〜を妨害する]

088 reflect
[rɪflékt]

〜を反映する，〜を反射する

例文 The falling stock prices **reflect** investors' concerns about the economy.
(株価の下落は，経済に対する投資家の不安を**反映している**。)

✣ ✣ ✣ ✣ ✣

派 □ **reflection** [rɪflékʃən] 名 [反射，反映]

089 blame
[bleɪm]

〜を非難する，〜のせいにする
名 非難

- be to blame「責任がある」という形もある。

例文 Thomas **blamed** himself for the failure of the business deal.
(トーマスは，その商取引の失敗で自分を**責めた**。)

✣ ✣ ✣ ✣ ✣

類 □ **accuse** [əkjúːz] 動 [〜を訴える，〜を責める]
＊〈accuse ＋人＋ of ...〉(人)を…の理由で訴える[責める]
□ **condemn** [kəndém] 動 [〜を責める]

□ **attribute** [ətríbjùːt] 動 [(結果を〜に)帰する(to)]
＊attribute A to B AをBのせいにする（=ascribe A to B）

090 upset [ʌ́psét]
〜をろうばいさせる，(計画)をだめにする，〜をひっくり返す

- be upset「うろたえる」

例文 I **regret** the fact that I have **upset** you with my inappropriate comment.
（私の不適切な発言で，あなたを**動転**させたことを後悔しています。）

✦ ✦ ✦ ✦ ✦

類 □ **distress** [distrés] 動 [〜を悩ませる]
□ **dismay** [dɪsméɪ] 動 [〜をうろたえさせる]

091 concern [kənsə́ːrn]
〜を心配させる，〜に関係する，
名 心配，関心，懸念

- be concerned with ...「…に関係している」, as far as I'm concerned「私に関する限り」のように，「関係する」の意味でもよく使われる。

例文 People are becoming more **concerned** about what is in the food they eat.
（人々は，自分が口にする食べ物に何が入っているかを，より**気にする**ようになっている。）

☆ **be concerned about ...** […を心配する]

✦ ✦ ✦ ✦ ✦

派 □ **concerning** [kənsə́ːrnɪŋ] 前 [〜に関して(=about)]
類 □ **worry** [wə́ːri] 動 [(〜のことで)心配する(about)]

見出し語リピート 他で見出し語になっている単語

□ regulation（298）　□ regret（13）

092 meet [miːt]

(要求・期待など)を満たす, 〜に会う

- 「人に会う」以外に「要求などを満たす」場合にも使われる。
- meet a deadline「期限に間に合わせる」

例文 Our goal is to always **meet** our customers' needs and expectations.
(当社の目標は, 常に顧客のニーズと期待に**応える**ことです。)

✤ ✤ ✤ ✤ ✤

類 □ **fulfill** [fʊlfíl] 動 [(要求・目的・希望など)を満たす]
＊fulfill a demand 要求を満たす
□ **measure up to ...** [(基準・期待など)にかなう]
□ **live up to ...** [(期待など)にかなう]
＊live up to someone's expectations 〜の期待に沿う

093 conclude [kənklúːd]

〜を終える, 〜と結論を下す, 決着する

- conclude a contract「契約を結ぶ」
- It can be concluded that ...「…ということが結論づけられる」

例文 The chairman **concluded** the meeting by thanking all the **participants**.
(議長は参加者全員に対し感謝を述べて会議を**締めくくった**。)

✤ ✤ ✤ ✤ ✤

派 □ **conclusion** [kənklúːʒən] 名 [結論]

094 last [læst]

(ある時間)続く

例文 Although scheduled for one hour, the meeting **actually lasted** three hours.
(会議は1時間の予定だったが, 実際は3時間**続いた**。)

095 store
[stɔːr]
(物)をしまっておく，〜を保管する

- store は「店」だけでなく，動詞で「〜をしまう，〜を保管する」もよく使われる。

例文 **Store** this **medicine** at room temperature, away from any sunlight or damp areas.
(この薬は直射日光や湿気のある場所を避けて，常温で**保管**してください。)

□ **damp** [dæmp] 形 [湿気のある]

＊＊＊＊＊

派 □ **storage** [stɔ́ːrɪdʒ] 名 [貯蔵，保管]
＊storage room 収納室，貯蔵室
□ **storeroom** [stɔ́ːrùːm] 名 [貯蔵室，物置]

096 consult
[kənsʌ́lt]
〜に相談する，〜に助言を求める

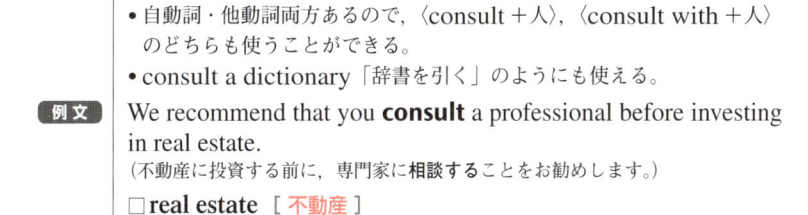

- 自動詞・他動詞両方あるので，〈consult ＋人〉，〈consult with ＋人〉のどちらも使うことができる。
- consult a dictionary「辞書を引く」のようにも使える。

例文 We recommend that you **consult** a professional before investing in real estate.
(不動産に投資する前に，専門家に**相談する**ことをお勧めします。)

□ **real estate** [不動産]

見出し語リピート 他で見出し語になっている単語

□ participant (353) □ actually (514) □ medicine (291)

1-11

097 appear [əpíər]
〜のように見える，現れる

例文 Although Ted **appeared** to be **exhausted**, he was in fact quite **alert**.
（テッドは疲れ切っている**ように見えた**が，実際には注意を怠っていなかった。）
☆ **appear (to be)...** […のように見える]

✦ ✦ ✦ ✦ ✦

派 □ **appearance** [əpíərəns] 名 [出現, 外見]
類 □ **seem** [si:m] 動 [〜のように見える]
□ **emerge** [imə́:rdʒ] 動 [現れる]
□ **surface** [sə́:rfəs] 動 [(問題などが)表面化する] 名 [表面]
反 □ **disappear** [dìsəpíər] 動 [見えなくなる, 消える]

098 sink [sɪŋk]
沈む，落ち込む
名 (台所の)流し，シンク

• 活用は，sink-sank-sunk。

例文 Before the ship **sank** completely, all the passengers and crew were rescued.
（船が完全に**沈む**前に，乗客と乗組員全員が救助された。）
□ **crew** [kru:] 名 [(集合的に)乗組員, 事務員]

✦ ✦ ✦ ✦ ✦

類 □ **fall** [fɔ:l] 動 [落ちる]
□ **submerge** [səbmə́:rdʒ] 動 [〜を沈める]
□ **immerse** [imə́:rs] 動 [〜を浸す, 〜を沈める]
□ **subside** [səbsáid] 動 [(風雨・暴動などが)収まる]
＊The wind subsided. 風が収まった。

099 gather [gǽðər]
(人・物)を集める，集まる，
〜と思う

例文 The **purpose** of this survey is to **gather** information on customer needs and preferences.
（この調査の目的は，顧客のニーズと好みに関する情報を**集める**ことです。）
□ **preference** [préfərəns] 名 [好み]

派 □ **gathering** [gǽðərɪŋ] 名 [集まり，集会]
類 □ **get together** [（人が）集まる]
□ **collect** [kəlékt] 動 [〜を集める]
□ **garner** [gáːrnər] 動 [〜を集める]
□ **integrate** [íntəgrèɪt] 動 [〜をまとめる，〜を統合する]
＊integrate information from several sources いくつかの情報源からの情報を統合する

100 **exchange** [ɪkstʃéɪndʒ]

〜を交換する，〜を両替する
名 交換，為替，取引所

- exchange ideas 「アイデアを出し合う」
- stock exchange「証券［株式］取引（所）」, exchange rate「為替レート」なども覚えておこう。

例文 Excuse me. I'd like to **exchange** this blue shirt for a white one.
（すみません。この青いシャツを白いものと**交換**してほしいのですが。）

☆ **exchange A for B** [AをBと交換する]

派 □ **change** [tʃéɪndʒ] 名 [釣り銭]
＊exact change 釣り銭のいらないちょうどのお金　＊small change 小銭
＊「釣り銭」という意味では不可算名詞なので複数形にならない。

101 **prove** [pruːv]

〜を証明する

例文 Sarah is eager to **prove** her worth as the team's leader.
（サラはチームリーダーとしての自分の真価を**証明する**のに熱心だ。）

派 □ **proof** [pruːf] 名 [証拠]

見出し語リピート　他で見出し語になっている単語

□ exhausted (416)　□ alert (437)　□ purpose (326)　□ eager (432)

102 vote
[voʊt]

投票する　名 投票，選挙権

- vote for ...「…に賛成の投票をする (= cast a vote for ...)」
- vote against ...「…に反対の投票をする」
- the right to vote「選挙権」

例文 Union members **voted** to **refuse** the management's final offer and went on strike.
(組合員は，経営者側の最終提案を拒否することを**投票で決め**，ストライキに入った。)

☆ vote to *do* [～することを投票で決める]
□ go on strike [ストライキに突入する]

✦ ✦ ✦ ✦ ✦

派 □ **voter** [vóʊṭɚ] 名 [投票者，有権者]
関 □ **election** [ɪlékʃən] 名 [選挙]
□ **ballot** [bǽlət] 名 [投票用紙]
□ **go to the polls** [投票所へ行く，投票する]
□ **turnout** [tə́ːrnàʊt] 名 [投票者数]

103 warn
[wɔːrn]

～に警告する，～に注意する

- 発音注意。

例文 The expert **warned** that the amount of greenhouse gas in the Earth's **atmosphere** was rising more **rapidly** than predicted.
(大気中の温室効果ガスの量は予想より急速に増えていると，専門家は**警告した**。)

□ **expert** [ékspəːrt] 名 [専門家，玄人]

✦ ✦ ✦ ✦ ✦

派 □ **warning** [wɔ́ːrnɪŋ] 名 [警告，注意]
類 □ **caution** [kɔ́ːʃən] 動 [～に警告を与える] 名 [用心，警告]
□ **alarm** [əláːrm] 動 [～に警報を発する]
　　　　　　　　　名 [警報，目覚まし時計(のベル)]
＊The alarm goes off. 警報[目覚まし]が鳴る。
□ **alert** [əláːrt] 動 [～に警報を出す，～に注意を喚起する]

104 regard
[rɪgáːrd]

～を見なす，～を考える
图 尊敬，観点

例文
- Doctors are held in high regard.「医者は尊敬されている。」
- in this regard「この点において」

Mr. Lu is **regarded** as a **promising** candidate for the available position.
(ルー氏は，その募集中の職の有望な候補者だと**見なされている**。)

☆ **regard** *A* as *B* 〔 AをBと見なす(=consider *A B*) 〕

105 register
[rédʒɪstər]

(～を)登録する

例文
- by registered mail「書留郵便で」

To **register** for this seminar, please follow the procedures described in Section B.
(このセミナーに**登録する**には，セクションBに示された手続きに従ってください。)

✦ ✦ ✦ ✦ ✦

派
- □ **registration** [rèdʒɪstréɪʃən] 图 〔 登録 〕
- □ **registry** [rédʒɪstri] 图 〔 記録簿，登録簿 〕

106 explore
[ɪksplɔ́ːr]

～を探究する，～を探検する

例文
- explore the possibility of ...「…の可能性を探る」のようにも使える。

Our company is looking to **explore** new business opportunities in the field of textiles.
(弊社は布地の分野で，新しいビジネスのチャンスを**模索しています**。)

□ **textile** [tékstaɪl] 图 〔 織物，布地 〕

✦ ✦ ✦ ✦ ✦

派
- □ **exploration** [èkspləréɪʃən] 图 〔 探検，探査 〕
- □ **explorer** [ɪksplɔ́ːrər] 图 〔 探検者 〕

見出し語リピート　他で見出し語になっている単語

□ refuse (55)　　□ atmosphere (316)　　□ rapidly (509)　　□ promising (480)
□ describe (71)

1-12

107 shorten
[ʃɔ́ːrtən]

~を短くする

例文 Rick **shortened** his business trip in order to attend an urgent meeting at the head office.
(リックは本社での緊急会議に出席するため、出張を短縮した。)

＊＊＊＊＊

反 □**lengthen** [léŋkθən] 動 [~を長くする]

108 strengthen
[stréŋkθən]

~を強くする、強くなる

例文 The new director's first **priority** is to **strengthen** the sales team. (新しいディレクターの最優先事項は、セールスチームの**強化**だ。)

＊＊＊＊＊

派 □**strength** [streŋkθ] 名 [力、強さ]
＊physical strength 体力、物理的強度
反 □**weaken** [wíːkən] 動 [~を弱める、弱る]

109 issue
[íʃuː]

(法令・命令・本など)を出す、~を発行する 名 発行、問題

- 名詞で「(雑誌などの) 号」という意味がある。
- address an issue「問題に取り組む」

例文 The membership card **issued** by KCS Inc. is valid for the **period** specified on the card.
(KCS社が**発行した**この会員カードは、カードに記された期間中、有効だ。)

110 seek
[siːk]

~を探し求める

例文 A leading manufacturer based in Chicago is **seeking** a highly **capable** accountant to join their team.
(シカゴを拠点とする大手製造会社が、チームに加わる優秀な会計士を**求めています**。)

□**accountant** [əkáuntənt] 名 [会計係、会計士]

派 □ **seeker** [síːkər] 名 [探究者] ＊job seeker 求職者
類 □ **pursue** [pərsjúː] 動 [～を追い求める]
＊pursue a goal 目標を追求する
□ **look for ...** […を探す]

111 withdraw
[wɪðdrɔ́ː]

（預金）を引き出す，（発言・約束・申し出）を取り消す，～を撤退させる

例文 I'd like to **withdraw** $700 from my savings **account**.
（700ドルを預金口座から引き出したい。）
□ **savings account** [普通預金口座]

112 kneel
[niːl]

ひざをつく

例文 The gardener is **kneeling** down to **dig** up some soil to **plant** the flowers.
（庭師は花を植えるのに土を掘り出すため，ひざをついている。）
☆ **kneel down** [ひざをつく，ひざまずく]
□ **soil** [sɔɪl] 名 [土，土壌]

派 □ **knee** [niː] 名 [ひざ]

113 prefer
[prɪfə́ːr]

～の方を好む

• prefer A to B 「B より A の方が好きだ」
例文 I **prefer** working late at the office rather than bringing work home.
（仕事を家に持ち帰るより会社で遅くまで働く方がいい。）

派 □ **preferable** [préfərəbl] 形 [(～より)好ましい(to)]

見出し語リピート　他で見出し語になっている単語

□ priority (313)　□ period (288)　□ capable (476)　□ account (201)
□ dig (35)　□ plant (283)

114 prohibit
[prouhíbət]

～を禁止する

例文 Smoking is strictly **prohibited** throughout the **entire** building.
(ビル全体で喫煙は固く禁じられている。)

☐ **throughout** [θru:áut] 前 [～の至る所に]

✤ ✤ ✤ ✤ ✤

類 ☐ **forbid** [fərbíd] 動 [～を禁じる]
☐ **outlaw** [áutlɔ:] 動 [～を非合法化する，～を禁止する]
＊They outlawed abortions. 妊娠中絶を禁止した。

115 concentrate
[ká(:)nsəntrèɪt]

注意[努力]を集中する，
(人・物が)集まる

例文 The constant noise coming from next door **prevented** me from **concentrating** on my work.
(隣室からの断続的な騒音で仕事に集中できなかった。)

☆ **concentrate on ...** [(注意・努力を)…に集中する]

✤ ✤ ✤ ✤ ✤

派 ☐ **concentration** [kà(:)nsəntréɪʃən] 名 [集中]
類 ☐ **focus** [fóukəs] 動 [～の焦点を(…に)合わせる (on)]

116 prescribe
[prɪskráɪb]

(薬など)を処方する

例文 The allergic **symptoms** disappeared after he took the **prescribed** medicine.
(彼が処方薬を服用すると，そのアレルギー症状は消えた。)

☐ **allergic** [əlá:rdʒɪk] 形 [アレルギーの]

✤ ✤ ✤ ✤ ✤

派 ☐ **prescription** [prɪskrípʃən] 名 [処方(せん)]
関 ☐ **diagnose** [dàɪəgnóus] 動 [～を診断する]
＊His illness was diagnosed as cancer. 彼の病気はがんと診断された。
☐ **treatment** [trí:tmənt] 名 [治療 (=medical treatment)]
☐ **medical checkup** [健康診断]
☐ **chronic** [krá(:)nɪk] 形 [慢性の]　＊chronic disease 慢性病

117 contribute
[kəntríbjət]

貢献する，〜を寄付する，(意見・考え)を述べる

- 「(意見・考え)を述べる［提案する］」の意味も覚えておこう。
  Please contribute your opinion.「意見を出してください。」

例文 These **awards** are to **recognize** and honor employees who have **contributed** the most to our company.
(これらの賞は，会社に最も**貢献**した従業員を表彰し，栄誉を授けるものです。)

☆ contribute to ... ［ …に貢献［寄与］する ］

✦ ✦ ✦ ✦ ✦

派 □ **contribution** [kɑ(:)ntrɪbúːʃən] 名 ［ 貢献，寄付 ］

118 glance
[glæns]

ざっと目を通す，ちらっと見る

- glance at ...「…をちらっと見る」

例文 The woman **carrying** a bag over her shoulder is **glancing** through a magazine.
(肩にかばんをかけた女性が雑誌に**目**を通している。)

☆ glance through ... ［ …にざっと目を通す ］

✦ ✦ ✦ ✦ ✦

類 □ **scan** [skæn] 動 ［ 〜をざっと見る，〜を注意深く調べる ］
□ **glimpse** [glɪmps] 動 ［ 〜をちらりと見る ］
□ **browse** [braʊz] 動 ［ (本などを)拾い読みする(through) ］
関 □ **stare** [steər] 動 ［ (〜を)じっと見つめる(at) ］
□ **gaze** [geɪz] 動 ［ (〜を)じっと見つめる(at) ］

見出し語リピート 他で見出し語になっている単語

□ entire (424)　□ prevent (87)　□ symptom (290)　□ award (222)
□ recognize (74)　□ carry (11)

1-13

119 accompany [əkʌ́mpəni]
（人）に同行する，（物事）に付随して起こる

例文 Children under age 12 are **admitted** free of charge to this event when **accompanied** by an adult with a ticket.
（12歳未満のお子さんは，チケットを持った大人が同伴していれば，このイベントに無料で入場できます。）

☆ **be accompanied by ...** ［ …が同伴する，…に付随して起こる ］

❖ ❖ ❖ ❖ ❖

派 □ **company** [kʌ́mpəni] 名 ［ 同行，仲間 ］ ＊この意味では不可算名詞。
＊I have some company. 同行者がいる。

120 withstand [wɪðstǽnd]
〜に耐える

例文 This building is **designed** to **withstand** a major earthquake.
（このビルは，大地震に耐えるよう設計されている。）

❖ ❖ ❖ ❖ ❖

類 □ **resist** [rɪzíst] 動 ［ 〜に耐える，抵抗する ］
□ **endure** [ɪndjúər] 動 ［ 〜に耐える ］
□ **put up with ...** ［ （苦痛・困難）に耐える ］
＊put up with the hard work きつい仕事に耐える

121 expose [ɪkspóʊz]
〜をさらす，〜を暴露する

例文 The factory workers were **exposed** to toxic **materials** without being aware of it.
（その工場の労働者たちは，知らないうちに有毒物質にさらされていた。）

□ **toxic** [tá(:)ksɪk] 形 ［ 有毒な ］

❖ ❖ ❖ ❖ ❖

派 □ **exposure** [ɪkspóʊʒər] 名 ［ さらすこと，暴露 ］
＊media exposure マスコミに取り上げられること

122 determine [dɪtə́ːrmɪn]
～を決定する

例文 The doctor has **examined** the X-ray to **determine** the cause of the patient's pain.
(医者は，患者の痛みの原因を**特定する**ためレントゲン写真を調べた。)
□ **X-ray** [éksrèɪ] 名 [エックス線，レントゲン写真]

✦ ✦ ✦ ✦ ✦

派 □ **determination** [dɪtə̀ːrmɪnéɪʃən] 名 [決心，決意]
□ **determined** [dɪtə́ːrmɪnd] 形 [固く決心して]
＊I was determined to win. 勝つと固く決心していた。
類 □ **decide** [dɪsáɪd] 動 [～を決定する]
□ **make up one's mind** [決心する]

123 attract [ətrǽkt]
(観光客など)を誘致する，
～を引きつける

例文 This art museum **attracts** tens of thousands of visitors every year.
(この美術館には年間何万人も**来場する**。)

✦ ✦ ✦ ✦ ✦

派 □ **attraction** [ətrǽkʃən] 名 [魅力，呼び物]
＊tourist attraction 観光の名所
□ **attractive** [ətrǽktɪv] 形 [魅力的な]
反 □ **distract** [dɪstrǽkt] 動 [(注意など)をそらす]
＊distract our attention from ... …からわれわれの注意をそらす

見出し語リピート 他で見出し語になっている単語

□ admit (4) □ design (139) □ material (334) □ examine (205)

124 affect [əfékt]
〜に影響を及ぼす

例文 It is not clear how sales will be **affected** by the scandal involving the president of the company.
(その会社の社長がかかわるスキャンダルが売上高にどの程度の**影響を及ぼす**かはわからない。)

✤ ✤ ✤ ✤ ✤

派 □ **effect** [ifékt] 名 [影響]
類 □ **influence** [ínfluəns] 動 [〜に影響を及ぼす] 名 [影響]
＊People are influenced by the media. 人々はマスコミに影響される。

125 defeat [dɪfíːt]
〜を打ち負かす　名 敗北

例文 In the final, the baseball team was **defeated** by a score of 7 to 2.
(決勝戦で，その野球チームは7対2で打ち負かされた。)
☆ **be defeated** [敗れる]

✤ ✤ ✤ ✤ ✤

類 □ **beat** [biːt] 動 [〜を打ち負かす]
□ **rout** [raʊt] 動 [〜を完敗させる] 名 [大敗北] ＊発音注意。

126 convince [kənvíns]
〜を納得させる

• be convinced of [that] ... 「…を確信している」

例文 Elena **convinced** the manager of the need for **appropriate** on-site training.
(エレーナは，適切な現場訓練の必要性をマネジャーに**納得させた**。)
☆ **convince** *A* **of** *B* [A に B を納得させる]

✤ ✤ ✤ ✤ ✤

類 □ **persuade** [pərswéɪd] 動 [〜を説得する]
＊〈persuade [convince] ＋人＋ to *do*〉(人)を説得して〜させる
□ **induce** [ɪndjúːs] 動 [(人)に説いて〜する気にさせる (to *do*)]

127 encourage
[ɪnkə́ːrɪdʒ]

〜を励ます，〜を促進する

例文 We have several programs to **encourage** our employees to **adopt** a healthier lifestyle through proper diet and regular exercise.
(当社には，適切な食事と定期的な運動をとおして，従業員がより健康的なライフスタイルを身につけることを奨励するプログラムがいくつかある。)

☆ ⟨encourage ＋人＋ to *do*⟩ [(人)が〜するよう励ます]
□ **diet** [dáɪət] 名 [(日常の)飲食物，ダイエット]

❖ ❖ ❖ ❖ ❖

派 □ **encouragement** [ɪnkə́ːrɪdʒmənt] 名 [激励，奨励]
□ **courage** [kə́ːrɪdʒ] 名 [勇気]
類 □ **inspire** [ɪnspáɪər] 動 [〜を奮い立たせる]
反 □ **discourage** [dɪskə́ːrɪdʒ] 動 [(行動などを人)に思いとどまらせる]

128 identify
[aɪdéntəfàɪ]

〜を特定する

・「(自分と)同一視する」の意味もあり，identify with ... は「…に共感する」。

例文 Despite a **thorough investigation**, the cause of the accident has not yet been clearly **identified**.
(徹底的な調査にもかかわらず，事故の原因はまだはっきりとは**わかっていない**。)

❖ ❖ ❖ ❖ ❖

派 □ **identical** [aɪdéntɪkəl] 形 [まったく同じような]
＊The two houses are almost identical. 二つの家はほぼ同じだ。

見出し語リピート　他で見出し語になっている単語

□ appropriate（483）　□ adopt（229）　□ thorough（452）
□ investigation（331）

1-14

129 disrupt
[dɪsrʌ́pt]

〜を混乱させる，〜を中断させる

例文 Train service was severely **disrupted** by flooding **caused** by overnight thunderstorms.
(列車の運行は，夜どおしの激しい雷雨によって引き起こされた洪水で，ひどく混乱した。)

□ **flooding** [flʌ́dɪŋ] 名 [洪水，はんらん]

✦ ✦ ✦ ✦ ✦

派 □ **disruption** [dɪsrʌ́pʃən] 名 [崩壊，混乱]

130 disturb
[dɪstə́ːrb]

〜の邪魔をする，〜をかき乱す

例文 Sorry to **disturb** you, but you have an **urgent** phone call from your wife.
(お邪魔してすみませんが，奥さまから緊急の電話が入っています。)

✦ ✦ ✦ ✦ ✦

派 □ **disturbance** [dɪstə́ːrbəns] 名 [乱すこと，妨害，邪魔]
類 □ **interrupt** [ìntərʌ́pt] 動 [〜の(仕事の)邪魔をする，〜を中断する]
＊I'm sorry to interrupt you. 邪魔して [割り込んで] すみません。
□ **bother** [bɑ́(ː)ðər] 動 [〜を困らせる，〜に面倒をかける]
＊I'm sorry to bother you. 邪魔して [わずらわせて] すみません。

131 overcome
[òʊvərkʌ́m]

〜に打ち勝つ，〜を乗り越える

例文 The baseball player has **overcome** numerous injuries throughout his career.
(その野球選手はその経歴の中で数多くのけがを克服してきた。)

□ **injury** [índʒəri] 名 [負傷，けが]
□ **career** [kəríər] 名 [経歴，職歴] ＊発音注意。

✦ ✦ ✦ ✦ ✦

類 □ **weather** [wéðər] 動 [(困難など)を切り抜ける]
＊weather the crisis 危機を乗り切る

132 overwhelm
[òuvərhwélm]
～を圧倒する，～を打ちのめす

例文 Applicants applying for a work visa are always **overwhelmed** by the number of forms to be completed.
（ワーキング・ビザを申し込む人は，完成させなければならない数々の書類にいつも圧倒されている。）

- □ form [fɔːrm] 名 [申込用紙]

✧ ✧ ✧ ✧ ✧

派 □ **overwhelming** [ouvərhwélmɪŋ] 形 [圧倒的な]
* overwhelming majority 圧倒的多数

133 undergo
[Àndərgóu]
～を経験する，
（治療・変化・苦痛など）を受ける

- undergo surgery「手術を受ける」

例文 All new recruits will **undergo** two weeks of **intensive** training before actually meeting any clients.
（すべての新入社員は，実際に顧客に会う前に2週間の集中訓練を受ける。）

✧ ✧ ✧ ✧ ✧

類 □ **experience** [ɪkspíəriəns] 動 [～を経験する]
□ **go through ...** [(苦しみ・治療など)を受ける]
□ **undertake** [Àndərtéɪk] 動 [～を引き受ける]
* undertake a task 仕事を引き受ける

見出し語リピート 他で見出し語になっている単語

□ cause (20)　□ urgent (441)　□ numerous (406)　□ intensive (491)

134 preserve
[prɪzə́ːrv]

～を保存する
图 自然保護区，ジャム

例文 Local citizens rallied together to get the city to **restore** and **preserve** the historic structure of the library.
(地元住民は，歴史的建造物である図書館を市に修復，保存させるために結集した。)

□ **rally** [rǽli] 動 [(共同の目的のために)結集する]

✦ ✦ ✦ ✦ ✦

類 □ **protect** [prətékt] 動 [～を保護する]
□ **conserve** [kənsə́ːrv] 動 [～を保存する，～を保護する]
＊conserve wildlife habitat 野生動物の生息地を保護する

135 ignore
[ɪgnɔ́ːr]

～を無視する，～を怠る

例文 We can't **ignore** the fact that the number of **complaints** from customers is increasing.
(顧客からのクレームの数が増えているという事実は無視できない。)

✦ ✦ ✦ ✦ ✦

派 □ **ignorance** [ígnərəns] 图 [無知]
□ **ignorant** [ígnərənt] 形 [無知の，知らない]

136 neglect
[nɪglékt]

～を怠る，～を無視する
图 軽視，怠慢

例文 Three security guards were dismissed for **neglecting** their duties.
(三人の警備員たちが，職務を怠ったため解雇された。)

□ **dismiss** [dɪsmís] 動 [～を解雇する，～を捨てる]
□ **duty** [djúːti] 图 [義務，職務]
＊on [off] duty 勤務時間中 [外] で　＊I'm on duty. 勤務中です。

✦ ✦ ✦ ✦ ✦

派 □ **negligence** [néglɪdʒəns] 图 [怠慢]
□ **negligible** [néglɪdʒəbl] 形 [無視できるほどの，取るに足らない]

見出し語リピート 他で見出し語になっている単語

□ restore (232)　　□ complaint (294)

動詞　ビジネス編　1-15~24

1-15

137 purchase [pə́ːrtʃəs]　〜を購入する　图 購入（品）

- buy より堅い言い方でビジネスでは必須単語。
- a purchase order「購入注文（書）」

例文　It must be very **lucrative** to **purchase commercial** real estate in this area.
（この地域で商業用不動産を購入するのは，とてももうかるに違いない。）

138 apologize [əpá(ː)lədʒàɪz]　わびる，謝る

- ⟨apologize to ＋人（for ...)⟩「（人）に（…のことで）謝る」

例文　I **apologize** for not being able to attend the party to **celebrate** the **launch** of your new product.
（御社の新製品の発売を祝うパーティーに参加できず，申し訳ありません。）

＊ ＊ ＊ ＊ ＊

派　□ **apology** [əpá(ː)lədʒi] 图 [謝罪]

見出し語リピート　他で見出し語になっている単語

□ lucrative（499）　□ commercial（489）　□ celebrate（223）　□ launch（214）

139 design [dızáin]

~を設計する，~の図案を作る
图 設計(図)，デザイン

例文
- be designed for [as] ... 「…のために［として］設計されている」

The car is **designed** to run on ethanol, a **feasible alternative** to gasoline.
(その車は，ガソリンの代替として利用可能なエタノールで走るよう**設計されて**いる。)

□**run on ...** ［…を燃料として動く］ ＊ run on gasoline ガソリンで走る

✤ ✤ ✤ ✤ ✤

派 □**designer** [dızáinər] 图 ［設計者，デザイナー］

140 settle [sétl]

(問題・争議など)を解決する，
~を支払う，(新居などに)落ち着く

例文
- settle a bill 「勘定を支払う」
- He settled in Boston.「彼はボストンに居を定めた。」

The firm **settled** a legal **dispute** over its employment contract with a former employee.
(その会社は，元従業員との雇用契約をめぐる法的な争いを**解決した**。)

☆**settle a dispute** ［論争を解決する］

✤ ✤ ✤ ✤ ✤

派 □**settlement** [sétlmənt] 图 ［(問題・紛争などの)解決，移住］
＊out-of-court settlement 示談(解決)

141 attend [əténd]

~に出席する，(病人)を世話する

例文
- 「…に参加［出席］する」は attend, participate in ..., take part in ... の三つが必須！

I'll be glad to **attend** the party to **mark** the completion of the library restoration.
(図書館修復の完成を記念するパーティーに喜んで**参加**いたします。)

✤ ✤ ✤ ✤ ✤

派 □**attendance** [əténdəns] 图 ［出席］
□**attendee** [ətèndíː] 图 ［出席者］

類 □ **participate** [pɑːrtísɪpèɪt] 動 [(〜に)参加する(in)]
　□ **take part in ...** […に参加する]

142 **provide** [prəváɪd]　〜を与える，〜を提供する

- 「(人)に(物)を提供する」は，〈provide ＋人＋ with ＋物〉，〈provide ＋物＋ for ＋人〉の形。

例文　We **provide** our customers with the highest-quality products and services at **competitive** prices.
（当社は，最高品質の商品とサービスを他社に負けない価格で顧客に**提供します**。）

□ **quality** [kwɑ́(ː)ləṭi] 形 [質の高い] 名 [質] ＊「量」は quantity。

＊＊＊＊＊

派 □ **provision** [prəvíʒən] 名 [供給，食糧(-s)]
　＊prepare provision of food against a disaster 災害に備え食糧を用意する
　□ **provider** [prəváɪdər] 名 [供給業者，インターネットの接続業者]

143 **revise** [rɪváɪz]　〜を変える，〜を改訂する

例文　The auto company **revised** its **production** plans due to the economic downturn.
（景気後退のため，その自動車会社は生産計画を**修正した**。）

＊＊＊＊＊

派 □ **revision** [rɪvíʒən] 名 [改訂，修正]
類 □ **amend** [əménd] 動 [〜を修正する]
　＊amend the law 法律を改正する

見出し語リピート　他で見出し語になっている単語

□ feasible (493)　□ alternative (304)　□ dispute (390)　□ mark (224)
□ competitive (461)　□ production (363)

1-16

144 adjust
[ədʒʌ́st]

～を調整[調節]する，
～を適合させる，適合する

例文 The manufacturer was forced to shut down three factories in order to **adjust** production to the **reduced** demand.
(その製造会社は，需要低下に生産を合わせるため，3工場の閉鎖を余儀なくされた。)

☆ **adjust** *A* **to** *B* ［ A を B に適合させる ］

✦ ✦ ✦ ✦ ✦

類 □ **coordinate** [kouɔ́ːrdinèit] 動 ［ ～を(…と)調整する(with)，～を調和させる ］
□ **rectify** [réktɪfàɪ] 動 ［ ～を調整する，～を訂正する ］

145 modify
[má(ː)dɪfàɪ]

～を(一部)修正する，～を緩和する

例文 The city council will consider **modifying** the **ban** on the parking of oversized vehicles on residential streets.
(市議会は，住宅地における大型車の路上駐車禁止に多少の修正を検討するだろう。)

□ **council** [káunsəl] 名 ［ 評議会，地方議会 ］

✦ ✦ ✦ ✦ ✦

派 □ **modification** [mà(ː)dɪfɪkéɪʃən] 名 ［ 修正，変更 ］

146 suppose
[səpóuz]

～だと思う，～と推測する

例文 A repair technician is **supposed** to come today to fix the photocopier.
(今日，コピー機を修理するために修理技師が来ることになっている。)

☆ **be supposed to** *do* ［ ～することになっている ］

147 assume
[əsjúːm]

～と信じる，～を想定する，
(任務・責任)を引き受ける

• assume the position of CEO「CEO の地位に就く」

例文 I **assume** Jack will not attend the party since he hasn't **replied** to our invitation.

68

(招待状の返事がないので，ジャックはパーティーに出席しないだろうと思います。)

❖ ❖ ❖ ❖ ❖

派 □ **assumption** [əsʌ́mpʃən] 名 [想定，前提]
類 □ **expect** [ɪkspékt] 動 [〜を予期する]
□ **guess** [ges] 動 [〜を推測する] 名 [推測]
＊make an educated guess 知識［経験］に基づいて推測する
□ **presume** [prɪzjúːm] 動 [〜を推定する，仮定する]
□ **speculate** [spékjulèɪt] 動 [（〜について）あれこれと推測する(on [about])，投機する]

148 develop
[dɪvéləp]
〜を開発する，〜を発達させる

例文
• developed country「先進国」，developing country「発展途上国」。
The team **developed** new equipment to **improve** production efficiency at the plant.
（そのチームは，工場での生産効率を向上させる新しい機器を**開発した**。）

❖ ❖ ❖ ❖ ❖

派 □ **development** [dɪvéləpmənt] 名 [開発，発達]
□ **developer** [dɪvéləpər] 名 [開発業者，開発者]

149 analyze
[ǽnəlàɪz]
〜を分析する

例文
Our experienced consultants will **analyze** your needs and suggest a solution that is appropriate for your company.
（当社の経験豊かなコンサルタントが，貴社のニーズを**分析**し，適切な解決策を提案いたします。）
□ **solution** [səlúːʃən] 名 [解決策]

❖ ❖ ❖ ❖ ❖

派 □ **analysis** [ənǽləsɪs] 名 [分析，解析] ＊複数形は analyses.
□ **analyst** [ǽnəlɪst] 名 [分析者，アナリスト]

見出し語リピート 他で見出し語になっている単語

□ reduce（53）　□ ban（268）　□ reply（153）　□ improve（72）

150 manage
[mǽnɪdʒ]

〜をうまくやり遂げる，〜を経営する

例文 She **managed** to complete the report by the deadline, and submitted it to her boss.
(彼女は，何とか期日までに報告書を完成させ，上司に提出した。)

☆ **manage to** *do* [〜を何とかやり遂げる]

151 inform
[ɪnfɔ́ːrm]

(人)に知らせる

- 「(人)に…を知らせる」は，同じ形をとる⟨inform＋人＋of ...⟩，⟨notify＋人＋of ...⟩，⟨advise＋人＋of ...⟩ をセットで覚えておこう。

例文 Please **inform** us of your arrival time, and we will pick you up at the airport.
(到着時刻を知らせてください。空港へ迎えに行きます。)

☆ ⟨**inform** ＋人＋ **of** [**about**] ...⟩ [(人)に…を知らせる]

152 notify
[nóʊṭəfàɪ]

(人)に通知する

- inform より堅い語。

例文 Please **notify** us of any changes to your contact information so that we can keep our records **updated**.
(当方の記録を最新のものにしておきますので，連絡先に変更がございましたらお知らせください。)

☆ ⟨**notify** ＋人＋ **of** [**about**] ...⟩ [(人)に…を知らせる]

✦ ✦ ✦ ✦ ✦

派 □ **notice** [nóʊṭəs] 名 [通知，掲示]　動 [〜に気付く]

153 reply
[rɪpláɪ]

返事をする，応じる

例文 Please **reply** to this invitation to inform us of the number of guests who will **accompany** you.
(この招待状へのお返事をいただき，ご一緒される方の人数をお知らせください。)

154 respond
[rɪspá(:)nd]

返答する，応答する

例文
- The patient responded well to the treatment.「その患者に治療はよく効いた。」のように，「治療などに効果を現す」という意味でも使われる。

The service manager is well aware of the importance of **responding** to complaints in a timely manner.
(サービスマネジャーは，時機を逃さずクレームに**応対する**ことが重要だと十分承知している。)

✻ ✻ ✻ ✻ ✻

派 □ **response** [rɪspá(:)ns] 名 [返答, 応答]　*in response to ... …に応えて

155 outline
[áʊtlàɪn]

〜の概略を述べる　名 輪郭，概略

例文
This report has **outlined** the current status and future **prospects** of the auto industry.
(この報告書では，自動車産業の現状と今後の見通しに関する**概略を述べて**きた。)

✻ ✻ ✻ ✻ ✻

類 □ **brief** [bri:f] 動 [〜を要約する，〜に概要を伝える]

156 refer
[rɪfə́ːr]

参照する，言及する

例文
Please **refer** to the following **table regarding** which of our products are available for overseas delivery.
(海外配送が可能な商品については，次の表を**参照して**ください。)

☆ refer to ... […を参照する，…に言及する]

✻ ✻ ✻ ✻ ✻

派 □ **reference** [réfərəns] 名 [参照，照会先]

見出し語リピート　他で見出し語になっている単語

□ update (309)　　□ accompany (119)　　□ prospect (395)　　□ table (336)
□ regarding (536)

1-17

157 eliminate
[ɪlímɪnèɪt]

〜を排除する，〜をなくす

例文
Maple Bank said that it would have to **eliminate** 200 jobs over the next year due to the economic slump.
(メープル銀行は，景気低迷の影響で，今後1年間に200の職を**削減**しなければならないだろうと述べた。)

✦ ✦ ✦ ✦ ✦

派 □ **elimination** [ɪlìmɪnéɪʃən] 名 [除去，削除，敗退]
類 □ **omit** [oumít] 動 [〜を除外する]
□ **eradicate** [ɪrǽdɪkèɪt] 動 [〜を根絶する]
□ **extinguish** [ɪkstíŋgwɪʃ] 動 [(火など)を消す(=put ... out)]
□ **dispose of ...** […を処分する]
＊dispose of waste 廃棄物を処分する
□ **rule ... out** […を除外する]
＊rule out the possibility of ... …の可能性を排除する

158 operate
[á(:)pərèɪt]

〜を操作する，(店など)を経営する

例文
The technician demonstrated how to **operate** the equipment safely.
(技術者は，その機器を安全に**操作する**方法を実演してみせた。)

✦ ✦ ✦ ✦ ✦

派 □ **operation** [à(:)pəréɪʃən] 名 [業務，事業]
＊be in operation 稼動中である，営業している
□ **operator** [á(:)pərèɪtər] 名 [操作者，オペレーター]

159 organize
[ɔ́ːrgənàɪz]

〜を計画する，〜を組織化する

例文
The insurance firm **organizes** various seminars, to encourage the staff to enhance their skills and **knowledge**.
(その保険会社は，スタッフが技術と知識を高めるのを促すため，さまざまなセミナーを**企画する**。)

□ **insurance** [ɪnʃúərəns] 名 [保険]

✦ ✦ ✦ ✦ ✦

派
- □ **organization** [ɔ̀:rɡənəzéɪʃən] 名 [組織, 組織化]
- □ **organizer** [ɔ́:rɡənàɪzər] 名 [組織者, 主催者, システム手帳]
- □ **reorganize** [rìɔ́:rɡənàɪz] 動 [(〜を)再編成[再組織]する]

類
- □ **lay ... out** […を計画[設計]する]
  * lay out a plan 計画を練る
- □ **arrange** [əréɪndʒ] 動 [〜をきちんと並べる,(会合など)を取り決める]
  * arrange a meeting 会議[面談]を設定する

160 handle [hǽndl]
(問題・道具など)を取り扱う

例文
You can rest **assured** that your **inquiry** will be **handled** professionally by our **courteous** and competent staff.
(お問い合わせには当社の礼儀正しく有能なスタッフが専門的に**対処します**ので、どうぞご安心ください。)

□ **rest assured that ...** […は確実なので安心する]

＊＊＊＊＊

派
- □ **mishandle** [mìshǽndl] 動 [〜の扱いを誤る]
- □ **handlebar** [hǽndlbà:r] 名 [(自転車などの)ハンドル]
  * 「車のハンドル」は steering wheel。
- □ **handling** [hǽndlɪŋ] 名 [操作, 取り扱い] ＊handling charge 取扱料

161 distribute [dɪstríbjət]
〜を配布する, 〜を分配する

例文
Training materials will be **distributed** to the participants during the course.
(訓練資料は講習中に参加者に**配布**されます。)

＊＊＊＊＊

派
- □ **distribution** [dìstrɪbjú:ʃən] 名 [配布,(商品の)流通]
- □ **distributor** [dɪstríbjʊṭər] 名 [販売業者, 流通業者]

類
- □ **hand ... out** […を配る] ＊hand out leaflets チラシを配る

見出し語リピート 他で見出し語になっている単語

□ equipment (346)　□ knowledge (302)　□ assure (175)　□ inquiry (391)
□ courteous (468)

162 designate
[dézɪgnèɪt]
〜を指定する，〜を指名する

例文 Parking on the premises is prohibited to visitors **except** in the **designated** spaces.
（ご訪問された方々の当施設内での駐車は，指定された場所を除き，禁止されています。）

❖ ❖ ❖ ❖ ❖

派 □ **designation** [dèzɪgnéɪʃən] 名 [指示，指名]

163 allocate
[æləkèɪt]
〜を割り当てる，〜を配分する

例文 Approximately $60,000 was **allocated** for the repair and **renovation** of the company's fitness center.
（会社のフィットネスセンターの修理と改築におよそ6万ドルが割り当てられた。）

❖ ❖ ❖ ❖ ❖

派 □ **allocation** [æləkéɪʃən] 名 [割り当て，分配]

164 hire
[háɪər]
〜を雇う

例文 As we are understaffed and overworked, it makes sense to **hire** another full-time accountant.
（われわれは人員不足で過労の状態にあるので，常勤の会計士をもう一人雇うのはもっともなことだ。）

□ **understaffed** [ʌ̀ndərstǽft] 形 [人員不足の]
□ **make sense** [道理にかなう]

❖ ❖ ❖ ❖ ❖

類 □ **employ** [ɪmplɔ́ɪ] 動 [〜を雇う，〜を利用する]

165 establish
[ɪstǽblɪʃ]
〜を確立する，〜を設立する

例文 Each staff member recognizes the importance of **establishing** a good **relationship** with customers.
（スタッフそれぞれが，顧客とよい関係を築くことの重要性を認識している。）

派 ☐ **establishment** [ɪstǽblɪʃmənt] 名 [設立，設立されたもの]
＊学校，病院，会社など。

166 **found** [faʊnd] 〜を設立する，〜を創立する

例文 After running the company she **founded** 25 years ago, Susie Walker decided to resign as CEO last year.
（25年前に自ら**設立**した会社を運営してきたが，昨年，スージー・ウォーカーはCEOを辞任することを決めた。）

派 ☐ **foundation** [faʊndéɪʃən] 名 [創立，土台，財団]
☐ **founder** [fáʊndər] 名 [創立者]
類 ☐ **set ... up** […を設立する]
＊set up a joint venture with ... …と合弁会社を設立する

167 **guarantee** [gæ̀rəntíː] 〜を保証する 名 保証

例文 We **guarantee** a full refund if you are not **satisfied** with your purchase.
（ご購入品に満足していただけない場合は，全額返金することを**保証します**。）

☐ **be satisfied with ...** […に満足する]

類 ☐ **promise** [prá(ː)məs] 動 [〜を約束する] 名 [約束]
☐ **pledge** [pledʒ] 動 [〜を堅く約束する]
＊pledge $10,000 to the foundation 財団へ1万ドルの寄付を約束する

見出し語リピート　他で見出し語になっている単語

☐ except（535）　☐ approximately（527）　☐ renovation（388）
☐ relationship（285）　☐ satisfied（410）

168 load [loud]

(車などに)〜を積む　名 積荷

例文 After being carefully **inspected**, the **cargo** was **loaded** onto the vessel.
(注意深く検査された後，荷は船に積まれた。)

☆ **load** A **onto** [**into**] B　[A(荷など)をBに積む[載せる]]
□ **vessel** [vésəl]　名 [(大型の)船]

＊＊＊＊＊

派　□ **overload** [òuvərlóud]　動 [〜に荷を積みすぎる，〜に負担をかけすぎる]
　　□ **truckload** [trʌ́klòud]　名 [トラック1台分の荷物]
　　＊a truckload of lumber　トラック1台分の木材
類　□ **ship** [ʃɪp]　動 [〜を船積みする]　＊ship the cargo　船荷を積む
反　□ **unload** [ʌ̀nlóud]　動 [〜の荷を降ろす]

169 enclose [ɪnklóuz]

〜を同封する，(壁などで)〜を囲む

例文 **Enclosed** in this envelope is the **itinerary** for my business trip next week.
(この封筒に同封されているのは，来週の私の出張旅程表です。)

＊＊＊＊＊

派　□ **enclosure** [ɪnklóuʒər]　名 [同封，囲われた土地，構内]
　　＊inside an enclosure　囲い地の中で
類　□ **insert** [ɪnsə́ːrt]　動 [〜を(…に)差し込む(in [into])]

170 note [nout]

〜に注意する，〜に気付く
名 メモ，注釈

例文 Please **note** that you are under no **obligation** to subscribe to the magazine after your free trial has **expired**.
(無料お試し期間の終了後，雑誌を購読する義務は無いことにご注意ください。)

171 assemble
[əsémbl]

(機械など)を組み立てる, (人・物)を集める

例文 The instructions were a bit complicated, but I **managed** to **assemble** the furniture by myself.
(説明書きはやや複雑だったが, その家具をなんとか自分で**組み立て**た。)

✤ ✤ ✤ ✤ ✤

派 □ **assembly** [əsémbli] 名 [集まり, 組み立て]
  ＊an assembly line 組立ライン
類 □ **put ... together** […を組み立てる, …を寄せ集める]
  ＊put together a machine 機械を組み立てる
反 □ **disassemble** [disəsémbl] 動 [～を分解する]

172 remove
[rɪmúːv]

～を取り去る, ～を取り除く

例文 The second item was **removed** from the agenda because the speaker was not **present** due to illness.
(報告担当者が病気のため欠席したので, 第2項目は議題から**削除**された。)

☆ remove A from B [B から A を取り去る]

✤ ✤ ✤ ✤ ✤

派 □ **removal** [rɪmúːvəl] 名 [除去, 移動, 転居]
類 □ **get rid of ...** […を取り除く]
  □ **delete** [dɪlíːt] 動 [～を削除する]
  □ **erase** [ɪréɪs] 動 [～を(消しゴムなどで)消す]
  □ **skip** [skɪp] 動 [～を抜かす] ＊skip breakfast 朝食を抜く

見出し語リピート 他で見出し語になっている単語

□ inspect (196)　□ cargo (374)　□ itinerary (371)　□ obligation (401)
□ expire (195)　□ manage (150)　□ present (425)

173 replace [rɪpléɪs]
〜を取り換える，(人・物)に取って代わる

- replace A with B「A を B と取り換える」

例文 We will purchase a **state-of-the-art** security system to **replace** the old one.
(最新のセキュリティーシステムを購入し，古いシステムと**取り換える**予定です。)

❖ ❖ ❖ ❖ ❖

派 □ **replacement** [rɪpléɪsmənt] 名 [代わりの品[人]]
□ **place** [pleɪs] 動 [〜を置く]
＊Place the book on a shelf. 本を棚に置きなさい。
□ **misplace** [mìspléɪs] 動 [〜を置き間違える，〜を置き忘れる]

174 confirm [kənfə́:rm]
〜を確かめる

例文 I need to **confirm** the location of the training **facility** before the first class begins.
(最初のクラスが始まる前に，訓練施設の場所を**確認**しなければならない。)

❖ ❖ ❖ ❖ ❖

派 □ **confirmation** [kà(:)nfərméɪʃən] 名 [確認，確証]
類 □ **affirm** [əfə́:rm] 動 [〜を(正しいと)断言する]
□ **authenticate** [ɔ:θéntɪkèɪt] 動 [〜が本物であると認める]
□ **corroborate** [kərá(:)bərèɪt] 動 [(陳述など)を補強する，〜を確証する]

175 assure [əʃúər]
(人)に請け合う，〜を保証する

- ⟨assure ＋人＋ of [that] ...⟩ で「(人)に…を保証する」，be assured that ... で「(主語が) …だと確信する」。

例文 The airline **assured** the passengers that there would be no further delays before boarding.
(航空会社は乗客に対し，搭乗までこれ以上の遅れは無いと**約束した**。)

❖ ❖ ❖ ❖ ❖

類 □ **secure** [sɪkjúər] 動 [〜を確保する]

176 ensure
[ɪnʃʊ́ər]

〜を保証する，〜を確実にする

例文 H&A is committed to **ensuring** the security of all clients' personal information.
(H&A は，すべての顧客の個人情報の安全**確保**に尽力しています。)

✤ ✤ ✤ ✤ ✤

類 □ **make sure** […を確かめる，必ず…する (of [that] ...)]
□ **make certain** […を確かめる，確実に…する (of [that] ...)]

177 process
[prɑ́(:)ses]

〜を処理する，〜を加工する
名 過程

• processed food「加工食品」

例文 Your order is now being **processed** and will be ready for shipment within two weeks.
(現在ご注文は**処理**されており，2週間以内に発送準備が整います。)

178 transfer
[trænsfə́:r]

〜を転任させる，〜を移転させる
名 移転，異動

• pay ... by bank transfer「銀行振込［送金］で…を支払う」

例文 This e-mail is to **inform** you that I have been **transferred** to our London branch office.
(このメールは，ロンドン支店へ**異動**となりましたことをお知らせするものです。)

☆ **be transferred to ...** […に転勤になる]

動詞 ビジネス編

見出し語リピート 他で見出し語になっている単語

□ state-of-the-art (502) □ facility (359) □ inform (151)

1-19

179 obtain [əbtéɪn]
〜を手に入れる

例文 We have already **obtained** a construction permit from the municipal **authority**.
(既に市当局から建築許可証を**取得**しています。)
□ **municipal** [mjuːnísɪpəl] 形 [地方自治の]

* * * * *

類 □ **gain** [ɡeɪn] 動 [〜を得る]

180 invest [ɪnvést]
〜を投資する

• invest in ... 「…に投資する」

例文 Mr. Gomez **invested** a huge sum of money to found a real-estate agency.
(ゴメス氏は，不動産会社を設立するために巨額の金を**投じた**。)

* * * * *

派 □ **investment** [ɪnvéstmənt] 名 [投資]
□ **investor** [ɪnvéstər] 名 [投資家]

181 demonstrate [démənstrèɪt]
〜を実演する，〜を明らかに示す

• demonstrate strong leadership「強力なリーダーシップを発揮する」のようにも使える。

例文 The service technician **demonstrated** how to **install** and use the new accounting software.
(保守技術者は，新しい財務会計ソフトのインストール方法と使い方を**実演した**。)

* * * * *

派 □ **demonstration** [dèmənstréɪʃən] 名 [実演, デモンストレーション]

182 manufacture
[mǽnjufæktʃər]

～を製造する　图 製造

例文 The computers are **manufactured** in this factory; however, most of the components are imported.
(コンピューターはこの工場で**製造される**が，部品のほとんどは輸入品だ。)

183 review
[rɪvjúː]

～を見直す　图 見直し，評論

例文 You should have a lawyer **review** the **contract** before signing it.
(サインする前に，その契約書を弁護士に**見直して**もらうべきだ。)

✦ ✦ ✦ ✦ ✦

関　□ **overview** [óuvərvjùː]　動［～を概観する］　图［概観］

184 submit
[səbmít]

～を提出する

・「(書類など) を提出する」は，submit のほか，hand ... in や turn ... in が頻出。

例文 I have to **submit** this project **proposal** to the manager by Friday.
(金曜日までにこの企画書をマネジャーに**提出**しなければならない。)

☆ **submit** *A* **to** *B*　［ A を B に提出する ］

✦ ✦ ✦ ✦ ✦

派　□ **submission** [səbmíʃən]　图［提出］

見出し語リピート　他で見出し語になっている単語

□ authority (393)　□ huge (444)　□ found (166)　□ install (192)
□ however (517)　□ contract (319)　□ proposal (323)

185 possess [pəzés]
〜を所有する，〜を持つ

例文 Qualified applicants must **possess** knowledge of project management.
(応募資格があるのは，プロジェクト管理の知識を**持った**方です。)
□ **applicant** [ǽplɪkənt] 名 [応募者]

❖ ❖ ❖ ❖ ❖

派 □ **possession** [pəzéʃən] 名 [所有]

186 estimate [éstɪmèɪt]
〜を見積もる，〜を推定する
名 見積もり(額)

例文
• make a rough estimate of costs「経費のおおよその見積もりを出す」
Our total **revenue** for the fiscal year was **estimated** to be approximately $5.6 million.
(その会計年度のわが社の総売り上げは，約560万ドルと**見積**もられていた。)

❖ ❖ ❖ ❖ ❖

派 □ **overestimate** [òʊvəréstɪmeɪt] 動 [(〜を)過大評価する]
□ **underestimate** [ʌ̀ndəréstɪmeɪt] 動 [(〜を)少なく見積もる]
類 □ **quote** [kwoʊt] 動 [〜の価格を言う，〜を見積もる，(言葉・文章)を引用する]
□ **quotation** [kwoʊtéɪʃən] 名 [見積もり，引用]

187 release [rɪlíːs]
〜を公開[公表]する，〜を解き放つ

例文 The **annual** report for this year is **likely** to be **released** early next week. (今年の年次報告書は，来週早々に**公表**されそうだ。)

❖ ❖ ❖ ❖ ❖

類 □ **publish** [pʌ́blɪʃ] 動 [(本・雑誌など)を出版する，〜を発表する]

188 earn [əːrn]
(金など)を稼ぐ，〜を獲得する

• earn a living は「生計を立てる」の意味。
• earn a reputation「評判を得る」のようにも使える。

例文 People **earning** an **average** income cannot afford to buy homes around here.
(平均所得を**稼ぐ**人が，この辺りで家を買うことはできない。)

✣ ✣ ✣ ✣ ✣

派 □**earnings** [ə́ːrnɪŋz] 名 [所得，収入]

189 commute [kəmjúːt]
通勤する，通学する　名 通勤（距離）

例文 What **means** of **transportation** do you most frequently use to **commute** to your workplace?
(職場への**通勤**に，どの交通手段を最も頻繁に利用しますか。)

✣ ✣ ✣ ✣ ✣

派 □**commuter** [kəmjúːtər] 名 [通勤者，通学者]
＊commuter train 通勤電車

190 require [rɪkwáɪər]
〜を必要とする，〜を要求する

例文 All companies are **required** to **comply** with national safety regulations and standards.
(すべての会社が，国の安全規制と安全基準に従うよう**求められている**。)

☆**be required to** *do* [〜するように義務づけられる]

✣ ✣ ✣ ✣ ✣

派 □**requirement** [rɪkwáɪərmənt] 名 [必要条件]
□**requisite** [rékwɪzɪt] 形 [必要な(=necessary)] 名 [必要条件]
□**prerequisite** [priːrékwəzɪt] 形 [(前提として)不可欠の]

見出し語リピート　他で見出し語になっている単語

□ qualified (482)　□ revenue (340)　□ annual (459)　□ likely (420)
□ average (457)　□ means (271)　□ transportation (251)　□ comply (203)

1-20

191 engage
[ɪngéɪdʒ]
〜を従事させる

例文 We have been **engaged** in exporting various building materials for the past 15 years.
(弊社は過去15年間，各種建築資材の輸出に携わってきました。)
☆ **be engaged in ...** […に従事する，…にかかわる]

✦ ✦ ✦ ✦ ✦

派 □**engagement** [ɪngéɪdʒmənt] 名 [約束，用事，婚約]

192 install
[ɪnstɔ́:l]
〜を設置する，〜を取り付ける

例文 There is not enough room to **install** such a huge **cabinet** here.
(そんなに大きな戸棚を設置するだけの余地はここには無い。)
□**room** [ru:m] 名 [余地，空間]
＊この意味では不可算名詞。「部屋」では可算。

✦ ✦ ✦ ✦ ✦

派 □**installation** [ɪnstəléɪʃən] 名 [取り付け，据え付け]

193 accumulate
[əkjú:mjulèɪt]
〜を積み重ねる，〜を蓄積する

例文 Over the past **decade**, the company has **accumulated** nearly $2 billion in debts.
(過去10年にわたって，その会社は20億ドル近くの負債をため込んだ。)

✦ ✦ ✦ ✦ ✦

派 □**accumulation** [əkjù:mjuléɪʃən] 名 [蓄積]
□**accumulative** [əkjú:mjələtɪv] 形 [蓄積する(=cumulative)]
＊accumulative effect 累積効果

194 conduct
[kəndʌ́kt]
〜を行う，〜を指揮する
名 行い，行為

・conduct [do] an experiment 「実験を行う」は必須。

例文 A field test of the new display unit will be **conducted** next week.
（新しい表示装置の実地試験は，来週**行**われる。）
□ **field test** [実地［現場］試験]
□ **display** [dɪspléɪ] 名 [表示装置，ディスプレー]

✦ ✦ ✦ ✦ ✦

派 □ **conductor** [kəndʌ́ktər] 名 [車掌，指揮者，案内人]

---

195 expire
[ɪkspáɪər]

期限が切れる

例文 Please **ensure** that your passport has not **expired** before you plan your trip abroad.
（海外旅行の予定を立てる前に，パスポートの**期限**が**切れ**ていないことを確認してください。）
□ **abroad** [əbrɔ́ːd] 副 [外国に，海外に［へ］] ＊go abroad 海外へ行く

✦ ✦ ✦ ✦ ✦

派 □ **expiration** [èkspəréɪʃən] 名 [(期限の)満了]
＊expiration date 有効期限，満期(日)
類 □ **be good through ...** [(日付)まで有効である]

---

196 inspect
[ɪnspékt]

～を調べる，～を検査する

例文 After **inspecting** the vehicle, the mechanic said that some parts needed to be **repaired** or replaced soon.
（車両を**点検**した後，いくつかの部品は修理または交換がすぐに必要だと整備士が述べた。）
□ **mechanic** [mɪkǽnɪk] 名 [機械工，修理工]

✦ ✦ ✦ ✦ ✦

派 □ **inspection** [ɪnspékʃənl] 名 [調査，検査]
□ **inspector** [ɪnspéktər] 名 [調査官]

🔁 見出し語リピート　他で見出し語になっている単語

□ cabinet (278)　　□ decade (300)　　□ ensure (176)　　□ repair (48)

197 reschedule [rìːskédʒul] ～の予定を変更する

例文 Something urgent has come up. Could we **reschedule** our meeting for another day?
(急用ができてしまいました。別の日に会合の**予定を変更**できますか。)

☆〈reschedule ... for ＋新しい日時など〉[…を(新しい日時など)に変更する]

＊ ＊ ＊ ＊ ＊

派 □ schedule [skédʒuːl] 動 [～の予定を立てる]
＊be scheduled to *do* ～する予定だ

198 extend [ɪksténd] ～を延ばす，伸びる

● 「(親切・歓待など) を (人) に示す」の意味もある。
＊extend a welcome to you あなたを歓迎する

例文 The deadline for submitting the report was **extended** until next Monday.
(レポートの提出の締め切りは来週の月曜日まで**延期された**。)

☆**extend the deadline** [締め切りを延ばす]

199 expand [ɪkspǽnd] ～を拡大する

● 「業務を拡大する」は expand business や expand one's operation と言う。頻出の表現。

例文 The toy manufacturer announced that it would **expand** business in the region and **hire roughly** 600 local people.
(玩具メーカーは，その地域で業務を**拡大**し，地元で約600人を雇用すると発表した。)

＊ ＊ ＊ ＊ ＊

派 □ expansion [ɪkspǽnʃən] 名 [拡張，拡大]
類 □ spread [spred] 動 [～を広げる，広がる]
＊The news spread quickly. そのニュースはすぐに広がった。
□ scatter [skǽṭər] 動 [～をまき散らす] 名 [散乱]
＊Books were scattered on the floor. 本が床に散乱していた。
□ enlarge [ɪnláːrdʒ] 動 [～を大きくする，(写真)を引き伸ばす]

200 project [prədʒékt]

~と予測する，~を計画する
名 プロジェクト

例文
The pharmaceutical company has **projected** a 20 % drop in net profit this fiscal year.
(その製薬会社は，今年度の純利益が20％下がると**予測した**。)

□ **pharmaceutical** [fàːrməsúːṭɪkəl] 形 [製薬の，薬剤の]

❖ ❖ ❖ ❖ ❖

派 □ **projection** [prədʒékʃən] 名 [予測，計画，投射]

201 account [əkáunt]

占める 名 口座，説明

- account for ... 「…（の理由［原因］）を説明する」も重要。
- bank account 「銀行口座」

例文
The office rent and supplies **accounted** for 28% and 8% of the total **expenses**, **respectively**.
(事務所の家賃と事務用品が，それぞれ経費全体の28%と8%を**占めた**。)

☆ **account for ...** […を占める]
□ **rent** [rent] 名 [家賃]

❖ ❖ ❖ ❖ ❖

派 □ **accountable** [əkáunṭəbl] 形 [（説明）責任がある]
□ **accountability** [əkàunṭəbíləṭi] 名 [（説明）責任]

見出し語リピート　他で見出し語になっている単語

□ hire (164)　□ roughly (526)　□ expense (342)　□ respectively (532)

202 apply [əpláɪ]

申し込む，〜を適用する，(薬など)を塗る

例文 He **applied** for an editorial job at the local newspaper.
(彼は地方紙の編集職に**応募した**。)

☆ apply for ... […に応募する，…を申し込む]
□ **editorial** [èdɪtɔ́:riəl] 形 [編集の] 名 [(新聞の)社説]

✽ ✽ ✽ ✽ ✽

派 □ **application** [æ̀plɪkéɪʃən] 名 [申し込み，適用]
＊application form 申込用紙

203 comply [kəmpláɪ]

(規則・要求などに)従う

例文 We must **comply** with international regulations on intellectual **property** rights.
(知的所有権に関する国際規定に**従わ**なければならない。)

☆ comply with ... […に従う]

✽ ✽ ✽ ✽ ✽

派 □ **compliance** [kəmpláɪəns] 名 [(規則などの)順守，コンプライアンス (法令順守)]
類 □ **obey** [oʊbéɪ] 動 [〜に従う]　＊obey the rules 規則に従う
□ **abide** [əbáɪd] 動 [(規則など)を順守する]
＊abide by the law 法律を守る

204 evaluate [ɪvǽljuèɪt]

〜を評価する

例文 Professors **evaluate** their students based on their class participation and results of their final exams.
(教授は，学生たちを授業参加と期末試験の結果で**評価する**。)

✽ ✽ ✽ ✽ ✽

派 □ **value** [vǽlju:] 名 [価値] 動 [〜を見積もる，〜を重んじる]
□ **valued** [vǽlju:d] 形 [高く評価された，貴重な]
＊our valued customers 大切な顧客
類 □ **assess** [əsés] 動 [〜を評価する，〜を査定する]

□ **appraise** [əpréɪz] 動 [～を評価する]
□ **judge** [dʒʌdʒ] 動 [～を判断する，～を裁く] 名 [裁判官]

205 examine
[ɪgzǽmɪn]

～を調査する，～を吟味する，～を診察する

- 「じっくり注意深く見る」という意味にも注意（study にも同様の意味あり）。examine [study] a menu で「メニューをじっくり見る」のように使える。

例文　The business strategy should be **examined** to better **allocate** and **utilize** human resources.
（よりうまく人材を配置して活用するために，そのビジネス戦略は**検討**されるべきだ。）

❋ ❋ ❋ ❋ ❋

派　□ **examination** [ɪgzæ̀mɪnéɪʃən] 名 [試験，検査]
類　□ **probe** [proʊb] 動 [～を徹底的に調査する，～を探る]
　　□ **experiment** [ɪkspérɪmənt] 動 [実験する] 名 [実験]

206 proofread
[prúːfrìːd]

(～を)校正する

例文　Be sure to **proofread** your thesis carefully before submitting it to the professor.
（教授に提出する前に必ず，論文を入念に**校正する**ように。）
□ **thesis** [θíːsɪs] 名 [論文，論題]

🔁 見出し語リピート　他で見出し語になっている単語

□ property (358)　　□ allocate (163)　　□ utilize (243)

207 acquire
[əkwáɪər]

〜を得る，〜を獲得する

例文 The bank has **acquired** a good **reputation** by providing quality financial products and superb services to its clients.
(その銀行は質の高い金融商品と素晴らしいサービスを顧客に提供することで，安定した評判を得ている。)

✥ ✥ ✥ ✥ ✥

類 □ **capture** [kǽptʃər] 動 [〜を獲得する，〜を捕える]

208 claim
[kleɪm]

〜を要求する，〜を主張する，(人命)を奪う 名 要求，請求

- The fire claimed five lives.「その火事で5人が亡くなった」のように，「人命を奪う」の意味にも注意。

例文 The passenger **claimed** compensation from the airline for lost luggage. (乗客はなくなった荷物について航空会社による補償を**要求した**。)

✥ ✥ ✥ ✥ ✥

類 □ **assert** [əsə́ːrt] 動 [〜を主張する，〜を断言する]

209 argue
[áːrgjuː]

〜だと主張する，論争する

例文 The CEO **argued** that success in business depends strongly on having capable and dedicated management ability.
(ビジネスでの成功は，有能で献身的な管理能力に強くかかっていると CEO は**主張した**。)

□ **dedicated** [dédɪkèɪtɪd] 形 [献身的な，打ち込んでいる]

210 state
[steɪt]

〜を(正式に)述べる
名 状態，国，州

例文 Company policy **states** that customer information must not be **stored** on laptop computers.
(会社の方針では，顧客情報はラップトップコンピューターに保管してはいけないと**言明している**。)

✾ ✾ ✾ ✾ ✾

派 □ **statement** [stéɪtmənt] 名 [声明，計算書，明細書]
類 □ **voice** [vɔɪs] 動 [(意見など)を言う]
＊voice opposition 反対を表明する
□ **utter** [ʌ́tər] 動 [〜を口に出す] 形 [まったくの]

211 predict [prɪdíkt]
〜と予測[予言]する

例文 The analyst **predicts** that housing prices could eventually **decline** by 30% compared to last year.
(アナリストは，住宅価格は去年と比べて最終的に30％下がるかもしれないと**予測**している。)

✾ ✾ ✾ ✾ ✾

派 □ **prediction** [prɪdíkʃən] 名 [予言，予測]
類 □ **foresee** [fɔːrsíː] 動 [〜を予見する]

212 summarize [sʌ́məràɪz]
〜を要約する

例文 This report **summarizes** the outcome of the customer satisfaction **survey**.
(この報告書は，顧客満足度調査の結果を**要約**したものです。)

✾ ✾ ✾ ✾ ✾

派 □ **summary** [sʌ́məri] 名 [要約]
□ **sum** [sʌm] 名 [合計] 動 [〜を合計する]

見出し語リピート　他で見出し語になっている単語

□ reputation (314)　□ compensation (377)　□ store (95)　□ decline (54)
□ survey (328)

213 reimburse
[rìːimbə́ːrs]

(人)に(経費などを)返済する

- 商品返品時に「(料金など)を払い戻す」場合は refund。

例文 You must submit the original receipts to get **reimbursed** for travel expenses.
(旅費を**返済**してもらうには，領収証の原本が必要です。)

214 launch
[lɔːntʃ]

(新製品)を売り出す，
(事業など)を始める　图 開始

- launch a campaign「キャンペーンを始める」
- launch an investigation「調査［捜査］を開始する」

例文 A leading Internet service provider **launched** an online music distribution service.
(大手インターネット接続サービス業者が，オンラインでの音楽配信サービスを始めた。)

215 initiate
[iníʃièit]

(事業・計画など)を始める

例文 The laid-off workers intend to **initiate** legal action against the company. (解雇された労働者は，会社に対して訴訟を**開始する**つもりだ。)
□ **laid-off** 形 ［ (一時)解雇された ］

❖ ❖ ❖ ❖ ❖

派　□ **initial** [iníʃəl] 形 ［ 最初の ］　＊initial 3 months 最初の3か月
□ **initially** [iníʃəli] 副 ［ 最初に，当初は ］
□ **initiative** [iníʃiətiv] 图 ［ 主導権，イニシアチブ ］
類　□ **embark** [imbáːrk] 動 ［ (〜に)着手する(on) ］

216 specialize
[spéʃəlàiz]

専門にする

例文 We are a leading cosmetics company **specializing** in various skin care products.
(当社はさまざまなスキンケア商品に**特化している**，大手の化粧品会社です。)
☆ **specialize in ...**　［ …を専門に扱う，…に特化する ］

217 exceed [ɪksíːd]
〜を超える，〜にまさる

例文
- The costs exceed $1 million.「経費は100万ドルを超える。」
The company offers **generous rewards** for employees who **exceed** sales targets.
(その会社は，販売目標を上回った従業員に気前のよい報奨金を与える。)

✦ ✦ ✦ ✦ ✦

派 □ **excess** [ɪksés] 名 [超過，過多]
類 □ **excel** [ɪksél] 動 [秀でている]　＊excel at math 数学ですぐれている
□ **surpass** [sərpǽs] 動 [〜をしのぐ]

218 appoint [əpɔ́ɪnt]
〜を任命する，
(時・場所)を約束して決める

例文
Ms. Susan Peck has been **appointed** as director of human **resources**, **effective** immediately.
(スーザン・ペックさんは，即時発効で人事部ディレクターに**任命された**。)

✦ ✦ ✦ ✦ ✦

類 □ **name** [neɪm] 動 [〜を指名する，〜に名前を付ける]

219 conflict [kənflíkt]
衝突する　名 衝突，争い

例文
- have a schedule conflict「予定がかち合う」
The monthly meeting **conflicts** with my son's university graduation ceremony.
(月例会議は，私の息子の大学の卒業式と**かち合う**。)

見出し語リピート　他で見出し語になっている単語

□ intend (85)　□ generous (475)　□ reward (376)　□ resource (383)
□ effective (462)

220 consume [kənsjúːm]
～を消費する

例文 Many developing countries have to import much of the food they **consume**.
(多くの発展途上国は消費する食料の多くを輸入しなければならない。)

✦ ✦ ✦ ✦ ✦

派
- □ **consumer** [kənsjúːmər] 名 [消費者]
- □ **consumption** [kənsʌ́mpʃən] 名 [消費] ＊consumption tax 消費税

221 specify [spésəfàɪ]
～を詳細に述べる，
～を具体的に挙げる

例文 The contract **specifies** that this **ambitious** project must be completed by the end of June.
(この意欲的なプロジェクトは6月末までに完了しなければならないと，契約書に明記してある。)

✦ ✦ ✦ ✦ ✦

派
- □ **specification** [spèsəfɪkéɪʃən] 名 [設計明細書(-s), 仕様書]
- □ **specific** [spəsífɪk] 形 [明確な，具体的な]
- □ **specifically** [spəsífɪkəli] 副 [明確に，具体的に言うと]

類
- □ **elaborate** [ɪlǽbərèɪt] 動 [(～について)詳しく述べる(on), ～を念入りに作る]

＊Could you please elaborate on it? それについて詳しく説明してくれますか。

222 award [əwɔ́ːrd]
～に(賞など)を与える
名 賞，賞品，賞金

・発音注意。

例文 Mary Barron was **awarded** Employee of the Year and received a $1,500 check.
(メアリー・バロンは年間優秀社員賞を受賞し，1,500ドルの小切手を受け取った。)

223 celebrate
[séləbrèɪt]

(特定の日・事)を祝う

例文
- celebrate the New Year「新年を祝う」

The company will **hold** a party to **celebrate** the 20th anniversary of its foundation.
(その会社は，創立20周年を祝うパーティーを開く。)

✦ ✦ ✦ ✦ ✦

派 □ **celebration** [sèləbréɪʃən] 名 [祝うこと，祝典]
　□ **celebrity** [səlébrəṭi] 名 [名声，有名人]
類 □ **observe** [əbzə́ːrv] 動 [(祝祭日など)を祝う]
＊observe public holidays 国民の休日を祝う

224 mark
[mɑːrk]

〜を祝う，〜に印をつける，〜を示す

例文
- mark ... down「…を値下げする」

We will hold a ceremony **marking** the 10th anniversary of the founding of our company.
(わが社の設立10周年を記念する式典を開催します。)

225 achieve
[ətʃíːv]

〜を成し遂げる

例文
By **overcoming** the current **adverse** economic conditions, the company **achieved** its sales target.
(現在の逆境にある経済動向を乗り越え，その会社は売上目標を達成した。)

☆ **achieve a target [goal]** [目標を達成する]

✦ ✦ ✦ ✦ ✦

派 □ **achievement** [ətʃíːvmənt] 名 [達成，業績]
類 □ **accomplish** [əká(ː)mplɪʃ] 動 [〜を成し遂げる]
　□ **attain** [ətéɪn] 動 [〜を達成する，(地位など)を獲得する]

見出し語リピート 他で見出し語になっている単語

□ ambitious (504)　□ hold (10)　□ overcome (131)　□ adverse (455)

1-23

226 compliment
[ká(:)mpləmènt]

〜に賛辞を述べる　图 ほめ言葉

- complement「〜を補う，補完物」との混同に注意。

例文 I would like to **compliment** you on your **outstanding** work on this project.
(このプロジェクトでのあなたの際立った業績に，**賛辞を述べ**たいと思います。)

✣ ✣ ✣ ✣ ✣

類 □ **flatter** [flǽṭər] 動 [お世辞を言う]
□ **praise** [preɪz] 動 [〜をほめる] 图 [賞賛]

227 acknowledge
[əkná(:)lɪdʒ]

〜を認める

- acknowledge a favor「好意に感謝する」や acknowledge (receipt of) a letter「手紙を受け取ったことを知らせる」のようにも使われる。

例文 It is widely **acknowledged** that our products are **superior** to our competitors'.
(当社の製品が競争相手のものより優れていると広く**認められ**ている。)

228 stimulate
[stímjulèɪt]

〜を刺激する

例文 The government has taken various **measures** to **stimulate** domestic **demand**.
(政府は国内需要を**刺激する**ため，さまざまな措置を取った。)

✣ ✣ ✣ ✣ ✣

派 □ **stimulus** [stímjuləs] 图 [刺激になるもの]

229 adopt
[ədá(:)pt]

〜を採用する，〜を養子にする

- つづりが似ている adapt「〜を適応させる」や adept「熟練した」に注意。

例文 Adam Digital intends to **adopt** a new sales **strategy** for their product.
（アダム・デジタルは，同社の製品について新しい販売戦略を**採用する**つもりだ。）

230 appreciate
[əpríːʃièɪt]

〜を感謝する，〜を認識する，
〜を高く評価する

- 「感謝する」の意味の場合，人を目的語に取れない。つまり I appreciate you. とは言えず，appreciate your help となる。appreciate *do*ing で「〜することに感謝する」。

例文 I would **appreciate** it if you could postpone our **appointment** until next week.
（面会のお約束を来週に延期していただけると**ありがたい**のですが。）

☆ **I would appreciate it if ...** […だとありがたいのですが]
＊丁寧な依頼。

＊＊＊＊＊

派 □ **appreciation** [əprìːʃiéɪʃən] 图 [真価を認めること，感謝]
類 □ **admire** [ədmáɪər] 動 [〜に敬服する]

231 cooperate
[koʊá(ː)pərèɪt]

協力する

- 〈co（共に）＋ operate（操作［運営］する）〉から「協力する」という意味になる。

例文 Ms. Robins **argued** that all employees should **cooperate** with each other in the spirit of **mutual** respect.
（ロビンズさんは，すべての従業員が互いを尊重する精神で**協力**し合うべきだと主張した。）

☆ **cooperate with ...** […と協力する]

＊＊＊＊＊

派 □ **cooperation** [koʊà(ː)pəréɪʃən] 图 [協力]
□ **cooperative** [koʊá(ː)pərətɪv] 形 [協力的な，協同の]

見出し語リピート　他で見出し語になっている単語

□ outstanding (479)　□ superior (448)　□ measure (272)　□ demand (297)
□ strategy (327)　□ appointment (364)　□ argue (209)　□ mutual (495)

232 restore
[rɪstɔ́ːr]

~を回復する，~を修復する

例文 The power outage across town caused by the thunderstorm was **restored** by midnight.
(激しい雷雨による街中の停電は夜半までに**復旧**した。)
□ **power outage** [停電]
□ **thunderstorm** [θʌ́ndərstɔ̀ːrm] 名 [激しい雷雨]

233 underline
[ʌ̀ndərláɪn]

~を強調する，~に下線を引く

• 下線を引いて目立たせることから，「強調する」という意味になる。

例文 The report by the manager **underlined** her concern that the **tentative** budget for sales training would not be **sufficient**.
(マネジャーの報告書では，販売研修のための暫定予算が十分ではないという彼女の懸念が**強調**されていた。)

✢ ✢ ✢ ✢ ✢

類 □ **underscore** [ʌ̀ndərskɔ́ːr] 動 [~を強調する，~に下線を引く]
□ **highlight** [háɪlàɪt] 動 [~を強調する]
□ **stress** [stres] 動 [~を強調して言う]
＊stress the importance of ... …の重要性を強調して言う

234 enhance
[ɪnhǽns]

~を高める

例文 We have made every **attempt** to **enhance** our customers' satisfaction based on their feedback.
(顧客からのフィードバックに基づき，顧客満足度を**高める**ため，あらゆる努力をしてきました。)
□ **(be) based on ...** […に基づいて(いる)]

✢ ✢ ✢ ✢ ✢

派 □ **enhancement** [ɪnhǽnsmənt] 名 [高揚，増進]

235 implement
[ímplɪmènt]

～を実行する，～を履行する

例文 We should **immediately implement** the cost-cutting measures to improve profitability.
(収益性を改善するため，経費削減策をすぐに**実行する**べきだ。)

✦ ✦ ✦ ✦ ✦

派 □ **implementation** [ìmplɪmentéɪʃən] 名 [実施]
類 □ **carry ... out** […を実行［遂行］する]
＊carry out a reform 改革を行う
□ **enforce** [ɪnfɔ́ːrs] 動 [(法律・規則など)を施行する，～を強要する]
＊The restrictions will be strictly enforced. 規制は厳格に実施される。

236 reveal
[rɪvíːl]

～を明らかにする，～を暴露する

例文 The company **revealed** that the estimated $500 million **worth** of planned construction projects was dropped.
(その会社は，計画されていた推定5億ドル相当の建築プロジェクトが取りやめになったと**明かした**。)

✦ ✦ ✦ ✦ ✦

類 □ **uncover** [ʌ̀nkʌ́vər] 動 [～の覆いを取る，～を暴露する]
□ **unveil** [ʌ̀nvéɪl] 動 [～を明らかにする，～のベールを取る]
反 □ **hide** [haɪd] 動 [～を隠す]
□ **conceal** [kənsíːl] 動 [～を隠す]

237 overhaul
[òʊvərhɔ́ːl]

～を分解点検する，～を詳しく調べる　名 分解修理

例文 All of the mechanical **components** are to be replaced or **overhauled** as necessary.
(すべての機械部品は，必要に応じて取り換えるか，**分解点検**される。)

□ **as necessary** [必要に応じて]

見出し語リピート　他で見出し語になっている単語

□ tentative (500)　□ sufficient (473)　□ attempt (67)　□ immediately (512)
□ worth (449)　□ component (347)

1-24

238 urge
[ə́ːrdʒ]

〜を強く促す

例文 The government is being **urged** to take suitable measures to preserve the local rainforests.
(政府は，その地域の熱帯雨林を守るために適切な対策を取るよう**強く求められ**ている。)

☆ ⟨urge ＋人＋ to *do*⟩ ［（人）に〜するよう強く求める］
□ **rainforest** [réɪnfɔ̀(ː)rəst] 名 ［ 熱帯雨林 ］

❋ ❋ ❋ ❋ ❋

類 □ **force** [fɔːrs] 動 ［（人）に（〜するよう）強いる (to *do*) ］
□ **compel** [kəmpél] 動 ［（人）に（〜するよう）強いる (to *do*) ］
□ **prompt** [prɑ(ː)mpt] 動 ［（人）に（〜するよう）促す (to *do*) ］

239 anticipate
[æntísɪpèɪt]

〜を予想する，〜を期待する

例文 It is **anticipated** that the wage negotiations will conclude shortly with both sides being satisfied.
(賃金交渉は，双方が満足して間もなく決着すると**予想される**。)

❋ ❋ ❋ ❋ ❋

派 □ **anticipation** [æntìsɪpéɪʃən] 名 ［ 予想 ］

240 applaud
[əplɔ́ːd]

（〜に）拍手する，〜を賞賛する

例文 The CEO was frequently **applauded** during his speech at the banquet.
(CEO は祝宴でスピーチしているときに，たびたび**拍手**を受けた。)

❋ ❋ ❋ ❋ ❋

派 □ **applause** [əplɔ́ːz] 名 ［ 拍手，賞賛 ］
類 □ **clap** [klæp] 動 ［ 〜に拍手する，手をたたく ］

241 impose
[ɪmpóʊz]

～を課す，～を押し付ける

例文 Increasing **fuel** costs have **imposed** a heavy **burden** on airlines.
(高騰する燃料費が，航空会社に重い負担となってのしかかっている。)

☆ impose *A* on [upon] *B*　[A を B に課す]

---

242 resolve
[rɪzá(:)lv]

～を解決する，決心する

• resolve to *do*「～しようと決心する」

例文 Our clients rely on our **expertise** to **identify**, analyze and **resolve** complex technical problems.
(顧客は，複雑な技術的問題を特定して分析し，解決するため，われわれの専門知識を頼る。)

類 □ **solve** [sɑ(:)lv]　動　[(問題など)を解く，～を解決する]

---

243 utilize
[júːtəlàɪz]

～を活用する

例文 We should fully **utilize** the **accumulated** knowledge and skills of our staff.
(スタッフの蓄積された知識と技能を十分に活用すべきだ。)

類 □ **exploit** [ɪksplɔ́ɪt]　動　[～を活用する，～を搾取する]
＊exploit resources 資源を開発する
＊exploit people in need 困っている人を搾取する

見出し語リピート　他で見出し語になっている単語

□ preserve (134)　　□ conclude (93)　　□ banquet (381)　　□ fuel (256)
□ burden (373)　　□ expertise (398)　　□ identify (128)　　□ accumulate (193)

名詞　一般編　1-25〜31

1-25

244 stair [steər]
階段(-s), (階段の)一段

- 「階段を上る」は go up stairs, climb (up) stairs など。「降りる」は go down stairs, climb down stairs。
- a flight of stairs 「(踊り場から踊り場までの) 一続きの階段」

例文 The man **kneeled** down after falling, but he slowly began walking up the **stairs**, using the handrail.
(男性は転んだ後ひざをついたが、手すりを利用してゆっくりと**階段**を歩いて上り始めた。)

☆ **walk up stairs** [階段を上る]
□ **handrail** [hǽndrèɪl] 名 [手すり]

✣ ✣ ✣ ✣ ✣

関
□ **step** [step] 名 [(主に屋外の)階段(-s)]
□ **landing** [lǽndɪŋ] 名 [(階段の)踊り場]
□ **ascend** [əsénd] 動 [(〜を)登る, 上がる] ＊ascend stairs 階段を上る
□ **descend** [dɪsénd] 動 [(〜を)下る, 降りる]
＊descend stairs 階段を降りる

245 luggage [lʌ́gɪdʒ]
手荷物

- 数え方は a piece of luggage, two pieces of luggage。

例文 The passenger complained to the airline after he couldn't find his **luggage**.
(その乗客は**手荷物**が見つからず、航空会社に苦情を言った。)

✣ ✣ ✣ ✣ ✣

類
□ **baggage** [bǽgɪdʒ] 名 [手荷物]
□ **briefcase** [bríːfkèɪs] 名 [書類かばん]
□ **portfolio** [pɔːrtfóuliòu] 名 [書類挟み, 書類かばん, (所有する)有価証券一覧]

246 belonging
[bɪlɔ́(ː)ŋɪŋ]

所有物(-s)

- one's belongings の形が基本。

例文 You need to ensure that your travel insurance policy covers the loss or theft of personal **belongings**.
(あなたの旅行保険が，**所持品**の紛失や盗難を補償してくれることを確認する必要がある。)

□ **insurance policy** [保険証券]

✽ ✽ ✽ ✽ ✽

類 □ **valuable** [vǽljuəbl] 名 [貴重品(-s)]

247 package
[pǽkɪdʒ]

荷物，包み

例文 Bob felt a pain in his lower back when he **bent** down to lift up the **package** off the floor.
(ボブは**荷物**を床から持ち上げるためにかがんだとき，腰に痛みを感じた。)

□ **lift（up）** [〜を持ち上げる]

✽ ✽ ✽ ✽ ✽

類 □ **parcel** [pɑ́ːrsəl] 名 [小包，小荷物]
□ **carton** [kɑ́ːrtən] 名 [ボール箱，（牛乳などの）紙パック]
□ **cardboard box** [段ボール箱]

248 driveway
[dráɪvwèɪ]

私道

- 道路から自宅の車庫や玄関までの私道。

例文 Don't park your car here, as it would prevent **access** to my house's **driveway**.
(私の家の**私道**へ入れなくなるので，ここに車を止めないでください。)

✽ ✽ ✽ ✽ ✽

類 □ **drive** [draɪv] 名 [（通りから家までの）私有車道]

---

⑥ 見出し語リピート　他で見出し語になっている単語

□ kneel（112）　□ bend（30）　□ access（253）

249 traffic
[trǽfɪk]

交通(量)，(人や車の)往来

例文
- The traffic is heavy [light].「交通量が多い[少ない]。」
- traffic light「信号機」

Traffic was at a **standstill** after an accident involving three vehicles.
(3台の車両を巻き込んだ事故の後，**交通**は動かなくなった。)

✦ ✦ ✦ ✦ ✦

関
- □ **pedestrian** [pədéstriən] 名 [歩行者]
  ＊pedestrian crossing 横断歩道
- □ **passer-by** 名 [通行人]
- □ **line** [laɪn] 動 [(道など)に沿って並ぶ]
  ＊The street is lined with trees. 通りに沿って木が並んでいる。
- □ **turn** (**to the**) **right** [右に曲がる (=take a right)]
- □ **overpass** [óʊvərpæs] 名 [高架道路，陸橋]
  ＊pedestrian overpass 歩道橋

250 garage
[gərάːʒ]

車庫，自動車修理工場

例文
- 発音および「自動車修理工場」の意味があることに注意。

The house has a **garage** in the backyard with a **driveway** to the street.
(その家の裏庭には**車庫**があり，私道が通りへつながっている。)

- □ **backyard** [bækjάːrd] 名 [裏庭]

251 transportation
[trænspərtéɪʃən]

交通機関，輸送

例文
Parking areas are limited. Visitors are **encouraged** to use public **transportation**.
(駐車場には限りがあります。公共**交通機関**を利用してご来訪ください。)

- □ **limited** [límətɪd] 形 [限られた]

✦ ✦ ✦ ✦ ✦

派
- □ **transport** [trænspɔ́ːrt] 名 [輸送，運送] 動 [～を輸送する]
  ＊動詞のアクセントは [trænspɔ́ːrt] となることに注意。

類
- □ **mass transit** [大量輸送，公共交通機関]

252 railroad
[réɪlròʊd]

鉄道（線路）

例文 The traffic **sign** indicates that a **railroad** crossing is ahead.
(その交通標識は，前方に**鉄道**の踏切があることを示している。)

☆ **railroad crossing** [踏切]
☐ **ahead** [əhéd] 副 [前方に]

✣ ✣ ✣ ✣ ✣

類 ☐ **railway** [réɪlwèɪ] 名 [鉄道]
関 ☐ **platform** [plǽtfɔːrm] 名 [(駅の)プラットホーム]
☐ **car** [kɑːr] 名 [電車の車両，客車]

253 access
[ǽkses]

アクセス，接近，入手
動 ～に到達する，～を入手する

• have access to ... 「…にアクセスできる」

例文 A one-time payment of $30 will allow you unlimited online **access** to our database.
(30ドルを一度にお支払いいただくと，当社のデータベースにオンラインで無制限に**アクセス**できます。)

☐ **one-time** 形 [1回限りの]

✣ ✣ ✣ ✣ ✣

派 ☐ **accessible** [əksésəbl] 形 [接近[利用，入手]できる]

254 vehicle
[víːəkl]

乗り物

例文 **Vehicles** not parked in **designated** areas will be towed at the owner's expense.
(指定された場所にとめていない**車両**は，所有者の費用負担でレッカー移動されます。)

☐ **tow** [toʊ] 動 [～をレッカー移動する，～を牽引(けんいん)する]

⟳ 見出し語リピート 他で見出し語になっている単語

☐ standstill (389)　☐ driveway (248)　☐ encourage (127)　☐ sign (262)
☐ designate (162)

255 ride [raɪd]
(乗り物に)乗せること，乗ること
動 (乗り物に)乗る

例文
- Do you need a ride [lift]?「車で送りましょうか。」
Could you give me a **ride** to work so I can avoid **commuting** by train?
(電車で通勤するのを避けるため，職場まで乗せていってくれますか。)
☆〈give ＋人＋ a ride〉 [(人)を車に乗せて行く]

＊＊＊＊＊

関
□ **drop ... off** [(車を止めて)(人[物])を降ろす]
□ **pick ... up** […を迎えに行く，(途中で)…を車に乗せる]

256 fuel [fjúːəl]
燃料　動 ～に燃料を補給する

例文
Any attempt to calm him down only **added fuel** to the fire.
(彼を落ち着かせようとする試みはすべて，火に油を注ぐ結果になった。)
□ **calm (...) down** [(…を)落ち着かせる，落ち着く]

257 passenger [pǽsɪndʒər]
乗客，旅客

例文
- freight train「貨物列車」に対して，passenger train は「旅客列車」。
Your **attention**, please. All **passengers** on Scotts Airlines Flight 176 for Atlanta may begin **boarding** now.
(ご案内いたします。スコッツ航空176便アトランタ行きをご利用のお客さまは，現在ご搭乗いただいております。)

258 wheel [hwíːl]
車輪，(自動車の)ハンドル

例文
- behind [at] the wheel「車の運転をして」
A man **crossed** the street, pulling along his suitcase on **wheels**.
(男性がキャスター付きのスーツケースを引きながら通りを横切った。)

＊＊＊＊＊

関
□ **wheelbarrow** [hwíːlbærou] 名 [(土砂などを運ぶ)手押し車]

- □ **rearview mirror** [バックミラー]
- □ **hood** [hʊd] 名 [ボンネット]
- □ **tire** [táɪər] 名 [タイヤ]　＊flat tire パンクしたタイヤ
- □ **windshield** [wíndʃiːld] 名 [フロントガラス]

259 curb
[kəːrb]

(歩道の)縁石　動 〜を抑える

- curb inflation「インフレを抑制する」
- 「カーブ, 曲線」は curve。

例文 The truck driver pulled over to the **curb** near the gas station.
(トラックの運転手は, ガソリンスタンド近くの縁石に車を寄せてとめた。)

- □ **pull over** [車を道路脇に寄せてとめる]
- □ **gas station** [ガソリンスタンド(=service station)]

260 fare
[feər]

(交通機関の)運賃

- round-trip fare「往復運賃」
- one-way fare「片道運賃」

例文 The guided tour costs $30, **including** bus **fare** and admission to the castle.
(ガイド付きツアーは, バス代と城の入場料込みで30ドルです。)

❖ ❖ ❖ ❖ ❖

類 □ **fee** [fiː] 名 [料金]

見出し語リピート　他で見出し語になっている単語

- □ commute (189)
- □ add (22)
- □ attention (274)
- □ board (78)
- □ cross (26)
- □ including (534)

261 intersection
[ìntərsékʃən]
交差点

例文 Statistics show that most car accidents **occur** at busy **intersections**.
(統計によれば、ほとんどの自動車事故は交通量の多い**交差点**で起こる。)

✦ ✦ ✦ ✦ ✦

類
- □ **crossing** [krɔ́(:)sɪŋ] 名 [交差点，横断歩道]
- □ **junction** [dʒʌ́ŋkʃən] 名 [接合点，交差点，（道路・川の）合流点]

262 sign
[saɪn]
標識，しるし
動 〜に署名する

例文
- traffic sign「交通標識」
- street sign「道路標識」

She **pointed** at the **sign** that read, "Private Property. Keep Out."
(彼女は、『私有地につき立入禁止』と書かれた**標識**を指差した。)

□ **read** [riːd] 動 [〜と書いてある]
＊The sign read "FOR SALE." 看板には「売り物」と書いてあった。

✦ ✦ ✦ ✦ ✦

派 □ **signature** [sígnətʃər] 名 [署名]
類 □ **signal** [sígnəl] 名 [合図，信号]
＊pedestrian signal 歩行者用信号

263 downtown
[dàʊntáʊn]
商業地区，中心街
副 町の中心部へ

例文 Located in the heart of **downtown**, the hotel is a five-minute taxi **ride** to the nearest **railroad** station.
(そのホテルは**商業地区**の中心に位置しているので、最寄り駅までタクシーで5分だ。)

264 region
[ríːdʒən]
地域，地方

例文 Emergency relief supplies were sent to the **region** affected by the earthquake.
(地震の影響を受けた**地域**に、緊急救援物資が送られた。)

□ **relief supplies** [救援物資]

✢ ✢ ✢ ✢ ✢

派 □ **regional** [ríːdʒənəl] 形 [（特定の）地域の]
類 □ **district** [dístrɪkt] 名 [地区，区域]
□ **area** [éəriə] 名 [地域，区域，場所]
□ **site** [saɪt] 名 [場所，敷地，現場]
＊construction site 建設現場，工事現場
□ **square** [skweər] 名 [四角い広場，街区]

265 suburb
[sʌ́bəːrb]

郊外

例文 The Smiths moved into a large **comfortable** house in the **suburbs**.
（スミス一家は，郊外にある広くて快適な家へ引っ越した。）

☆ **in the suburbs (of ...)** [（…の）郊外に]

✢ ✢ ✢ ✢ ✢

類 □ **outskirts** [áutskə̀ːrts] 名 [郊外]
＊on the outskirts (of ...) （…の）郊外に

266 lot
[lɑ(ː)t]

（土地の）1区画

• vacant lot「空き地，更地」

例文 All vehicles must be parked in their designated spaces in the parking **lot**.
（すべての車両は，駐車場の指定された場所にとめなくてはならない。）

☆ **parking lot** [駐車場]

✢ ✢ ✢ ✢ ✢

類 □ **plot** [plɑ(ː)t] 名 [1区画]
＊a plot of land 土地の1区画

見出し語リピート 他で見出し語になっている単語

□ statistics (329) □ occur (57) □ point (29) □ ride (255)
□ railroad (252) □ affect (124) □ comfortable (407)

267 amount
[əmáunt]

量, 総額

- 動詞で amount to ... 「総計…になる」。His debts amount to $5,000.「彼の借金は計5,000ドルになる。」

例文 The total **amount** of the conference registration fee must be paid in advance.
(会議への参加料は**全額**前払いしていただきます。)

✦ ✦ ✦ ✦ ✦

類 □ **quantity** [kwá(:)nṭəti] 名 [量]

268 ban
[bæn]

禁止(令)　動 〜を禁止する

- lift a ban on ... 「…の禁止を解く」

例文 The government imposed a **ban** on smoking in all **enclosed** public places, including workplaces.
(政府は, 職場を含め, 屋内の公共の場での喫煙を**禁止**した。)

☆ **impose a ban on ...** […を禁止する]

269 method
[méθəd]

方法, 方式

例文 If you require an alternative shipping **method**, please **specify** that when placing your order.
(別の発送**方法**にする必要がございましたら, 注文時に指定してください。)

✦ ✦ ✦ ✦ ✦

類 □ **practice** [præktɪs] 名 [実行, (慣習的)やり方, 練習]
＊It's common practice to *do* 〜するのは一般的なやり方だ［よく行われていることだ］

270 manner
[mǽnər]

方法，態度，行儀(-s)

- in a timely manner [fashion]「タイミングよく，時機を逃さずに」は必須フレーズ。

例文 All employees are expected to act in a professional **manner** at all times.
(全従業員は常にプロらしい**態度**をとるよう求められる。)

✦ ✦ ✦ ✦ ✦

類 □ **fashion** [fǽʃən] 名 [やり方，流儀]

271 means
[mi:nz]

方法，手段

例文 Payments should be made by **means** of a bank **transfer**.
(支払い**方法**は，銀行振込となります。)

☆ **by means of ...** […の方法で]

272 measure
[méʒər]

対策，寸法，基準　動 ～を測る

- take measures to do「～するための手段を取る」

例文 The company will **implement** drastic restructuring **measures** to simplify its organizational **structure**.
(その会社は，組織の構造を簡素化するため，思い切ったリストラ**策**を実施するだろう。)

□ **drastic** [drǽstɪk] 形 [徹底的な，思い切った]
□ **simplify** [símpləfàɪ] 動 [～を簡単にする]

✦ ✦ ✦ ✦ ✦

類 □ **criterion** [kraɪtíəriən] 名 [(判断・評価の)基準] ＊複数形は criteria。
□ **gauge** [geɪdʒ] 動 [～を測る，～を評価[判断]する]

見出し語リピート　他で見出し語になっている単語

□ impose (241)　□ enclose (169)　□ specify (221)　□ transfer (178)
□ implement (235)　□ structure (360)

273 procedure
[prəsíːdʒər]

手続き，手順，処置

例文 The bank **clerk** explained the **procedure** for opening a bank account.
(その銀行員は，銀行口座を開設するための**手続き**について説明した。)

✦ ✦ ✦ ✦ ✦

派 □ **proceed** [prəsíːd] 動 [進む]
＊Please proceed to Gate 3. 3番ゲートへお進みください。

274 attention
[əténʃən]

注意

・draw attention of ... 「…の注意[目]を引く」

例文 Consumers pay close **attention** to the quality of the products they **purchase**.
(消費者は，自分が購入する商品の品質に細心の**注意**を払う。)

☆ **pay attention to ...** […に注意を払う]

275 clothing
[klóuðɪŋ]

衣料品，衣類

・an article [piece] of clothing 「衣料品1点」と数える。不可算名詞。

例文 Under the new safety regulations, all employees must **wear** protective **clothing** in the factory.
(新しい安全規則の下では，工場ではすべての従業員が防護服を着用しないといけない。)

☆ **protective clothing** [保護[防護]服]
＊安全ヘルメット，ゴーグルなども含む。

✦ ✦ ✦ ✦ ✦

派 □ **cloth** [klɔ(ː)θ] 名 [布]
類 □ **outfit** [áutfit] 名 [服装一式]
□ **garment** [gáːrmənt] 名 [衣服]
□ **attire** [ətáɪər] 名 [服装]
□ **fabric** [fǽbrɪk] 名 [布地，織物]

276 furniture
[fə́:rnɪtʃər]

家具

例文
- 不可算名詞。数え方は a piece of furniture。

We can **save** money by purchasing used office **furniture**.
(中古のオフィス用**家具**を買うことで、お金を節約できる。)

✦ ✦ ✦ ✦ ✦

派 □ **furnished** [fə́:rnɪʃt] 形 [家具付きの]
*a fully furnished room 全家具付きの部屋
□ **furnishing** [fə́:rnɪʃɪŋ] 名 [備え付け家具, 調度品]

277 shelf
[ʃelf]

棚

- 複数形は shelves。

例文
The file of invoices is stored on the **shelf** next to the copier.
(請求書のファイルは、コピー機の横の**棚**に保管されている。)

278 cabinet
[kǽbɪnət]

戸棚, キャビネット

例文
After updating the employee **directory**, put it back in the bottom drawer of the file **cabinet**.
(従業員名簿を更新したら、書類**整理棚**の一番下の引き出しに戻してください。)

☆ **file cabinet** [書類整理棚(=filing cabinet)]
□ **drawer** [drɔ́:ər] 名 [引き出し]
*a chest of drawers 整理だんす

✦ ✦ ✦ ✦ ✦

類 □ **cupboard** [kʌ́bərd] 名 [食器棚, 戸棚] *発音注意。
□ **closet** [klá(:)zət] 名 [戸棚, 収納室]

見出し語リピート 他で見出し語になっている単語

□ clerk (349)   □ purchase (137)   □ wear (38)   □ save (12)
□ directory (315)

279 ceiling [síːlɪŋ]
天井

例文 There is a light **hanging** from the **ceiling** in the attic.
(屋根裏部屋の**天井**から照明がつり下がっている。)
□ **attic** [ǽṭɪk] 名 [屋根裏(部屋)]

280 plate [pleɪt]
平皿, 一皿分の料理

例文 A folded napkin should be placed upon the **plate** of each guest.
(折りたたんだナプキンを, 客それぞれの**皿**の上に置くべきだ。)
□ **fold** [foʊld] 動 [〜を折りたたむ]

✤ ✤ ✤ ✤ ✤

関 □ **cutlery** [kʌ́tləri] 名 [食卓用刃物, カトラリー]
＊knife「ナイフ」, fork「フォーク」など。
□ **silverware** [sílvərwèər] 名 [食卓用銀食器]
□ **utensil** [juténsəl] 名 [(台所の)用具, 器具]
＊kitchen utensils 台所用品

281 grocery [ɡróʊsəri]
食料雑貨類(-ies), 食料雑貨店

例文 Tommy **loaded** all the **groceries** into his car parked by the street **curb**.
(トミーは, 通りの縁石のそばにとめた車にすべての**食料雑貨品**を積み込んだ。)

282 garbage [ɡɑ́ːrbɪdʒ]
ごみ

• flammable garbage「可燃性ごみ」

例文 Today is **garbage** collection day, so don't **forget** to take out the garbage.
(今日はごみ収集日なので, ごみを出すのを忘れないでください。)
☆ **take out the garbage** [ごみを出す]

✤ ✤ ✤ ✤ ✤

類
- □ **rubbish** [rʌ́bɪʃ] 名 [くず]
- □ **trash** [træʃ] 名 [くず]　＊trash bin ごみ箱
- □ **waste** [weɪst] 名 [廃棄物, 浪費]

283 plant
[plænt]

植物, 工場　動 〜を植える

例文
- electric [electrical] power plant は「発電所」。

Don't forget to water the **plants** while I'm away.
（私が留守の間, 植物に水をやるのを忘れないでください。）

284 water
[wɔ́ːtər]

水(域), 川, 海
動 〜に水をかける

例文
The man is **leaning** against the railing of a balcony overlooking the **water**.
（水域を見渡せるバルコニーの手すりに男性が寄りかかっている。）

□ **railing** [réɪlɪŋ] 名 [手すり, 柵]

✧ ✧ ✧ ✧ ✧

派 □ **watercolor** [wɔ́ːtərkʌ̀lər] 名 [水彩画]
類 □ **sprinkle** [sprɪ́ŋkl] 動 [〜をまく, 〜を振りかける]

285 relationship
[rɪléɪʃənʃɪp]

関係

例文
- relationship between A and B「A と B の間の関係」

We hope to **establish** a strong business **relationship** with your company.（弊社は貴社と強力な取引**関係**を築くことを望んでおります。）

✧ ✧ ✧ ✧ ✧

派 □ **relation** [rɪléɪʃən] 名 [関係]
＊establish diplomatic relations 外交関係を確立する

見出し語リピート　他で見出し語になっている単語

- □ hang (27)
- □ load (168)
- □ curb (259)
- □ forget (19)
- □ lean (31)
- □ establish (165)

286 doubt [daʊt]
疑い

例文
- beyond (a) doubt「疑いもなく,明らかに」

There is no **doubt** that this **superb** film will be a great success at the box office.
(この素晴らしい映画が大当たりするのは疑いない。)

☆ there is no doubt that ... […は疑いの余地がない]
□ **box office** [観客動員数, 収益, (劇・映画などの)切符売り場]

✦ ✦ ✦ ✦ ✦

派 □ **doubtful** [dáʊtfəl] 形 [疑っている]
類 □ **suspicion** [səspíʃən] 名 [疑い, 容疑]
□ **fear** [fɪər] 名 [恐れ, 不安, 懸念]
□ **misgiving** [mɪsgívɪŋ] 名 [疑い, 不安]
関 □ **dubious** [djúːbiəs] 形 [疑わしい, うさんくさい]

287 favor [féɪvər]
親切, 好意　動 〜に賛成する

例文
- in favor of ...「…に賛成して」

Could you do me a **favor** and forward me the document?
(お願いがあるのですが, その文書を私に転送してもらえますか。)

☆ **Could you do me a favor?** [頼みたいことがあるのですが。]
□ **forward** [fɔ́ːrwərd] 動 [〜を転送する]

✦ ✦ ✦ ✦ ✦

派 □ **favorite** [féɪvərət] 形 [お気に入りの]
□ **favorable** [féɪvərəbl] 形 [好意的な]

288 period [píəriəd]
期間, ピリオド

例文
Newly hired staff are **eligible** to receive an employee benefits package after completing their probation **period**.
(試用期間終了後, 新入社員は諸手当を受け取る資格がある。)

☆ **probation period** [試用[見習い]期間]

派 □ **periodic** [pìəriá(ː)dɪk] 形 [周期的な，断続的な]

289 **behavior** [bɪhéɪvjər]
振る舞い，行動

例文 I was extremely impressed by the professional **behavior** and knowledge of your staff.
(貴社のスタッフのプロとしての**態度**と知識に非常に感心しました。)

派 □ **behave** [bɪhéɪv] 動 [振る舞う]
類 □ **attitude** [ǽṭəṭjùːd] 名 [態度]
□ **demeanor** [dɪmíːnər] 名 [態度，振る舞い]
関 □ **habit** [hǽbɪt] 名 [習慣，癖]
＊spending habits 消費パターン

290 **symptom** [sɪ́mptəm]
症状，徴候

例文 **Symptoms** of a **common** cold **appear** about a couple of days after you are **exposed** to a virus.
(一般的な風邪の**症状**は，ウイルスに感染してから約2, 3日後に現れる。)

見出し語リピート　他で見出し語になっている単語

□ superb (447)　□ eligible (481)　□ common (464)　□ appear (97)
□ expose (121)

🔊 1-29

291 medicine
[médsən]

薬, 医療

- take medicine「薬を飲む」
- administer the medicine「薬を投与する」
- a dose of medicine「1回分の薬」
- cough medicine「せき止め薬」

例文 The physician **prescribed medicine** appropriate to the **patient's** symptoms.
(医者は, その患者の症状に適した薬を処方した。)
□ **physician** [fɪzíʃən] 名 [医師]

✣ ✣ ✣ ✣ ✣

派 □ **medication** [mèdɪkéɪʃən] 名 [薬物治療, 薬剤]
□ **medical** [médɪkəl] 形 [医療の] ＊medical checkup 健康診断
類 □ **remedy** [rémədi] 名 [治療(法), 医薬品]
関 □ **pill** [pɪl] 名 [錠剤]

292 resident
[rézɪdənt]

居住者

例文 Local **residents** were **disappointed** to learn that the grocery store will shut down in January.
(地元住民は, その食料雑貨店が1月に閉店すると知ってがっかりした。)

✣ ✣ ✣ ✣ ✣

派 □ **residence** [rézɪdəns] 名 [住宅]
□ **residential** [rèzɪdénʃəl] 形 [住宅の]
類 □ **tenant** [ténənt] 名 [借家人]
□ **citizen** [sítzən] 名 [国民, 市民, 住民]

293 failure
[féɪljər]

失敗

例文 I'm **anxious** to know the **primary** reason for the **failure** of such a huge bank.
(そんなに巨大な銀行が破綻した一番の理由を知りたくてたまらない。)

✣ ✣ ✣ ✣ ✣

類 □ collapse [kəlǽps] 名 [(建物・事業などの)崩壊, 失敗]
　　　　　　　　　　動 [崩壊する, 失敗する]

294 complaint [kəmpléɪnt]
不平, 不満

例文 My neighbor **downstairs** made a **complaint** to the landlord about **water** leaking from the ceiling.
(階下の住人が天井からの水漏れについて大家に**苦情**を言った。)

□ leak [liːk] 動 [(水などが)漏れる]

✣ ✣ ✣ ✣ ✣

派 □ complain [kəmpléɪn] 動 [(〜について)不満 [苦情] を言う(about [of])]

295 feature [fíːtʃər]
特徴, 機能　動 〜を呼び物にする

- 催しの「目玉商品」, 雑誌の「特集記事」, 動詞で映画などに「主演する」の意味も覚えておこう。

例文 The attached brochure describes the **features** and specifications of a soon-to-be-released digital camera.
(添付しましたパンフレットに, 近日発売予定のデジタルカメラの**特徴**と仕様が書かれています。)

見出し語リピート　他で見出し語になっている単語

□ prescribe (116)　□ patient (470)　□ disappointed (415)　□ anxious (433)
□ primary (445)　□ downstairs (505)　□ water (284)

296 aspect [æspèkt]
(物事の)側面，外観

例文 The most important **aspect** of good leadership is to lead by example.
(よきリーダーシップの最も重要な面は，自らが手本となって導くことだ。)
□ **lead by example** [自ら例を示してリードする]

✦ ✦ ✦ ✦ ✦

類
□ **factor** [fæktər] 名 [要因，要素]
□ **respect** [rɪspékt] 名 [点，箇所] 動 [～を尊敬する]
＊In this respect, the two methods are similar. この点において，2つの方式は似ている。

297 demand [dɪmǽnd]
要求，需要　動 ～を要求する

例文 We will make continual efforts to **meet** the **demands** of our customers.
(顧客の要求に応えるため，絶えず努力をしてまいります。)

✦ ✦ ✦ ✦ ✦

類
□ **ask for ...** […を求める]
□ **call for ...** […を要求する]

298 regulation [règjəléɪʃən]
規制，規則

例文 Failure to comply with these **strict** environmental **regulations** will result in heavy **fines**.
(これらの厳しい環境規制を順守しないと，重い罰金を科せられることになる。)
□ **result in ...** […という結果になる]

✦ ✦ ✦ ✦ ✦

派 □ **regulate** [régjəlèɪt] 動 [～を規制する]
類 □ **law** [lɔ:] 名 [法律] ＊copyright law 著作権法
□ **restriction** [rɪstríkʃən] 名 [制限]
□ **restraint** [rɪstréɪnt] 名 [抑制，禁止] ＊budget restraints 予算制限
□ **constitution** [kà(:)nstətjú:ʃən] 名 [憲法]
□ **discipline** [dísəplɪn] 名 [規律，秩序]
＊office discipline 職場の規律

反 | □ **deregulation** [dìːrègjuléɪʃən] 名 [規制緩和, 自由化]

299 delay [dɪléɪ]
遅れ, 延期　動 〜を遅らせる

例文 We **apologize** for the **delay**. The train for Boston will be leaving shortly.
（遅延のおわびを申し上げます。ボストン行きの電車は間もなく出発します。）

300 decade [dékeɪd]
10年間

• for decades「数十年間」

例文 Rebecca has been involved in project management for more than a **decade**.
（レベッカは，10年以上プロジェクト管理にかかわっている。）

＊＊＊＊＊

関 | □ **dozen** [dʌ́zən] 名 [ダース, 12個]　＊half a dozen 半ダース, 6個

301 ability [əbíləṭi]
能力, 手腕

例文 The politician needs the strength and **ability** to **withstand** any kind of criticism.
（その政治家には，どのような種類の批判にも耐える強さと**能力**が必要だ。）
□ **politician** [pɑ̀(ː)lətíʃən] 名 [政治家]

＊＊＊＊＊

類 | □ **skill** [skɪl] 名 [技能, 熟練]
＊習ったり練習したりして身につけたもの。
□ **talent** [tǽlənt] 名 [(生まれながら持っている)才能, 適性]
反 | □ **inability** [ìnəbíləṭi] 名 [無力, 無能]

見出し語リピート　他で見出し語になっている単語

□ lead (21)　　□ meet (92)　　□ strict (442)　　□ fine (325)
□ apologize (138)　□ withstand (120)

302 knowledge [nά(:)lɪdʒ]
知識

- 発音注意。

例文 This **internal** training is designed to enhance the **knowledge** and skills of service technicians.
(この社内研修はアフターサービス技術者の**知識**と技能を高めるために作られています。)

303 situation [sìtʃuéɪʃən]
状況, 立場

例文 An industry expert with **practical** knowledge explained the current **situation** of the housing market.
(実用的な知識を持つ業界専門家が, 住宅市場の現在の**状況**について説明した。)

＊＊＊＊＊

派 □ **situated** [sítʃuèɪt̬ɪd] 形 [(ある場所に)位置している (=located)]
類 □ **environment** [ɪnváɪərənmənt] 名 [環境]
　＊the challenging business environment 厳しいビジネス環境
　□ **circumstance** [sə́ːrkəmstæns] 名 [環境, 状況]
　□ **climate** [kláɪmət] 名 [(時代・社会の)風潮, 気候]
　＊political climate 政治情勢, 政治的環境
　□ **setting** [sét̬ɪŋ] 名 [背景, 環境, (小説・映画の)設定]

304 alternative [ɔːltə́ːrnət̬ɪv]
代案, 選択肢　形 二者択一の

例文 The company has **explored** various **alternatives** to resolve the dispute with the union over working conditions.
(会社は, 労働条件に関する組合との争議を解決するため, さまざまな**代案**を探った。)

＊＊＊＊＊

派 □ **alter** [ɔ́ːltər] 動 [〜を変える]
　□ **alternate** [ɔ́ːltərnət] 形 [交互の, 交替の]
類 □ **choice** [tʃɔɪs] 名 [選択, 選択肢]
　□ **option** [ά(:)pʃən] 名 [選択, 選択肢]
　□ **substitute** [sʌ́bstɪtjùːt] 名 [代わりの人[物]] 動 [〜を代用する]

*substitute A for B B の代わりに A を使う

305 responsibility
[rɪspɑ̀(:)nsəbíləṭi]

責任, 責務

The director took **responsibility** for the **failure** of the project and resigned immediately.
(その重役は, プロジェクト失敗の**責任**をとってすぐに辞職した。)

✢ ✢ ✢ ✢ ✢

派 □ **responsible** [rɪspɑ́(:)nsəbl] 形 [責任がある, 信頼できる]
反 □ **irresponsibility** [ìrɪspɑ̀(:)nsəbíləṭi] 名 [無責任]

306 possibility
[pɑ̀(:)səbíləṭi]

可能性

What **attracted** me most to the job was the **possibility** of travel overseas.
(私がこの仕事に最も引かれた点は, 海外出張の**可能性**だった。)

✢ ✢ ✢ ✢ ✢

派 □ **possible** [pɑ́(:)səbl] 形 [可能な, 起こりうる]

307 opportunity
[ɑ̀(:)pərtjúːnəṭi]

機会, 好機

We would like to take this **opportunity** to **express** our gratitude to our customers for their continued support.
(この**機会**を利用して, 当社のお客さまの変わらぬご支援に感謝の意を表したいと思います。)

□ **gratitude** [grǽṭəṭjùːd] 名 [感謝の気持ち]

✢ ✢ ✢ ✢ ✢

類 □ **chance** [tʃæns] 名 [機会, 可能性]
*slim chance (ほとんどない) わずかな望み　*by chance 偶然に

見出し語リピート　他で見出し語になっている単語

□ internal (466)　□ practical (440)　□ explore (106)　□ failure (293)
□ attract (123)　□ express (43)

308 article [áːrṭɪkl]
(新聞・雑誌などの)記事，品物

- 「品物」の意味では an article of clothing「衣料品1点」のように使われる。

例文 Her first **assignment** for the newspaper was to write an **article** about historic musical **instruments**.
(その新聞社での彼女の初めての仕事は，歴史的に有名な楽器について記事を書くことだった。)

□ **newspaper** [njúːzpèɪpər] 名 [新聞(社)]
□ **historic** [hɪstɔ́(ː)rɪk] 形 [歴史上重要な［有名な］]

309 update [ʌ́pdèɪt]
最新情報　動 ～を最新のものにする，～に最新情報を与える

例文 Can you give me an **update** on the progress of the renovation project?
(改修プロジェクトの進ちょくについて最新情報を教えてくれますか。)

310 appliance [əpláɪəns]
(家庭用の)電気器具

- electrical appliance「電化製品」

例文 Warning: Do not use flammable liquids in the **vicinity** of this **appliance**.
(警告：この家電製品の近くで可燃性の液体を使用しないこと。)

□ **flammable** [flǽməbl] 形 [可燃性の]
□ **liquid** [líkwɪd] 名 [液体]

311 confidence [káː(ː)nfɪdəns]
自信，信頼

例文 The **confidence** we have in our products is **reflected** in our 10-year warranty.
(われわれの自社製品に対する自信は，10年保証に反映されています。)

✴ ✴ ✴ ✴ ✴

派 □ **confident** [káː(ː)nfɪdənt] 形 [自信がある]
＊be confident of [about / that] ... …に自信がある，…を確信している

312 emphasis
[émfəsɪs]

重要さ，強調

- place [put] an emphasis on ... 「…に重点を置く，…を強調する」

In the report, **particular emphasis** is **laid** on finding alternative energy sources.
(その報告書で特に重要視されていることは，代替エネルギー源を見つけることだ。)

※ ※ ※ ※ ※

派 □ **emphasize** [émfəsàɪz] 動 [～を強調する]

313 priority
[praɪɔ́(ː)rət̬i]

優先(事項)

- 「最優先（事項）」は top [first] priority。

We made it our **priority** to be **attentive** to our customers' needs.
(わが社では，顧客のニーズに気を配ることを優先した。)

314 reputation
[rèpjutéɪʃən]

評判，名声

Hartman Printing enjoys a worldwide **reputation** for its **sophisticated** printing technology.
(ハートマン印刷は，高度な印刷技術により，世界的な評判を得ています。)

☆ **enjoy a reputation** [評判を得ている]

※ ※ ※ ※ ※

派 □ **repute** [rɪpjúːt] 名 [評判] 動 [～と評する]
類 □ **popularity** [pɑ̀(ː)pjulǽrət̬i] 名 [人気，評判]
□ **fame** [feɪm] 名 [名声，好評]

見出し語リピート　他で見出し語になっている単語

□ assignment (392)　□ instrument (348)　□ vicinity (399)　□ reflect (88)
□ particular (439)　□ lay (28)　□ attentive (478)　□ sophisticated (503)

315 directory
[dəréktəri]

住所氏名録，名簿

- 「社員名簿」は company directory, employee directory。

例文 The telephone **directory** which is classified by the type of business is on the second row of the **shelf**.
（業種別に分類された電話帳は，棚の2列目です。）
☆ **telephone directory** ［ 電話帳 ］
□ **row** [rou] 名 ［ 列，並び ］

316 atmosphere
[ǽtməsfìər]

雰囲気，（地球を取り巻く）大気

例文 The hotel **offers** a historical **atmosphere** of a large traditional house with modern amenities.
（そのホテルは，現代的な設備を備えつつも，広大な伝統家屋の歴史的な**雰囲気**も楽しめる。）
□ **amenity** [əmíːnəṭi] 名 ［ 快適さ,（町・ホテルなどの）娯楽施設(-ties) ］

＊＊＊＊＊

類 □ **ambience** [ǽmbiəns] 名 ［ 雰囲気，環境 ］

317 questionnaire
[kwèstʃənéər]

アンケート（用紙）

例文 We **appreciate** your taking the time to **respond** to the **questionnaire**.
（時間を取って**アンケート**にお答えくださいましてありがとうございます。）

318 relief [rɪlíːf]

安心, 軽減, 控除

例文 It was a **relief** to know that no one had been injured in the truck accident.
(そのトラック事故で誰も負傷しなかったと知って**安心**した。)

□ **injure** [índʒər] 動 [〜を傷つける]

✤ ✤ ✤ ✤ ✤

派 □ **relieve** [rɪlíːv] 動 [〜を安心させる]
類 □ **ease** [iːz] 名 [気楽さ, 安心] 動 [(痛み・心配など)を和らげる]

見出し語リピート 他で見出し語になっている単語

□ shelf (277) □ offer (44) □ appreciate (230) □ respond (154)

名詞 ビジネス編 🔊 1-32~38

🔊 1-32

319 contract [ká(:)ntrækt]
契約(書)　動 ～を契約する

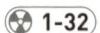

例文
- draw up a contract「契約書を作成する」

We signed a **contract** with Biz Academy to provide leadership training for our managers.
(当社のマネジャーに指導力養成研修をしてもらうため，ビズ・アカデミーと契約を結んだ。)

❉❉❉❉❉

派 □ **contractual** [kəntræktʃuəl] 形 [契約(上)の]
＊contractual obligation 契約上の義務

320 deal [di:l]
商取引，契約　動 扱う

- 動詞で deal with ...「…を扱う，…と取引する」，deal in ...「(商品)を扱う」も重要表現。

例文
The air carrier signed a business **deal** worth $5 million with a major oil company.
(その航空会社は大手石油会社と500万ドル相当の契約を結んだ。)

☆ **sign a deal** [契約を結ぶ (=close a deal)]
□ **carrier** [kæriər] 名 [輸送業者，航空会社]
＊「輸送業者」には，バス，鉄道，航空などの旅客会社も含む。

321 check [tʃek]
小切手，勘定書　動 ～を調べる

- レストランで「お勘定をお願いします」は Check, please. と言う。
- check one's baggage のように「(空港などで出発前に)手荷物を預ける」という意味でも使われる。

例文
Nancy went to the bank down the street to cash the **check**.
(ナンシーは小切手を現金化するために，通りの先にある銀行へ行った。)

☆ **cash a check** [小切手を現金化する]

関 □ **checkbook** [tʃékbùk] 名 [小切手帳]

322 performance
[pərfɔ́ːrməns]

(人・会社の)業績，遂行(能力)，性能，上演

例文 Since Sarah is **diligent** and hardworking, her job **performance** review must be **terrific**.
(サラは勤勉でよく働くので，彼女の**勤務**評定は素晴らしいに違いない。)

☆ **job performance** [仕事ぶり，業績]

派 □ **perform** [pərfɔ́ːrm] 動 [(仕事など)を行う，〜を演奏する]
類 □ **accomplishment** [əká(:)mplɪʃmənt] 名 [業績，達成]

323 proposal
[prəpóuzəl]

提案(書)，申し込み

例文 We are confident that Sun Bank will **consider** our **proposal** favorably.
(サン銀行は当社の**提案**を前向きに考えるだろうと，自信を持っています。)

派 □ **propose** [prəpóuz] 動 [〜を提案する]

見出し語リピート　他で見出し語になっている単語

□ diligent (474)　　□ terrific (446)　　□ consider (47)

324 refund
[ríːfʌnd]

払い戻し(金)
動 ～を払い戻しする

- refund は商品返品時などの「払い戻し」。出張旅費など経費の返済は reimbursement。

例文 No **refunds** are **issued** after the 30-day guarantee period.
(30日の保証期間が過ぎた後は，払い戻しいたしません。)

✦ ✦ ✦ ✦ ✦

派 □ **refundable** [rɪfʌ́ndəbl] 形 [払い戻しのできる]
類 □ **pay ... back** […を返金する]

325 fine
[faɪn]

罰金　形 細かい，細い

- 細い線しか引けないことから，There is a fine line between *A* and *B*. は「A と B は紙一重だ。」という意味になる。

例文 Vehicles parking without a **permit** are subject to a **fine** of $200.
(許可なく駐車している車両には，200ドルの**罰金**が科せられる。)

✦ ✦ ✦ ✦ ✦

類 □ **penalty** [pénəlti] 名 [罰，罰金，違約金]
□ **punishment** [pʌ́nɪʃmənt] 名 [罰，処罰]

326 purpose
[pə́ːrpəs]

目的

- on purpose「わざと，故意に (= deliberately, intentionally)」

例文 The **purpose** of the meeting is to **determine** how much we can spend on advertising.
(会議の**目的**は，宣伝にいくら使えるかを決定することだ。)

✦ ✦ ✦ ✦ ✦

類 □ **objective** [əbdʒéktɪv] 名 [目標，目的]
□ **aim** [eɪm] 名 [狙い，目標]
□ **end** [end] 名 [目的]　＊to this end この目的のために，そのために

327 strategy
[strǽtədʒi] 戦略

例文 We need a **long-term strategy** to increase our presence in the market.
(市場での当社の存在感を高めるため，長期的な**戦略**が必要だ。)
- □ **presence** [prézəns] 图 [存在(感)]

✦ ✦ ✦ ✦ ✦

類
- □ **tactic** [tǽktɪk] 图 [戦法(-s)]
- □ **scheme** [skiːm] 图 [計画，案，（会社の）事業計画]

328 survey
[sə́ːrveɪ] 調査

例文 The **preliminary survey** was conducted on people of various **occupations**.
(その予備**調査**は，さまざまな職業の人々に対して行われた。)
- ☆ **conduct a survey** [調査を行う]

✦ ✦ ✦ ✦ ✦

類
- □ **study** [stʌ́di] 图 [研究，調査]
- □ **poll** [poʊl] 图 [世論調査，投票]

329 statistics
[stətístɪks] 統計，統計学

- ●「統計」の意味では複数扱い，学問名「統計学」は単数扱い。

例文 According to **statistics,** the jobless rate fell by 2% **compared** with the same month last year.
(**統計**によれば，失業率は前年同月比で2％低下した。)

見出し語リピート 他で見出し語になっている単語

- □ issue (109)
- □ permit (357)
- □ determine (122)
- □ long-term (494)
- □ preliminary (501)
- □ occupation (355)
- □ compare (63)

🎧 1-33

330 matter
[mǽṭər]

事柄, 問題, 物質　動 重要である

例文
- It doesn't matter. 「それは重要［問題］ではない。」

He **consults** Anne on all **matters** of **concern** before making a final decision.
(彼は最終決定をする前には、気がかりなことすべてをアンに相談する。)

☆ **matter of concern** [気がかりな事柄, 関心事]

331 investigation
[ɪnvèstɪɡéɪʃən]

調査, 捜査

例文
Victims of the computer fraud were **annoyed** by the slow **progress** of the **investigation**.
(コンピューター詐欺の被害者は、捜査が遅々として進まないことにいら立った。)

□ **fraud** [frɔːd] 名 [詐欺, 不正行為]

✢ ✢ ✢ ✢ ✢

派 □ **investigate** [ɪnvéstɪɡèɪt] 動 [～を調査する (=look into ...)]

332 identification
[aɪdèntɪfɪkéɪʃən]

身元確認, 身分証明書

例文
- photo identification 「写真付き身分証明書」

How many forms of **identification** are required to obtain a driver's license?
(運転免許を取るのに、**身分証明書**が何通必要ですか。)

☆ **a form of identification** [身分証明書1通]

333 handout
[hǽndàʊt]

(会議などで配る)配布資料, ちらし

例文
After her opening remarks, Kathy **distributed** **handouts** for the meeting.
(開会のあいさつ後、キャシーは会議**資料**を配布した。)

334 material
[mətíəriəl]

資料，材料

- raw material「原材料」

例文 All symposium participants will receive a **package** of information **materials** beforehand.
（シンポジウムの全参加者は，事前に**資料**一式を受け取ります。）

□ **beforehand** [bɪfɔ́ːrhænd] 副 [あらかじめ，事前に]

335 figure
[fígjər]

数字，人物，図　動 ～と考える

- fig.3「図3」のように fig. と省略されることもある。
- 動詞では I figured that he would ...「彼は…だろうと思った」。

例文 The company has released projected sales **figures** for the upcoming year.
（会社は，今後1年間に予測される販売**数量**を公表した。）

336 table
[téɪbl]

表

- おなじみ「テーブル」の意味で，on the table には比喩的に「（議案などが）検討中で，審議中で」という意味もある。

例文 The following **table** details the relationship between the supply and demand of agricultural products.
（次の**表**は，農産物の需要と供給の関係を詳しく述べている。）

□ **agricultural** [æɡrɪkʌ́ltʃərəl] 形 [農業の]

見出し語リピート　他で見出し語になっている単語

□ consult (96)　□ concern (91)　□ annoyed (414)　□ progress (367)
□ distribute (161)　□ package (247)　□ project (200)　□ upcoming (460)

337 benefit
[bénɪfɪt]

利益，恩恵，特典

例文
- unemployment benefit「失業手当［給付金］」

In his concluding **remarks**, the speaker emphasized the **benefits** of stock ownership.
(結びの言葉で，話し手は持ち株制度の**利点**を強調した。)

❖ ❖ ❖ ❖ ❖

派
- □ **beneficial** [bènɪfíʃəl] 形 ［ 有益な ］
- □ **benefactor** [bénɪfæktər] 名 ［ 恩恵を施す人，後継者 ］

338 budget
[bʌ́dʒət]

予算

例文
At this time, there is approximately $9,000 **remaining** in the project **budget**.
(現時点で，プロジェクトの**予算**がおよそ9,000ドル残っている。)

339 profit
[prá(:)fət]

利益　動 利益を得る

例文
-「利益を上げる」は make a profit や earn a profit と言う。

The real-estate company made a huge **profit** on the **deal**.
(不動産会社は，その取引で巨額の**利益**を上げた。)

❖ ❖ ❖ ❖ ❖

派
- □ **profitable** [prá(:)fəṭəbl] 形 ［ 利益をもたらす ］
- □ **profitability** [prà(:)fəṭəbíləṭi] 名 ［ 収益性 ］

340 revenue
[révənjù:]

(会社や組織・政府の)収入，歳入(-s)

例文
Today, Titan Corporation announced record **revenues** of $5.2 million.
(本日，タイタン社は520万ドルという記録的**収益**を発表した。)

❖ ❖ ❖ ❖ ❖

類
- □ **income** [ínkʌ̀m] 名 ［ 収入，所得 ］

341 surplus
[sə́ːrplʌs]

余り，剰余金

例文 The manufacturer has cut production until **retailers** sell off **surplus inventory**.
(その製造会社は小売店が過剰在庫を売り切るまで，生産を減らしている。)

342 expense
[ɪkspéns]

出費，支出

• at one's expense「(人)の費用負担で」

例文 Our company will **reimburse** you for travel **expenses** such as airfare and **accommodations**.
(会社が，航空運賃や宿泊などの旅費を払い戻します。)

✢ ✢ ✢ ✢ ✢

派 □ **expensive** [ɪkspénsɪv] 形 [値段が高い]

343 debt
[det]

借金，負債

例文 After several years of hard work, Robert finally paid off all his **debts**.
(数年にわたる努力の後，ロバートはついに借金をすべて返した。)

☆ pay off the debts [借金を返済する]

344 deficit
[défəsɪt]

不足(額)，赤字

例文 The country is currently **suffering** from a huge budget **deficit**.
(現在その国は巨額の予算不足に苦しんでいる。)

✢ ✢ ✢ ✢ ✢

類 □ **lack** [læk] 名 [不足]

見出し語リピート　他で見出し語になっている単語

□ remark (384)　□ remain (60)　□ deal (320)　□ retailer (352)
□ inventory (378)　□ reimburse (213)　□ accommodation (366)　□ suffer (75)

🔊 1-34

345 construction
[kənstrʌ́kʃən]
建設

例文 The **architect** designed the city hall that is currently under **construction**.
(その建築家が，現在**建設**中の市役所を設計した。)
☆ **under construction** [建設中で，工事中で]
□ **city hall** [市役所]

✥ ✥ ✥ ✥ ✥

派 □ **construct** [kənstrʌ́kt] 動 [～を建設する]

346 equipment
[ɪkwɪ́pmənt]
機器，備品

・不可算名詞。a piece of equipment, two pieces of ... と数える。

例文 AIE Incorporation has **steadily** grown as a trading company **specializing** in electronic **equipment**.
(AIE 社は，電子**機器**を専門とする貿易会社として着実に成長しています。)

✥ ✥ ✥ ✥ ✥

派 □ **equip** [ɪkwɪ́p] 動 [～に(…を)装備する(with)]
＊The room is equipped with a refrigerator. 部屋には冷蔵庫が備え付けられている。

類 □ **machinery** [məʃíːnəri] 名 [(集合的に)機械装置]
□ **device** [dɪváɪs] 名 [装置，道具]
□ **gadget** [gǽdʒɪt] 名 [(ちょっとした)機械装置]

347 component
[kəmpóʊnənt]
部品，構成要素

例文 The instruction manual enclosed in the package explains how to **assemble** the cabinet **components**.
(パッケージの中にある取扱説明書に，戸棚の**部品**の組み立て方が書かれています。)

✥ ✥ ✥ ✥ ✥

派 □ **compose** [kəmpóʊz] 動 [～を構成する]
□ **composed** [kəmpóʊzd] 形 [(人が)落ち着いた]

類
- □ **composer** [kəmpóuzər] 名 [作曲家]
- □ **part** [pɑːrt] 名 [部品]
- □ **element** [élɪmənt] 名 [(構成)要素]
- □ **unit** [júːnɪt] 名 [(構成)単位，(計量の)単位，装置]

348 instrument
[ínstrəmənt]

器具，道具，計器

- 実験などに使う精密な器具を指すほか，musical instrument「楽器」にも注意。piano など具体的な楽器名の言い換えでも使われる。

例文
TempuAce is an **instrument** that you can **rely** on to get **accurate** temperature measurements.
(テンプエースは，正確な温度を測定するのに信頼のおける**器具**です。)

✱ ✱ ✱ ✱ ✱

派 □ **instrumental** [ìnstrəméntəl] 形 [役立つ，手段となる]
＊He was instrumental in developing the product. 彼はその製品の開発で重要な役割を果たした。

類 □ **tool** [tuːl] 名 [道具]

349 clerk
[kləːrk]

店員，事務員，フロント係

- (front) desk clerk「(ホテルの) フロント係」

例文
The store **clerk** was extremely helpful in finding what I was looking for.
(その店員は私が探しているものを見つけるとき，とてもよく助けてくれた。)

見出し語リピート 他で見出し語になっている単語

□ architect（351）　□ steadily（531）　□ specialize（216）　□ assemble（171）
□ rely（9）　□ accurate（488）

350 candidate
[kǽndɪdèɪt]
候補者

例文
- promising candidate「有望な候補者」

The successful **candidate** for mayor **obtained** an **overwhelming** majority of votes from the residents who are **opposed** to the tax increase.
(当選した**市長候補者**は，増税に反対する住民の圧倒的多数の票を得た。)

□ **mayor** [méɪər] 名 [市長]

351 architect
[á:rkɪtèkt]
建築家

例文
The **architect** is **supposed** to send us the blueprint for the new shopping mall by Friday.
(新しいショッピングモールの設計図が**建築家**から金曜日までに送られてくることになっている。)

□ **blueprint** [blú:prìnt] 名 [設計図，青写真]

✢ ✢ ✢ ✢ ✢

派 □ **architecture** [á:rkətèktʃər] 名 [建築，建築物]

352 retailer
[rí:teɪlər]
小売業者

例文
Trendy K is a women's **clothing retailer** with over 200 stores in the US.
(トレンディーKは，アメリカに200店舗以上を持つ女性服**販売業者**だ。)

✢ ✢ ✢ ✢ ✢

派 □ **retail** [rí:teɪl] 名 [小売り] 動 [～を小売りする]
関 □ **wholesale** [hóulsèɪl] 名 [卸売り] 動 [卸売りする]

353 participant [pɚ́tísɪpənt]
参加者

- 動詞の participate in ...「…に参加する」とともに最重要単語。

例文 More than 500 **participants** gathered for the annual stockholders' meeting.
(500人以上の**参加者**が，年次株主総会に集まった。)

✦ ✦ ✦ ✦ ✦

派 □ **participation** [pɑːrtìsɪpéɪʃən] 名 [参加，加入]
関 □ **enroll** [ɪnróul] 動 [〜を入学[入会]させる，(〜に)入会[入学]する (in [for / on])]

354 individual [ìndɪvídʒuəl]
個人　形 個々の

例文 All **individuals** who apply for this position must have at least five years of **relevant** experience.
(この職に応募する**者**は全員，関連分野で最低5年の経験がなくてはならない。)

✦ ✦ ✦ ✦ ✦

派 □ **individually** [ìndɪvídʒuəli] 副 [それぞれ，個人として]

355 occupation [à(ː)kjupéɪʃən]
職業，占有

例文 If you are not currently employed, please **state** your previous **occupation**.
(現在就職していなければ，前**職**を述べてください。)

✦ ✦ ✦ ✦ ✦

類 □ **profession** [prəféʃən] 名 [(専門的な)仕事]

見出し語リピート　他で見出し語になっている単語

□ obtain (179)　□ overwhelm (132)　□ opposed (417)　□ suppose (146)
□ clothing (275)　□ gather (99)　□ relevant (486)　□ state (210)

356 supply
[səplái]

供給　動 ～を供給する

- 「需要と供給」は supply and demand。日本語と語順が逆になる。

例文　The utility company is working to restore the power **supply**, which was **disrupted** by heavy snowfall in the **rural** area.
（電力会社は，農村部における大雪で停止した電力**供給**を復旧するため作業している。）

357 permit
[pə́ːrmɪt]

許可(証)　動 ～を許可する

- get a permit「許可を得る」

例文　The developer applied for a **permit** to build a 12-story apartment **complex** in the area.
（宅地開発業者は，その地域に12階建てのアパートを建てる**許可**を申請した。）

＊ ＊ ＊ ＊ ＊

派　□ **permission** [pərmíʃən] 名 [許可(証)，認可]
＊ask for permission 許可を求める

358 property
[prá(ː)pərṭi]

不動産，財産

- intellectual property「知的財産，知的所有権」

例文　Vacant **properties** that are not **properly** maintained by owners can cause numerous problems for neighbors.
（所有者が適切に維持していない空き**不動産**は，近隣に数々の問題を起こしかねない。）

＊ ＊ ＊ ＊ ＊

類　□ **asset** [ǽsèt] 名 [財産]
□ **capital** [kǽpəṭəl] 名 [資本(金)，首都]

359 facility
[fəsíləti] 施設

- sports facility「スポーツ施設」

例文 All the electrical wiring in the **facility** was completely **overhauled** a year ago.
（施設内の電気配線はすべて，1年前に完全に点検整備された。）

✦✦✦✦✦

派 □ **facilitate** [fəsílətèɪt] 動 [～を促進する]
＊facilitate negotiation　交渉を促進する

360 structure
[strʌ́ktʃər] 建造物，構造

例文 The Eagle Museum, at the **intersection** of Airy and Wood Streets, is one of the town's oldest **structures**.
（イーグル博物館は，エイリー通りとウッド通りの交差点にある，街で最も古い建造物の一つだ。）

✦✦✦✦✦

派 □ **structural** [strʌ́ktʃərəl] 形 [構造の]
＊structural defects　構造上の欠陥

361 premise
[prémɪs] 構内，家屋敷(-s)

- 「前提」の意味も覚えておこう。on the premise of [that] ...「…を前提として」

例文 There are no vending machines on the **premises** of this training facility.（この訓練施設の構内には自動販売機はありません。）
☆ **on the premises** [敷地内で]
□ **vending machine** [自動販売機]

✦✦✦✦✦

類 □ **compound** [kɑ́(ː)mpàʊnd] 名 [構内，敷地内，混合物]

見出し語リピート　他で見出し語になっている単語

□ disrupt (129)　□ rural (456)　□ complex (362)　□ properly (528)
□ overhaul (237)　□ intersection (261)

362 complex
[ká(:)mplèks]

複合施設　形 複雑な

例文 The oceanfront **complex consists** of 200 residences, a hotel and a shopping center.
(海に面したその**複合施設**は200の住居と，ホテルとショッピングセンター1つずつから成る。)

363 production
[prədʌ́kʃən]

製造，生産高

• 派生語の produce は名詞で「農産物」の意味があることに注意。

例文 **Production** of the new digital camera is about two weeks behind schedule.
(新しいデジタルカメラの**製造**は，予定より2週間ほど遅れている。)

✢ ✢ ✢ ✢ ✢

派　□ **produce** [prədjúːs] 動 [〜を製造[生産]する]　名 [農産物，野菜や果物] ＊名詞の発音は [próudjuːs] となることに注意。
□ **productive** [prədʌ́ktɪv] 形 [生産的な]
□ **productivity** [pròudʌktívəti] 名 [生産性]

類　□ **output** [áutpùt] 名 [生産高，産出]
＊output of a factory 工場の生産高

364 appointment
[əpɔ́ɪntmənt]

(面会の)約束，(役職への)任命

• I have a dentist appointment. 「歯医者の予約がある。」
• appointment of officers 「役員の任命」

例文 I have an **appointment** with a client at 10 o'clock tomorrow.
(明日10時に顧客と**面会の約束**がある。)

365 forecast
[fɔ́ːrkæst]

予測，天気予報　動 ～を予報する

例文 According to the weather **forecast**, this rain won't **last** long.
（天気**予報**によると，この雨は長くは続かない。）

366 accommodation
[əkà(ː)mədéɪʃən]

宿泊設備，宿泊施設

例文 Kingwood Inn offers luxury **accommodations** in the affluent suburb of Orange Valley.
（キングウッド・インは，オレンジ・バレーという高級な郊外地域で豪華な**宿泊**を提供いたします。）

□ **luxury** [lʌ́gʒəri] 名 [豪華さ(を誇る)，ぜいたくさ]
□ **affluent** [ǽfluənt] 形 [裕福な(=wealthy)]

✦ ✦ ✦ ✦ ✦

派 □ **accommodate** [əká(ː)mədèɪt] 動 [(人)を収容する，～を適用させる]
＊The hotel can accommodate 200 people. そのホテルは200人宿泊できる。
□ **accommodating** [əká(ː)mədèɪtɪŋ] 形 [好意的な，親切な]

367 progress
[prá(ː)grəs]

進歩，進行　動 進歩する

例文 The lab made **significant progress** in improving fuel efficiency and reducing air pollution.
（研究所は，燃料効率改善と大気汚染減少において，大きな**進展**を遂げた。）

□ **pollution** [pəlúːʃən] 名 [汚染，公害]

✦ ✦ ✦ ✦ ✦

類 □ **go ahead** [先へ進む]
□ **carry (...) on** [続ける，(…を)進める]

🔁 見出し語リピート　他で見出し語になっている単語

□ consist (70)　　□ last (94)　　□ significant (418)

368 recovery
[rɪkʌ́vəri]

(悪い状態からの)回復

例文 The expected economic **recovery** will gradually stimulate job creation.
(予想される経済回復は，徐々に雇用創出を刺激するだろう。)

✤ ✤ ✤ ✤ ✤

関 □ **get over ...** [(病気など)から回復する]
＊get over a cold 風邪が治る

369 direction
[dərékʃən]

道順，指示，説明書(-s)

- [dərékʃən] と [daɪrékʃən] の二つの発音がある。

例文 The man asked the receptionist for **directions** to the nearest bus stop.
(男性は，受付係に一番近いバス停への道順を尋ねた。)

☆ **directions to ...** […への道順]

✤ ✤ ✤ ✤ ✤

派 □ **direct** [dərékt] 動 [～を指揮[指図]する，～に道を教える]

370 instruction
[ɪnstrʌ́kʃən]

指示，命令(-s)

- 複数形 instructions には，instruction manual「取扱説明書」の意味も。

例文 Please **refer** to the attached file for **instructions** to evaluate employee performance and **behavior**.
(従業員の業績・行動評価のための指示については，添付ファイルを参照してください。)

✤ ✤ ✤ ✤ ✤

派 □ **instruct** [ɪnstrʌ́kt] 動 [～に指示する，～に教える]
□ **instructor** [ɪnstrʌ́ktər] 名 [指導者，講師]

371 itinerary
[aɪtínərèri]
旅程, 旅程表

例文 Would you **review** this revised **itinerary** carefully?
（この修正した**旅程表**を注意深く見直してくれますか。）

372 draft
[dræft]
草案, 下書き

例文
• a draft of the contract「契約書の草案（= contract draft）」
While **proofreading** the contract **draft**, he found and corrected a lot of typos.
（契約書の**草案**を校正中，彼は多くの誤植を見つけて訂正した。）
□ **typo** [táɪpoʊ] 名 ［ 誤植, タイプミス (=typographical error) ］

373 burden
[bə́ːrdən]
重荷, 荷

例文 You can reduce the financial **burden** of your medical costs by claiming tax **relief**.
（税控除を申請することで，医療費の金銭的**負担**を軽減できる。）
□ **tax relief** ［ 税控除, 減税 ］

✦ ✦ ✦ ✦ ✦

類 □ **hardship** [háːrdʃɪp] 名 ［ 苦難 ］
□ **difficulty** [dífɪkəlti] 名 ［ 難しさ, 困難 ］

見出し語リピート　他で見出し語になっている単語

□ gradually (530)　□ stimulate (228)　□ refer (156)　□ behavior (289)
□ review (183)　□ proofread (206)　□ relief (318)

145

374 cargo
[kɑ́ːrgoʊ]

(船や飛行機などの)積荷

- cargo ship「貨物船」

They unloaded the **cargo** from a ship and transported it to the warehouse.
(彼らは船から**積荷**を降ろして，倉庫へ輸送した。)

□ **warehouse** [wéərhàus] 名 [倉庫]

375 honor
[ɑ́(ː)nər]

名誉，敬意　動 ～に栄誉を授ける

A special celebration in **honor** of the opening of the new theater will be held on June 5th.
(新しい劇場のオープンを**祝して**，特別祝賀会が6月5日に開かれます。)

☆ **in honor of ...** […を祝して，…に敬意を表して]

376 reward
[rɪwɔ́ːrd]

報酬，謝礼金　動 ～に報いる

An $8,000 **reward** has been offered for information leading to the arrest of the robbery suspect.
(その強盗事件の容疑者逮捕につながる情報に対し，8,000ドルの**報奨金**がかけられている。)

□ **arrest** [ərést] 名 [逮捕] 動 [～を逮捕する]
□ **robbery** [rɑ́(ː)bəri] 名 [強盗(事件)]

377 compensation
[kɑ̀(ː)mpənséɪʃən]

補償(金)，(労働などの)報酬

We can help you claim financial **compensation** if you have been involved in an accident.
(もし事故に巻き込まれたら，われわれが**賠償金**を請求するお手伝いをいたします。)

✤ ✤ ✤ ✤ ✤

派 □ **compensate** [ká(:)mpənsèɪt] 動 [(人)に(〜の)賠償をする(for)]
類 □ **damage** [dǽmɪdʒ] 名 [損害賠償金(-s)] *この意味では常に複数形。

378 inventory
[ínvəntɔ̀ːri]

在庫商品, 在庫一覧

- count our inventory 「在庫を数える」

例文 AutoMart carries the largest **inventory** of used vehicles in North America.
(オートマートは, 北米で最も多く中古車の**在庫**を持っている。)

379 occasion
[əkéɪʒən]

行事, (特定の)時, 場合

- on occasion(s) 「時々」

例文 Our hotel is especially suitable for weddings and other special **occasions**.
(当ホテルは, 結婚式やその他の特別な**行事**に最適です。)

✦ ✦ ✦ ✦ ✦

派 □ **occasionally** [əkéɪʒənəli] 副 [時折, 時たま(=once in a while)]

380 refreshment
[rɪfréʃmənt]

軽い飲食物(-s)

例文 Lunch and **refreshments** will be provided for registered participants.
(登録済みの参加者には, 昼食と**軽い飲食物**が提供されます。)

🔄 見出し語リピート　他で見出し語になっている単語

□ vehicle (254)　　□ especially (511)　　□ suitable (429)

1-37

381 banquet
[bǽŋkwət]

祝宴, 宴会

例文 MSE Corp. hosted an awards **banquet** to **honor** its outstanding employees.
(MSE 社は, 優秀な従業員を表彰する**祝宴**を催した。)

✤ ✤ ✤ ✤ ✤

類 □ **gala** [géɪlə] 名 [祭り, 祝祭]

382 hospitality
[hɑ̀(:)spətǽləṭi]

もてなし, 歓待

例文 I was **impressed** with the **hospitality** of the entire staff of the Grace Hotel.
(グレースホテルの全スタッフの**もてなし**に感激しました。)

✤ ✤ ✤ ✤ ✤

派 □ **hospitalize** [hɑ́(:)spɪṭəlàɪz] 動 [〜を入院させる]
＊Jose was hospitalized. ホセは入院した。

383 resource
[ríːsɔːrs]

資源, 財源

・human resources「人的資源, 人材（= HR）」

例文 This investment guidebook is an invaluable **resource** for anyone interested in stock price **fluctuations**.
(この投資手引書は, 株価の変動に興味がある人にとって, 非常に貴重な**情報源**だ。)

□ **invaluable** [ɪnvǽljuəbl] 形 [（評価できないほど）貴重な]

✤ ✤ ✤ ✤ ✤

派 □ **source** [sɔːrs] 名 [源, もと]

384 remark
[rɪmáːrk]

発言　動 ～と言う

例文 Whenever Danny makes a rude **remark** about my clothing, I just **ignore** him.
(私の服装についてダニーが失礼な**発言**をするときはいつも，彼を無視するだけです。)

* * * * *

派　□ **remarkable** [rɪmáːrkəbl] 形 [注目すべき]

385 criticism
[krítəsìzm]

批評，非難

例文 He seemed to get **upset** by all the **criticism** against his proposal.
(彼は自分の提案に対する**非難**に動揺したようだった。)

* * * * *

派　□ **criticize** [krítəsàɪz] 動 [～を批判[批評]する]
　　□ **critique** [krɪtíːk] 動 [～を論評する] 名 [批評，論評]

386 commitment
[kəmítmənt]

全力を注ぐこと，約束，責任

例文 The success of a company **depends** on the **commitment** of its employees.
(会社の成功は，従業員の**尽力**にかかっている。)

* * * * *

派　□ **committed** [kəmítɪd] 形 [打ち込んでいる，約束した]
　　＊be committed to ... …に尽力する，…と確約する
　　□ **committee** [kəmíti] 名 [委員会]
　　□ **commission** [kəmíʃən] 名 [委員会のメンバー，手数料，歩合]
　　＊work on commission 歩合で働く

見出し語リピート　他で見出し語になっている単語

□ honor (375)　　□ impressed (413)　　□ fluctuation (400)　　□ ignore (135)
□ upset (90)　　□ depend (8)

387 outcome
[áutkÀm]

結果, 成果

例文 The **outcome** of a **comprehensive** cyberspace policy review was **released** today.
(サイバー空間に関する方針の包括的な見直しの**結果**が, 今日発表された。)

✤ ✤ ✤ ✤ ✤

類 □ **result** [rɪzÁlt] 名 [結果] 動 [(〜という)結果になる (in)]
＊as a result その結果として
□ **consequence** [ká(:)nsəkwens] 名 [結果]

388 renovation
[rènəvéɪʃən]

改築, 修繕, 革新

例文 The entire theater building has **undergone** extensive **renovations** in the past few years.
(劇場の建物全体が, ここ数年かけて大幅に**改築**されている。)

✤ ✤ ✤ ✤ ✤

派 □ **renovate** [rénəvèɪt] 動 [〜を改装する, 〜をリフォームする]

389 standstill
[stǽndstìl]

停止, 行き詰まり

• at a standstill「行き詰まって」

例文 Production in the auto factory was brought to a **standstill** by a strike.
(自動車工場の生産は, ストライキにより**停止**されることになった。)

✤ ✤ ✤ ✤ ✤

類 □ **deadlock** [dédlà(:)k] 名 [(交渉などの)行き詰まり]
＊The negotiations ended in deadlock. 交渉は行き詰って終わった。
□ **halt** [hɔːlt] 名 [停止, 休止] ＊The bus came to a halt. バスが止まった。

390 dispute
[dɪspjúːt]

論争 動 〜を議論する, 〜に反論する

例文 The firm is currently **engaged** in a **complicated** legal **dispute** with a competitor.
(会社は現在, 競争相手と面倒な法的**紛争**にかかわっている。)

391 inquiry
[ínkwəri]

問い合わせ，質問

例文 His **inquiry** is about how to **calculate** the total cost of the project.
(彼の**問い合わせ**は，プロジェクトの総費用の計算方法についてです。)

＊＊＊＊＊

派 □ **inquire** [ɪnkwáɪər] 動 [(〜について)尋ねる (of [about])]

392 assignment
[əsáɪnmənt]

割り当てられた仕事，任務

例文 My next **assignment**, which is to draw up a **draft** of the contract, is **due** next Monday.
(私の次の**任務**は，契約書の草案を作ることだが，来週月曜日が期限だ。)

＊＊＊＊＊

派 □ **assign** [əsáɪn] 動 [〜を割り当てる]
＊I was assigned a market research job. 市場調査の仕事を与えられた。
類 □ **quota** [kwóʊṭə] 名 [(生産，販売などの)割り当て(量)，ノルマ]
□ **task** [tæsk] 名 [仕事，任務]

393 authority
[əːθɔ́ːrəṭi]

当局，権威(者)，権限

例文 The **authorities** initiated a thorough investigation into the plane crash, which claimed over 100 lives.
(**当局**は，100人を超える命を奪った飛行機墜落事故に対する徹底的な調査を始めた。)

☆ the authorities [当局]

＊＊＊＊＊

派 □ **authorize** [ɔ́ːθəràɪz] 動 [〜を認可する，〜に権限を与える]
□ **authorization** [ɔ̀ːθərəzéɪʃən] 名 [公認，許可]

見出し語リピート 他で見出し語になっている単語

□ comprehensive (492)　□ release (187)　□ undergo (133)
□ extensive (490)　□ engage (191)　□ complicated (435)
□ calculate (23)　□ draft (372)　□ due (458)　□ initiate (215)

名詞 ビジネス編

394 resignation
[rèzɪgnéɪʃən]

辞職, 辞任

例文 As widely **predicted**, the president announced his **resignation** after the scandal.
(大方の予想どおり，そのスキャンダルの後，社長は**辞職**を発表した。)

✦ ✦ ✦ ✦ ✦

派 □ **resign** [rɪzáɪn] 動 [辞職する]

395 prospect
[prá(:)spekt]

予想, 見通し

例文 He expressed **doubts** about the **prospect** of economic recovery in the following year.
(来年の経済回復の**予想**に対し，彼は疑念を表明した。)

✦ ✦ ✦ ✦ ✦

派 □ **prospective** [prəspéktɪv] 形 [予想される, 見込みのある]
* prospective client 見込み客

396 invention
[ɪnvénʃən]

発明(品)

例文 The **innovative invention** has considerably enhanced her reputation in the company.
(その革新的な**発明**で，社内での彼女の名声はかなり高まった。)

✦ ✦ ✦ ✦ ✦

派 □ **invent** [ɪnvént] 動 [〜を発明する]
類 □ **discovery** [dɪskʌ́vəri] 名 [発見]

397 predecessor
[prédəsèsər]

前任者

例文 Unlike his **predecessor**, the new manager is **familiar** with various computer systems.
(**前任者**とは違って，新マネジャーはさまざまなコンピュータシステムに精通している。)

□ **unlike** [ʌ̀nláɪk] 前 [〜と違って]

398 expertise
[èkspə(:)rtíːz]

専門的知識[技術，能力]

例文 The company has **proven expertise** in the field of online advertising.
(その会社には，オンライン広告の分野でしっかりした**専門的知識**がある。)

＊＊＊＊＊

関 □ **technical terms** [専門用語]
□ **proficiency** [prəfíʃənsi] 名 [熟達]
＊proficiency in English 英語の熟達

399 vicinity
[vəsínəti]

近いこと，近所

例文 The developer began **construction** of a new mall in the **downtown vicinity**.
(その不動産業者は，商業地区**付近**に新しいショッピングセンターの建設を始めた。)

☆ **in the vicinity (of ...)** [(…の)近くに]
□ **mall** [mɔːl] 名 [ショッピングセンター[モール]]

＊＊＊＊＊

類 □ **neighborhood** [néɪbərhʊd] 名 [近所]
□ **proximity** [prɑ(:)ksíməti] 名 [近いこと]
＊in the proximity of a park 公園の近くに
関 □ **adjacent** [ədʒéɪsənt] 形 [(〜の)近隣の (to)]
□ **nearby** [nìərbáɪ] 形 [近くの] 副 [近くで]

見出し語リピート 他で見出し語になっている単語

□ predict (211)　　□ doubt (286)　　□ innovative (496)　　□ familiar (423)
□ prove (101)　　□ construction (345)　　□ downtown (263)

400 fluctuation
[flʌ̀ktʃuéɪʃən]

変動

例文 Please **note** that tour prices may change slightly due to currency **fluctuations**.
(通貨の**変動**により，ツアー価格を若干変更する場合がありますのでご承知ください。)

✦ ✦ ✦ ✦ ✦

派 □ **fluctuate** [flʌ́ktʃuèɪt] 動 [変動する]
類 □ **ups and downs** [浮き沈み，栄枯盛衰]

401 obligation
[àːblɪgéɪʃən]

義務，責務

例文 We are **delighted** to offer you a free estimate without any **obligation** on your part.
(お客さまサイドが何ら**義務**を負うことなく，無料でのお見積もりを喜んでさせていただきます。)

✦ ✦ ✦ ✦ ✦

派 □ **oblige** [əbláɪdʒ] 動 [～に義務を負わせる]
＊be obliged to *do*（義務があるので）～せざるを得ない
類 □ **liability** [làɪəbíləti] 名 [責任，義務，負債]

見出し語リピート　他で見出し語になっている単語

□ note（170）　　□ delighted（411）

形容詞 一般編 🎧 1-39~44

🎧 1-39

402 available [əvéɪləbl]
利用できる，入手できる

例文 Free parking is **available** for guests in the parking **lot** right across the street.
(お客さまは，通りの真向かいにある駐車場に無料で駐車できます。)

✦ ✦ ✦ ✦ ✦

派 □**availability** [əvèɪləbíləṭi] 名 [利用できること，(入手の)可能性]
＊easy availability of products 商品の入手しやすさ

反 □**unavailable** [ʌ̀nəvéɪləbl] 形 [利用できない，入手できない]

403 aware [əwéər]
知って，気が付いて

例文 Most people are not **aware** of the dangers of using credit cards online.
(ほとんどの人が，オンラインでクレジットカードを使用する危険性に気が付いていない。)

☆ **be aware of [that] ...** […に気が付いている，…を知っている]

✦ ✦ ✦ ✦ ✦

派 □**awareness** [əwéərnəs] 名 [知ること，認識，自覚]
類 □**conscious** [kɑ́(ː)nʃəs] 形 [意識している]
＊be conscious of ... …に(心の中で)気付いている

見出し語リピート 他で見出し語になっている単語

□ lot (266)

404 several
[sévrəl] いくつかの

例文 It took me **several** days to **organize** my thoughts for the presentation.
(プレゼンテーションのために考えをまとめるのに数日かかった。)
□ thought [θɔːt] 名 [思考，考え]

405 various
[véəriəs] さまざまな

例文 In her article, Ms. Perry **briefly outlined various** strategies for **achieving** long-term goals.
(ペリーさんは記事の中で，長期目標を達成するためのさまざまな戦略のあらましを手短に述べた。)

✤ ✤ ✤ ✤ ✤

派 □ **vary** [véəri] 動 [変わる，異なる]
  ＊Prices vary according to size. 価格はサイズによって変わります。
類 □ **diverse** [dəvə́ːrs] 形 [多様な，さまざまな]
  ＊diverse views 多様な考え方
  □ **miscellaneous** [mìsəléɪniəs] 形 [種々雑多な]
  ＊miscellaneous expense(s) 雑費

406 numerous
[njúːmərəs] 多数の

例文 **Numerous** packages are **piled** up to the **ceiling** in the warehouse.
(倉庫には，多数の荷物が天井まで積み重ねてある。)

✤ ✤ ✤ ✤ ✤

類 □ **plentiful** [pléntɪfəl] 形 [豊富な，多くの]
  □ **abundant** [əbʌ́ndənt] 形 [豊富な]
反 □ **rare** [reər] 形 [まれな，めったにない]
  ＊on rare occasions ごくたまに，まれに
  □ **scarce** [skeərs] 形 [乏しい，不十分な]
  ＊scarce resources 希少な資源

407 comfortable [kʌ́mfərṭəbl]

快適な，居心地のよい

例文 This **comfortable** home **overlooking** Central Park has a spacious underground **garage** in the basement.
（セントラルパークを見渡せるこの**快適**な家には，地階に広い地下駐車場がある。）

□ **spacious** [spéɪʃəs] 形 [（部屋などが）広い]
＊spacious room 広い部屋
□ **basement** [béɪsmənt] 名 [地階，地下室]

❖ ❖ ❖ ❖ ❖

派 □ **comfort** [kʌ́mfərt] 名 [快適さ] 動 [〜を慰める，〜を楽にする]

408 willing [wílɪŋ]

〜するのをいとわない

例文 Elliott is always **willing** to take on extra work without complaining.
（エリオットはいつも，文句を言わずに時間外労働を**快く**引き受ける。）

☆ **be willing to** *do* [快く〜する]

❖ ❖ ❖ ❖ ❖

類 □ **keen** [kiːn] 形 [鋭い，熱心な]
＊be keen to *do* しきりに〜したがっている
反 □ **unwilling** [ʌnwílɪŋ] 形 [気が進まない]
＊be unwilling to *do* 〜するのに気が進まない

見出し語リピート　他で見出し語になっている単語

□ organize (159)　□ briefly (529)　□ outline (155)　□ achieve (225)
□ pile (34)　□ ceiling (279)　□ overlook (32)　□ garage (250)

409 reluctant [rɪlʌ́ktənt] 気が進まない

例文 The director was **reluctant** to **replace** some regular staff members with part-timers.
(ディレクターは，正社員数人をパート従業員と置き換えることに気が進まなかった。)

☆ **be reluctant to** *do* [～することに気が進まない]

✦✦✦✦✦

類 □ **disinclined** [dìsɪnkláɪnd] 形 [気が進まない]
＊be disinclined to *do* ～したくない，～することに気が進まない

410 satisfied [sǽṭɪsfàɪd] 満足した

例文 The **latest** surveys indicate that as much as 92 percent of customers are **satisfied** with our products.
(92％もの顧客が当社の製品に満足していると，最新の調査が示している。)

☆ **be satisfied with ...** […に満足している]
□ **as much as ...** […ほども多く]

✦✦✦✦✦

派 □ **satisfy** [sǽṭɪsfàɪ] 動 [～を満足させる]
□ **satisfactory** [sæ̀ṭɪsfǽktəri] 形 [満足な]
反 □ **dissatisfied** [dìssǽṭɪsfàɪd] 形 [不満な]

411 delighted [dɪláɪṭɪd] 喜んで

例文 I'm **delighted** to **introduce** a new addition to the team, Anne Lee, our new sales executive.
(チームに新しく加わる販売責任者のアン・リーを喜んで紹介いたします。)

□ **addition** [ədíʃən] 名 [加えられた人[もの]，追加]

✦✦✦✦✦

派 □ **delight** [dɪláɪt] 名 [大喜び] 動 [～を大いに喜ばせる]

412 pleased
[pliːzd]

喜んで

例文 We are extremely **pleased** that our first quarter performance **exceeded** our expectations.
(当社の第1四半期の業績が予想を上回ったことを大変うれしく思います。)

❖ ❖ ❖ ❖ ❖

派 □ **please** [pliːz] 動 [〜を喜ばせる，〜を楽しませる]
□ **pleasant** [plézənt] 形 [楽しい]
＊have a pleasant time 楽しい時を過ごす
類 □ **glad** [glæd] 形 [うれしく思う]

413 impressed
[ımprést]

感心した，感動した

例文 We were **impressed** with the **candidate's** knowledge and experience.
(われわれは，その候補者の知識と経験に感心した。)

☆ **be impressed with [by] ...** […に感心する，…に感銘を受ける]

❖ ❖ ❖ ❖ ❖

派 □ **impress** [ımprés] 動 [〜に強い印象を与える]
□ **impressive** [ımprésɪv] 形 [印象的な，感動的な]

414 annoyed
[ənɔ́ɪd]

いらいらして

例文 We were **annoyed** by the continuous noise from the construction site.
(われわれは，工事現場からの絶え間ない騒音にいらいらした。)

❖ ❖ ❖ ❖ ❖

類 □ **irritated** [írɪtèɪtɪd] 形 [いらいらした，炎症を起こしている]

見出し語リピート 他で見出し語になっている単語

□ replace (173)　　□ latest (427)　　□ introduce (15)　　□ exceed (217)
□ candidate (350)

415 disappointed
[dìsəpɔ́ɪntɪd]

がっかりした

例文 His tone of voice **implied** that he was **disappointed** with the decision.
(その決定にがっかりしたことを，彼の声の調子が暗示していた。)

類
- □ **disgusted** [dɪsɡʌ́stɪd] 形 [うんざりした]
- □ **frustrated** [frʌ́streɪtɪd] 形 [失望した]

416 exhausted
[ɪɡzɔ́:stɪd]

疲れ切った

例文 I felt **exhausted** after working late to meet the deadline.
(締め切りに間に合わせるために遅くまで働いた後、ひどい疲れを感じた。)

類
- □ **tired** [táɪərd] 形 [疲れた，飽きた]
- □ **worn-out** 形 [疲れ切った]
- ＊worn は wear（〜を疲れさせる）の過去分詞。

417 opposed
[əpóʊzd]

反対した，向かい合った

例文 Anybody who is **opposed** to the proposal, please **raise** your hand.
(その提案に反対の人は，手を挙げてください。)

☆ **be opposed to ...** […に反対している]

派
- □ **oppose** [əpóʊz] 動 [〜に反対する]
- ＊He opposed to the plan. 彼はその計画に反対した。
- □ **opposition** [à(:)pəzíʃən] 名 [反対，対立]
- □ **opponent** [əpóʊnənt] 名 [相手，敵，反対者]
- □ **opposite** [á(:)pəzɪt] 形 [反対側の]

類
- □ **hostile** [há(:)stəl] 形 [敵の，敵意ある]

418 significant
[sɪɡnífɪkənt]

重要な，かなりの

例文
- a significant amount of ... 「かなりの量の…」

The economy is improving, and we should see a **modest** yet **significant** recovery next year.
(経済は回復しつつあり，来年には控え目だが**重要な**景気回復を目にするだろう。)

✣ ✣ ✣ ✣ ✣

派 □ **significance** [sɪɡnífɪkəns] 名 [重要性，意義]
□ **signify** [sígnɪfàɪ] 動 [〜を示す]
類 □ **meaningful** [míːnɪŋfəl] 形 [意味のある，重要な]

419 correct
[kərékt]

正しい　動 (誤りなど)を訂正する

例文
Our decision to **approve** the proposed merger proved to be a **correct** one for both parties.
(合併申し入れを受諾したわれわれの決定は，双方にとって**正しい**決断だったとわかった。)

✣ ✣ ✣ ✣ ✣

派 □ **correction** [kərékʃən] 名 [訂正(すること)]
□ **correctly** [kəréktli] 副 [正しく，正確には]
□ **corrective** [kəréktɪv] 形 [矯正的な，矯正する]
＊take a corrective action 是正措置を取る
反 □ **wrong** [rɔ(ː)ŋ] 形 [悪い，間違った]
□ **incorrect** [ìnkərékt] 形 [不正確な，間違った]

見出し語リピート　他で見出し語になっている単語

□ imply (65)　　□ raise (2)　　□ modest (469)　　□ recovery (368)
□ approve (6)

🎧 1-41

420 likely
[láɪkli]

ありそうな，起こりそうな

- be likely to *do*「〜しそうである」は必須表現。同じ意味で，It is likely (that) ... の形も覚えておこう。

例文 The **furniture** store is **likely** to hold a big sale to reduce inventory.
(その家具店は在庫を減らすため，大売り出しを実施しそうだ。)

✣ ✣ ✣ ✣ ✣

類 □ **inclined** [ɪnkláɪnd] 形 [傾向のある]
＊be inclined to *do* 〜したいと思う，〜する傾向がある
□ **prone** [proʊn] 形 [傾向がある]　＊be prone to *do* 〜しがちである
□ **probable** [prá(:)bəbl] 形 [ありそうな，起こりそうな]
＊It is probable (that) ... …しそうである
反 □ **unlikely** [ʌnláɪkli] 形 [ありそうもない]
＊be unlikely to *do* 〜しそうもない

421 former
[fɔ́:rmər]

前の，先の

- 文章中で前述した二つの事項をそれぞれ指す場合には the former「前者」と the latter「後者」を使う。

例文 She was **appointed** to the position left vacant by the resignation of the **former** director.
(彼女は，前ディレクターの辞任により空きとなっていた職に指名された。)

✣ ✣ ✣ ✣ ✣

反 □ **latter** [lǽṭər] 形 [後者の]

422 previous
[prí:viəs]

先の，前の

- 「先約がある」は have a previous engagement [appointment / commitment]。previous の代わりに prior を使ってもよい。

例文 I will not be able to **attend** the meeting because of a **previous** engagement.
(先約があるので，会議に出席できません。)

類 □ **prior** [práıər] 形 [前の] ＊prior to ... …より前の[に] (=before)
□ **preceding** [prɪsíːdɪŋ] 形 [(すぐ)前の]
＊preceding paragraph 前の段落

423 familiar
[fəmíljər]

精通している，よく知られた

例文 Are you **familiar** with the **correct** procedures for using this lab equipment?
(この実験装置の正しい使い方に詳しいですか。)
☆ be familiar with ... […に精通している，…をよく知っている]
□ **lab** [læb] 名 [実験室，研究室[所] (=laboratory)]

424 entire
[ɪntáɪər]

全体の

例文 I have yet to have the **opportunity** to review the **entire** file.
(ファイル全体を見直す機会がまだない。)

派 □ **entirely** [ɪntáɪərli] 副 [まったく (=completely)]
類 □ **whole** [houl] 形 [全体の]
□ **overall** [òuvərɔ́ːl] 形 [全体の，全部の]

425 present
[prézənt]

現在の，出席している
動 〜を差し出す

例文 Jimmy **warned** us that the **present** situation could get much worse.
(ジミーは，現在の状況がさらにずっと悪くなりうると私たちに警告した。)

派 □ **presently** [prézəntli] 副 [やがて，現在 (=at present)]

見出し語リピート 他で見出し語になっている単語

□ furniture (276)　□ appoint (218)　□ attend (141)　□ correct (419)
□ opportunity (307)　□ warn (103)

426 current [kə́ːrənt]

今の，現行の
名 (川などの)流れ，電流

例文 The **current** issue of the magazine features an interview with journalist and author Jane Butler.
(その雑誌は**今**号で，ジャーナリストで作家のジェーン・バトラーのインタビューを大きく取り上げている。)

* * * * *

派 □ **currency** [kə́ːrənsi] 名 [貨幣，通貨，流布] ＊foreign currency 外貨
　□ **currently** [kə́ːrəntli] 副 [現在(のところ)]
類 □ **ongoing** [ά(ː)ngòuɪŋ] 形 [進行[継続]中の]
　＊ongoing discussion 現在行われている議論

427 latest [léɪṭɪst]

最新の，最近の，最後の

例文 I saw your advertisement in the **latest** issue of *Voyage* magazine.
(ボヤージュ誌の**最新**号で貴社の広告を拝見しました。)

* * * * *

派 □ **late** [leɪt] 形 [遅れた，遅い，故〜]
　＊the late Mr. Green 故グリーン氏
　□ **lately** [léɪtli] 副 [最近，近ごろ]

428 continuous [kəntínjuəs]

絶え間ない，継続的な

例文 The **continuous** noise of **traffic disturbed** my sleep last night.
(**絶え間ない**交通騒音が，昨晩私の睡眠を妨げた。)

* * * * *

派 □ **continue** [kəntínju(ː)] 動 [〜を続ける，続く]
　□ **continual** [kəntínjuəl] 形 [断続的な，絶え間ない]
類 □ **constant** [ká(ː)nstənt] 形 [不変の，休みなく続く]

429 suitable
[súːtəbl]

適した，ふさわしい

例文 This dress is **suitable** for any formal **occasion** such as a wedding or cocktail party.
（このドレスは，結婚式やカクテルパーティーのような，どんな公式の場にも**適**しています。）

❖ ❖ ❖ ❖ ❖

派 □ **suit** [suːt] 動 [〜に適する] 名 [(服の)スーツ, 訴訟(=lawsuit)]
関 □ **fit** [fɪt] 動 [〜に合う]
＊衣服については「サイズが合う」は fit，「色柄が人に似合う」は suit。

430 vacant
[véɪkənt]

空いている，使用されていない

例文 In the nearby vicinity of the office, I managed to find a **vacant** apartment that I can afford.
（事務所の近くに，私が家賃を払える**空き**部屋を何とか見つけた。）

❖ ❖ ❖ ❖ ❖

派 □ **vacancy** [véɪkənsi] 名 [(職などの)空き，空室]
類 □ **empty** [émpti] 形 [空の，人のいない]
＊The streets were empty. 通りには人通りがなかった。
反 □ **occupied** [á(ː)kjupàɪd] 形 [占有されている]
＊Is this seat occupied [taken]? この席は空いていますか。

見出し語リピート　他で見出し語になっている単語

□ traffic（249）　□ disturb（130）　□ occasion（379）

431 valuable
[vǽljuəbl]

貴重な，価値の高い

例文　Sun Corp. **regards** human resources as their most **valuable** asset; **therefore**, we hire the most qualified professionals.
（サン社は人材を最も**貴重な**財産だと考えます。それゆえ，最適の専門家を雇うのです。）

✦ ✦ ✦ ✦ ✦

類　□ **priceless** [práɪsləs] 形 [値がつけられない，極めて貴重な]

432 eager
[íːgər]

熱望して，熱心な

・be eager for ... 「…をしきりに求めている」

例文　The company is **eager** to **expand** its operations overseas, especially in Asia.
（その会社は海外，特にアジアへの事業拡大を**熱望している**。）

☆ **be eager to** *do* [～することを熱望する]

✦ ✦ ✦ ✦ ✦

類　□ **enthusiastic** [ɪnθjùːziǽstɪk] 形 [熱狂的な，熱心な]
＊be enthusiastic about ... …に熱心である
□ **vigorous** [vígərəs] 形 [精力的な]
□ **avid** [ǽvɪd] 形 [渇望している，熱心な]
＊an avid fan of ... …の熱心なファン

433 anxious
[ǽŋkʃəs]

心配して，切望して

・「～を切望する」の意味では，be anxious for ... と be anxious to *do* の二つの言い方がある。

例文　They were all **anxious** about the **outcome** of the presidential election.
（彼らは皆，大統領選挙の結果を**心配していた**。）

☆ **be anxious about [for] ...** […を心配している]

✦ ✦ ✦ ✦ ✦

類　□ **uneasy** [ʌníːzi] 形 [不安な，心配な]

☐ **nervous** [nə́ːrvəs] 形 [不安な，神経質な]
☐ **worried** [wə́ːrid] 形 [(～を)心配した，(～で)困った(about)]

434 devoted
[dɪvóuṭɪd]

献身的な，熱心な

例文
• be devoted to *do*ing「～することに専心する」
Thanks to the **commitment** of our **devoted** staff, we **earned** a record-high profit.
(**献身的な**スタッフの尽力のおかげで，当社は記録的な利益を上げた。)

❖ ❖ ❖ ❖ ❖

派 ☐ **devote** [dɪvóut] 動 [～にささげる]
＊devote oneself to *do*ing ～することに没頭する
☐ **devotion** [dɪvóuʃn] 名 [献身，専念]

435 complicated
[kɑ́(ː)mpləkèɪṭɪd]

複雑な

例文
The instructions in this manual are too **complicated** to **follow**, so now I'm **confused**.
(このマニュアルの指示はややこしくてついていけず，私は今，頭が混乱している。)
☐ **too ... to *do*** [余りに…なので～ない]

❖ ❖ ❖ ❖ ❖

派 ☐ **complication** [kɑ̀(ː)mpləkéɪʃn] 名 [困難な状況，合併症(-s)]

見出し語リピート　他で見出し語になっている単語

☐ regard (104)　　☐ therefore (518)　　☐ expand (199)　　☐ outcome (387)
☐ commitment (386)　☐ earn (188)　　☐ follow (24)　　☐ confuse (37)

436 further [fə́ːrðər]

さらなる 副 さらに
動 〜を促進する

例文
- until further notice「追って通知があるまで」

If you **require** any **further** information, please feel free to contact me.
(さらに情報が必要な場合は，遠慮なく私に連絡してください。)

□ **feel free to** *do* [自由に〜する，遠慮なく〜する]
□ **contact** [kɑ́(ː)ntækt] 動 [〜に連絡する (=get in touch with ...)]

✦ ✦ ✦ ✦ ✦

類 □ **farther** [fɑ́ːrðər] 形 [さらに遠くの] 副 [さらに遠く]

437 alert [ələ́ːrt]

用心深い 名 警報

例文
- on (the) alert「(〜を) 警戒して (for [against])」

I **realize** we need to be **alert** and **prepared** for all the **possibilities**.
(あらゆる可能性に対し，用心して準備をしておく必要があることを理解している。)

438 narrow [nǽrou]

狭い，わずかな

例文
The road is too **narrow** to allow two vehicles to drive by each other safely.
(その道路はとても狭いので車2台が安全にすれ違うことができない。)

✦ ✦ ✦ ✦ ✦

反 □ **wide** [waɪd] 形 [(幅が)広い]
□ **broad** [brɔːd] 形 [広い] *a broad range of ... 広範囲の…
関 □ **thin** [θɪn] 形 [薄い]
□ **thick** [θɪk] 形 [厚みのある]

439 particular
[pərtíkjulər]

特定の，特別の

例文
- in particular「特に」

Unfortunately, that **particular** style of jacket is currently sold out.
(残念ながら，そのスタイルのジャケットは現在売り切れです。)

□ **be sold out** [売り切れている]

✦ ✦ ✦ ✦ ✦

派 □ **particularly** [pərtíkjulərli] 副 [特に]

440 practical
[præktɪkəl]

実際的な，実用的な

例文 The seminar will provide participants with **practical** methods of time management.
(そのセミナーは，参加者に時間管理の実践的な方法を提示します。)

✦ ✦ ✦ ✦ ✦

派 □ **practically** [præktɪkəli] 副 [実際的に，事実上]

441 urgent
[ə́ːrdʒənt]

緊急の

例文 The government was **blamed** for **neglecting** the **urgent** need to stimulate the economy.
(政府は，経済を刺激する急務を怠ったことを非難された。)

✦ ✦ ✦ ✦ ✦

派 □ **urgently** [ə́ːrdʒəntli] 副 [差し迫って，緊急に]
類 □ **imperative** [ɪmpérətɪv] 形 [必須の，緊急の]
　 □ **emergent** [ɪmə́ːrdʒənt] 形 [緊急の]

見出し語リピート 他で見出し語になっている単語

□ require (190)　□ realize (14)　□ prepare (51)　□ possibility (306)
□ blame (89)　□ neglect (136)

🔊 1-43

442 strict [strɪkt]
厳格な，厳しい

例文 He **insisted** on **strict** compliance with the laws that **prohibit** smoking in public places.
(彼は，公共の場所での喫煙を禁止する法律を**厳密**に守るように主張した。)

✦ ✦ ✦ ✦ ✦

派 ☐ **strictly** [stríktli] 副 [厳しく]
類 ☐ **tight** [taɪt] 形 [きつい，厳しい]
＊tight deadline 厳しい納期
☐ **stringent** [stríndʒənt] 形 [(規則などが)厳しい]
☐ **firm** [fəːrm] 形 [堅い] ＊firm belief 強い信念

443 stable [stéɪbl]
安定した

例文 Some analysts **anticipated** that oil prices would remain **stable** in the near future.
(石油価格は近い将来，**安定した状態**にとどまるだろうと予想するアナリストもいる。)

✦ ✦ ✦ ✦ ✦

派 ☐ **stability** [stəbíləti] 名 [安定(性)]
☐ **stabilize** [stéɪbəlàɪz] 動 [〜を安定させる]
＊The economy was stabilized. 経済は安定した。

444 huge [hjuːdʒ]
巨大な

例文 He **borrowed** a **huge** amount of money to start his own business.
(彼は自分で事業を始めるために，巨額の金を借りた。)

✦ ✦ ✦ ✦ ✦

類 ☐ **massive** [mǽsɪv] 形 [巨大な，大量の]
＊massive amount of information 大量の情報

445 primary [práɪmèri]
主要な，第一位の

例文
- Our primary [chief] concern is ...「われわれの最大の関心事は…だ」

The **primary** purpose of this project is written at the top of the **handout**, and is **underlined** for **emphasis**.
(このプロジェクトの主要な目的は，配布資料のトップに強調のため下線付きで書かれています。)

✦ ✦ ✦ ✦ ✦

派 □ **primarily** [praɪmérəli] 副 [第一に，主として]
類 □ **chief** [tʃiːf] 形 [主要な]
□ **fundamental** [fÀndəméntəl] 形 [基本的な，基礎[土台]となる]

446 terrific [tərífɪk]
素晴らしい，ものすごい

例文
Rose Deli is a great restaurant with attentive service staff and **terrific** food.
(ローズ・デリは，気配りのあるスタッフと素晴らしい料理のとてもよいレストランだ。)

✦ ✦ ✦ ✦ ✦

類 □ **awesome** [ɔ́ːsəm] 形 [畏敬の念を抱かせる，すごい]
反 □ **terrible** [térəbl] 形 [ひどく悪い]
□ **awful** [ɔ́ːfəl] 形 [恐ろしい，ひどい]

見出し語リピート　他で見出し語になっている単語

□ insist (40)　□ prohibit (114)　□ anticipate (239)　□ borrow (18)
□ amount (267)　□ handout (333)　□ underline (233)　□ emphasis (312)

447 superb
[supə́ːrb] 素晴らしい, 極上の

例文 The audience stood up and **applauded** the pianist for her **superb** performance.
(素晴らしい演奏に, 聴衆は立ち上がってピアニストに拍手喝采した。)

✦ ✦ ✦ ✦ ✦

類
- □ **excellent** [éksələnt] 形 [非常に優れた]
- □ **magnificent** [mæɡnífɪsənt] 形 [壮大な, 素晴らしい]
- □ **splendid** [spléndɪd] 形 [豪華な]
- □ **amazing** [əméɪzɪŋ] 形 [びっくりさせるような, 見事な]
- □ **marvelous** [máːrvələs] 形 [驚くべき, 素晴らしい]
- □ **fabulous** [fǽbjuləs] 形 [驚くべき, 素晴らしい]
- □ **spectacular** [spektǽkjələr] 形 [壮観な, 見応えのある]

448 superior
[supíəriər] より優れた

- be superior to ... 「…より優れている」

例文 Our products and services are far **superior** compared to others on the market.
(当社の商品とサービスは, 市場に出ている他社のものよりずっと**優れている**。)

□ **far** [fɑːr] 副 [ずっと, はるかに]

✦ ✦ ✦ ✦ ✦

反 □ **inferior** [ɪnfíəriər] 形 [劣った]
＊be inferior to ... …より劣っている

449 worth
[wəːrθ] 〜の価値がある 名 価値

- be worth ... で「…の価値がある」。It's worth a try.「やってみる価値がある。」

例文 It's **worth** mentioning that the local soccer team **defeated** its opponent by a **narrow** margin.
(地元サッカーチームが相手チームを僅差で破ったことは, 言うに**値する**。)

☆ be worth *do*ing [〜するに値する]

✦ ✦ ✦ ✦ ✦

派 □ **worthy** [wə́ːrði] 形 [値する] ＊be worthy of ... …に値する
□ **worthwhile** [wə̀ːrθhwáil] 形 [やる価値のある]
＊It is worthwhile to read the book. その本は読む価値がある。
関 □ **deserve** [dɪzə́ːrv] 動 [～に値する]
＊She deserves praise. 彼女は称賛に値する。

450 classified
[klǽsɪfàɪd]

機密扱いの，分類された

例文 You have to **handle** this file with care because it contains documents marked "**classified**."
(「機密」の印がある文書を含んでいるので，このファイルは注意して取り扱わなければならない。)

□ **with care** [注意して (=carefully)]

＊ ＊ ＊ ＊ ＊

派 □ **classify** [klǽsɪfàɪ] 動 [～を分類する，～を機密扱いにする]
類 □ **confidential** [kɑ̀(ː)nfɪdénʃəl] 形 [秘密の]

451 defective
[dɪféktɪv]

欠陥[欠点]のある

例文 We will replace **defective** products at no cost or give you a full **refund**.
(欠陥品は無償で交換するか，または全額返金いたします。)

＊ ＊ ＊ ＊ ＊

派 □ **defect** [díːfekt] 名 [欠陥，欠点]
類 □ **faulty** [fɔ́ːlti] 形 [欠陥のある，誤った]
＊faulty wiring 間違った配線

見出し語リピート　他で見出し語になっている単語

□ applaud (240)　　□ mention (41)　　□ defeat (125)　　□ narrow (438)
□ handle (160)　　□ refund (324)

🔊 1-44

452 thorough [θə́ːroʊ]
徹底的な，完全な

• 発音注意。

例文 The company has conducted a **thorough** review of each project.
（その会社は，各プロジェクトの**徹底的な**見直しを行った。）

✻ ✻ ✻ ✻ ✻

派 □ **thoroughly** [θə́ːrouli] 副 [徹底的に]
類 □ **in-depth** 形 [詳細な，徹底的な]
＊in-depth analysis 掘り下げた分析

453 exclusive [ɪksklúːsɪv]
独占的な，排他的な

• exclusive of ... だと「…を除いて」の意味。
• exclusive interview「独占インタビュー」

例文 This special price is **exclusive** to those who subscribe to our newsletter.
（この特別価格は，ニュースレターの購読者に**限ります**。）

☆ **exclusive to ...** […に限られた，…の独占の]

✻ ✻ ✻ ✻ ✻

派 □ **exclude** [ɪksklúːd] 動 [～を除外する]
□ **exclusively** [ɪksklúːsɪvli] 副 [独占的に，～のみに]
反 □ **inclusive** [ɪnklúːsɪv] 形 [（～を）含めて] ＊inclusive of tax 税込みで

454 valid [vǽlɪd]
（法的に）有効な，
（議論・理由が）正当な

例文 A **valid identification** card issued by the government is required when you register to **vote**.
（選挙の登録時には，政府が発行した**有効な**身分証明書が必要だ。）

✻ ✻ ✻ ✻ ✻

派 □ **validate** [vǽlɪdèɪt] 動 [～を（法的に）有効にする，～を実証する]

455 adverse
[ædvə́ːrs]

反対の，逆の，不利な

例文 The rising price of oil has had an **adverse** effect on the world economy.
(高騰する石油価格は，世界経済に悪影響を及ぼした。)

※ ※ ※ ※ ※

派
- **adversity** [ædvə́ːrsəti] 名 [不運，苦労]
- **adversary** [ǽdvərsèri] 名 [敵対者，(対戦)相手]
- **adversely** [ædvə́ːrsli] 副 [逆に，悪く]

456 rural
[rúərəl]

田舎の，農村の

例文 Children who live in **rural** areas are less likely to suffer from asthma.
(田舎に住む子供は，ぜんそくにかかりにくい。)

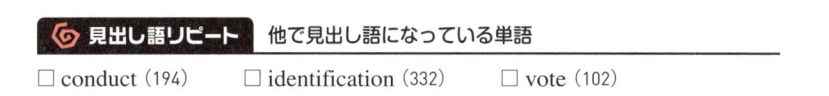

- **asthma** [ǽzmə] 名 [ぜんそく]

※ ※ ※ ※ ※

反
- **urban** [ə́ːrbən] 形 [都市の]

見出し語リピート 他で見出し語になっている単語

☐ conduct (194)　　☐ identification (332)　　☐ vote (102)

形容詞 ビジネス編 1-45~49

1-45

457 average [ǽvərɪdʒ]
平均の

例文 During the past decade, **average** household incomes increased by five percent after **adjusting** for inflation.
（過去10年間で，平均世帯収入はインフレ調整後で5％増加した。）

□ **after adjusting for inflation** [インフレ調整後]

✤ ✤ ✤ ✤ ✤

類 □ **median** [míːdiən] 形 [中央の]
□ **medium** [míːdiəm] 形 [中位の，中間の]
＊small and medium-sized companies 中小企業
□ **mean** [miːn] 形 [中間の]

458 due [djuː]
支払期限のきた，当然の，
（乗り物などが）到着予定で

・The train is due at 6:15.「電車は6時15分に到着予定です。」
・due to ...「…のために」も重要。

例文 This is just a short note to **remind** you that the **due** date for the payment is today.
（お支払いの期日は本日であることを，手短にお知らせします。）

☆ **due date** [締め切り期日，納期]

✤ ✤ ✤ ✤ ✤

派 □ **overdue** [òuvərdjúː] 形 [期限の過ぎた]

459 annual [ǽnjuəl]
年1回の

例文 Please **confirm** that this year's **annual** report has already been distributed to stockholders.
（今年の年次報告書がすでに株主に配布されたことを確認してください。）

✤ ✤ ✤ ✤ ✤

派 □ **annually** [ǽnjuəli] 副 [年一度(=yearly)]
□ **biannual** [bàɪǽnjuəl] 形 [年2回の]
□ **semiannual** [sèmɪǽnjuəl] 形 [半年毎の]
＊semiannual accounting 半期決算

460 upcoming [ʌ́pkʌ̀mɪŋ]
やがてやってくる

例文 In the **upcoming** meeting, we will discuss issues related to this project.
（来たる会議で，このプロジェクトに関する問題を話し合います。）

✣ ✣ ✣ ✣ ✣

派 □ **coming** [kʌ́mɪŋ] 形 [来るべき，次の]
＊the coming month 来月
□ **forthcoming** [fɔ̀ːrθkʌ́mɪŋ] 形 [やがて来る]

461 competitive [kəmpétət̬ɪv]
競争力のある，競争の

例文 Guaranteed availability of our products is **critical** for us to stay **competitive** in the market.
（製品が確実に購入可能であることが，当社が市場で**競争力を保つ**のに非常に重要なことだ。）

✣ ✣ ✣ ✣ ✣

派 □ **compete** [kəmpíːt] 動 [競争する]
□ **competition** [kɑ̀(ː)mpətíʃən] 名 [競争，競技(会)]
□ **competitor** [kəmpétət̬ər] 名 [競争相手]

見出し語リピート　他で見出し語になっている単語

□ adjust (144)　　□ remind (61)　　□ confirm (174)　　□ critical (487)

462 effective [ɪféktɪv]
有効である，効果的な

例文
- effective immediately「直ちに有効で」

Effective July 1st, all bus **fares** will increase by around 10 percent.
(7月1日から**実施**で，バス料金はすべて約10％値上がりします。)

✥ ✥ ✥ ✥ ✥

派 □ **effectiveness** [ɪféktɪvnəs] 名 [有効性]

463 financial [fənǽnʃəl]
金銭上の，財政上の

例文
- [fənǽnʃəl] と [faɪnǽnʃəl] の二つの発音がある。
- financial institution「金融機関」

Mr. Jones is familiar with accounting **procedures** and has a comprehensive understanding of **financial** statements.
(ジョーンズ氏は会計処理に精通しており，**財務**諸表を広く理解している。)

✥ ✥ ✥ ✥ ✥

派 □ **finance** [fáɪnæns] 名 [財政，資金]
　　　　　　　　　　　　　動 [〜に資金を提供する]
□ **financially** [fənǽnʃəri] 副 [財政的に，金銭的に]

464 common [ká(:)mən]
共通の，ありふれた

例文
- find common ground「共通の土台[合意点]を見つける」
- common practice「一般的なやり方」
- common sense「常識」

Successful companies have a lot of **common** features.
(成功する企業には多くの**共通する**特徴がある。)

✥ ✥ ✥ ✥ ✥

派 □ **commonly** [ká(:)mənli] 副 [一般に，通例]
類 □ **ordinary** [ɔ́:rdənèri] 形 [普通の，並の]

465 domestic
[dəméstɪk]

国内の，家庭の

- GDP「国内総生産」は gross domestic product。

例文 Ms. Suzuki **serves** as general manager of **domestic** sales at headquarters.
(鈴木さんは，本社で**国内販売**のゼネラル・マネジャーとして働いています。)

✽ ✽ ✽ ✽ ✽

類 □ **household** [háushòuld] 形 [家事の]　名 [世帯]
＊household appliances 家電製品
反 □ **foreign** [fɔ́(ː)rən] 形 [外国の]
□ **overseas** [òuvərsíːz] 形 [海外の]　副 [海外へ]

466 internal
[ɪntə́ːrnəl]

(会社などの)内部の，体内の

例文 According to the **internal** memo, the auto manufacturer was **aware** of the **defective** seat belts.
(**社内**メモによると，その自動車製造会社は欠陥のあるシートベルトに気が付いていた。)

☆ **internal memo** [社内メモ]

✽ ✽ ✽ ✽ ✽

反 □ **external** [ɪkstə́ːrnəl] 形 [外部の]

467 subject
[sʌ́bdʒekt]

次第である　名 主題，問題

- be subject to に続くのは名詞（句）であることに注意。よって，例文の change は動詞でなく名詞「変更」。

例文 All features and specifications of the products are **subject** to change without prior notice.
(製品のすべての機能と仕様は，予告なく変更される場合があります。)

☆ **be subject to ...** […次第である]

見出し語リピート　他で見出し語になっている単語

□ fare (260)　□ procedure (273)　□ feature (295)　□ serve (68)
□ aware (403)　□ defective (451)

🔊 1-46

468 courteous
[kə́ːrṭiəs]
礼儀正しい，丁寧な

例文 Melinda won the client's **confidence** by handling his complaint in a **courteous** and professional **manner**.
（メリンダは，礼儀正しいプロとしての態度でクレームに対処することで，その顧客の信用を得た。）

✦ ✦ ✦ ✦ ✦

派 □ **courtesy** [kə́ːrṭəsi] 名 [礼儀正しいこと，好意]
＊by courtesy of ... …の好意により　＊courtesy bus（ホテルなどの）送迎バス
類 □ **polite** [pəláɪt] 形 [丁寧な，礼儀正しい]
□ **well-mannered** 形 [行儀のよい，丁寧な]

469 modest
[mɑ́(ː)dəst]
控え目な，謙虚な

例文 The economic expert expected a **modest** economic growth of **slightly** over two percent.
（その経済専門家は，2％強の緩やかな経済成長を予想した。）

✦ ✦ ✦ ✦ ✦

派 □ **modestly** [mɑ́(ː)dəstli] 副 [控え目に]
＊modestly-priced goods 手ごろな価格の［価格を抑えた］商品
類 □ **humble** [hʌ́mbl] 形 [（人が）つつましやかな，謙虚な]
□ **shy** [ʃaɪ] 形 [恥ずかしがりの，内気な]
□ **moderate** [mɑ́(ː)dərət] 形 [節度のある，適度の]
＊a moderate demand 控えめな要求

470 patient
[péɪʃənt]
忍耐強い　名 患者

例文
・outpatient「外来患者」，inpatient「入院患者」。
Please be **patient**. We apologize for any inconvenience caused by this delay.
（もうしばらくお待ちください。今回の遅れにより，ご不便をおかけして申し訳ありません。）

派 □ **patience** [péɪʃəns] 名 [忍耐]
反 □ **impatient** [ɪmpéɪʃənt] 形 [我慢できない]

471 reliable
[rɪláɪəbl]

信頼できる，頼りになる

例文 Judith has **consistently** proved herself to be a **reliable** team member.
（ジュディスは**信頼できる**チームメンバーであることを一貫して示してきた。）

類 □ **dependable** [dɪpéndəbl] 形 [頼りになる]
□ **trustworthy** [trʌ́stwɜ̀ːrði] 形 [信頼できる]
□ **credible** [krédəbl] 形 [信用できる]

472 efficient
[ɪfíʃənt]

効率のよい，有能な

• efficient secretary「有能な秘書」

例文 GreenHydro **guarantees** its customers an **efficient** and reliable **supply** of electricity.
（グリーンハイドロは，お客さまに**効率**よく確実な電気の供給を約束いたします。）

派 □ **efficiency** [ɪfíʃənsi] 名 [効率，能率]
□ **efficiently** [ɪfíʃəntli] 副 [効率的に]
反 □ **inefficient** [ìnɪfíʃənt] 形 [能率の悪い，無能な]

見出し語リピート　他で見出し語になっている単語

□ confidence (311)　□ manner (270)　□ slightly (507)　□ consistently (524)
□ guarantee (167)　□ supply (356)

473 sufficient
[səfíʃənt]

十分な

例文 The company doesn't have **sufficient** financial resources to expand its existing facilities.
(会社は，現在の施設を拡張するための**十分な**財源がない。)
□ existing [ɪgzístɪŋ] 形 [存在する，現存する]

❖ ❖ ❖ ❖ ❖

類 □ enough [ɪnʌ́f] 形 [十分な]
□ adequate [ǽdɪkwət] 形 [十分な量の，適切な]
反 □ insufficient [ìnsəfíʃənt] 形 [不十分な]

474 diligent
[dílɪdʒənt]

勤勉な，仕事熱心な

例文 While training with us, Nancy proved to be a **reliable** and **diligent** worker.
(共に研修を受けている間に，ナンシーは自分が信頼に値する**勤勉な**従業員であることを証明してみせた。)

❖ ❖ ❖ ❖ ❖

派 □ diligence [dílɪdʒəns] 名 [勤勉，精励]
類 □ hardworking [hɑ̀ːrdwə́ːrkɪŋ] 形 [よく働く，勤勉な]
□ tireless [táɪərləs] 形 [疲れを知らない，（努力が）たゆみない]

475 generous
[dʒénərəs]

寛大な，気前のよい

例文 I regret to say that I have to decline your **generous** offer of official assistance.
(残念ながら，公的援助という**寛大な**お申し出をお断りしなくてはなりません。)

476 capable
[kéɪpəbl]

能力がある，有能な

例文 The automaker is **capable** of developing more fuel efficient vehicles.
(その自動車メーカーは，もっと低燃費の車両を開発する**能力**がある。)

☆ **be capable of ...** […の能力がある，…ができる]

✦ ✦ ✦ ✦ ✦

派 □ **capability** [kèɪpəbíləṭi] 名 [能力]
類 □ **skillful** [skílfəl] 形 [熟練した，上手な]
　 □ **able** [éɪbl] 形 [有能な]　＊able assistant 有能なアシスタント
反 □ **incapable** [ɪnkéɪpəbl] 形 [(～の)能力を欠いている(of)]

---

477 **competent** [ká(:)mpətənt]
有能な，能力のある

例文　Obviously, the new bookkeeper is more **competent** than his predecessor.
（明らかに，新しい簿記係は前任者よりも**有能**だ。）

□ **bookkeeper** [búkkìːpər] 名 [簿記係]

✦ ✦ ✦ ✦ ✦

反 □ **incompetent** [ɪnká(:)mpətənt] 形 [能力のない]

---

478 **attentive** [əténṭɪv]
注意深い，心づかいの行き届いた

例文　The cabin crew were **attentive** to all the passengers' needs.
（客室乗務員はすべての乗客の要望に対して**気配り**ができていた。）

✦ ✦ ✦ ✦ ✦

派 □ **attentively** [əténṭɪvli] 副 [注意深く]
反 □ **inattentive** [ìnəténṭɪv] 形 [(～に)不注意な(to)]

見出し語リピート　他で見出し語になっている単語

□ reliable（471）　□ obviously（521）

479 outstanding
[àutstǽndɪŋ]

目立った，傑出した，未払いの

例文
- 句動詞 stand out は「目立つ」。

Kate demonstrated **outstanding** leadership qualities during her career at IseoBank.
(ケイトは，イセオ銀行で働いていたとき，**抜群**の指導力を示した。)

✦ ✦ ✦ ✦ ✦

類
- □ **conspicuous** [kənspíkjuəs] 形 [人目を引く]
- □ **high-profile** 形 [目立った，知名度の高い]

480 promising
[prá(:)məsɪŋ]

前途有望な，見込みのある

例文
- 動詞 promise の派生語で，「将来を約束するような」という意味から。

Elena Cortez is considered to be one of the most **promising** artists in Europe today.
(エレナ・コルテスは，今日ヨーロッパで最も**前途有望**な芸術家の一人だと考えられている。)

481 eligible
[élɪdʒəbl]

資格のある，適格の

例文
He claimed that he was **eligible** for unemployment **benefits**.
(彼は，失業給付を受ける**資格がある**と主張した。)

☆ **be eligible for [to do] ...** […の[する]資格がある]

✦ ✦ ✦ ✦ ✦

派
- □ **eligibility** [èlɪdʒəbíləti] 名 [適任，適格]

類
- □ **be entitled to [to do] ...** […の[する]資格[権利]がある]

482 qualified
[kwá(ː)lɪfàɪd]

資格のある，適任の

例文 There is a fully equipped gym with **qualified** staff on hand to advise you.
(**資格のある**スタッフが待機してアドバイスしてくれる，設備の充実したジムがあります。)

□ on hand [手元に，近くに(居合わせて)]

❖ ❖ ❖ ❖ ❖

派 □ **qualify** [kwá(ː)lɪfàɪ] 動 [〜に資格を与える]

483 appropriate
[əpróʊpriət]

適切な

例文 Participants in the seminar will **acquire** the ability to **analyze** business situations and create **appropriate** action plans.
(このセミナーの参加者は，ビジネスの状況を分析し，**適切な**行動計画を立てる能力を習得します。)

❖ ❖ ❖ ❖ ❖

反 □ **inappropriate** [ɪnəpróʊpriət] 形 [不適当な]

484 involved
[ɪnvá(ː)lvd]

関係している

例文 I would like to **extend** my congratulations to everyone **involved** in this project.
(このプロジェクトに**かかわっている**皆さんに，お祝いを申し上げたいと思います。)

☆ **be involved in [with] ...** […に関係している]

❖ ❖ ❖ ❖ ❖

派 □ **involve** [ɪnvá(ː)lv] 動 [〜を巻き込む]

見出し語リピート 他で見出し語になっている単語

□ demonstrate (181)　□ claim (208)　□ benefit (337)　□ acquire (207)
□ analyze (149)　□ extend (198)

485 related [rɪléɪtɪd]
関係のある

例文 We need to **concentrate** on resolving the issues **related** to this **exclusive** contract.
(この独占契約に関連する諸問題を解決することに集中する必要がある。)
☆ **be related to ...** […に関係している]

✦ ✦ ✦ ✦ ✦

派 □ **relate** [rɪléɪt] 動 [〜を関連づける，関係がある]
□ **relative** [rélətɪv] 形 [関係のある] 名 [親戚]
□ **relatively** [rélətɪvli] 副 [比較的，割合に]
＊It's a relatively quiet restaurant. それは比較的静かなレストランだ。
類 □ **associated** [əsóuʃièɪtɪd] 形 [関連した，(会社が)連合した]

486 relevant [réləvənt]
関連がある，妥当な

例文 I don't think your remarks are **relevant** to the **subject** we're discussing.
(あなたの発言は議論している問題と関連があるとは思えない。)

✦ ✦ ✦ ✦ ✦

類 □ **pertinent** [pə́:rtənənt] 形 [適切な，的を射た]
反 □ **irrelevant** [ɪréləvənt] 形 [不適切な，無関係の]

487 critical [krítɪkəl]
重大な，危機の，批評の

• stand at a critical juncture 「重大な岐路に立つ」

例文 As I stated on a previous occasion, we are **facing** a **critical** labor shortage.
(前の機会に述べたように，わが社は深刻な労働力不足に直面しています。)
□ **labor** [léɪbər] 名 [労働，労働者]
□ **shortage** [ʃɔ́:rtɪdʒ] 名 [不足]

✦ ✦ ✦ ✦ ✦

類 □ **crucial** [krú:ʃəl] 形 [非常に重要な，決定的な]
＊We are at a crucial turning point. われわれは極めて重要な転換点にいる。
□ **vital** [váɪtəl] 形 [生命の，極めて重要な]

488 accurate
[ǽkjərət] 正確な

例文 Could you calculate these **figures** again to see if they are **accurate**?
(これらの数値が正確かどうか確かめるため,再度計算してくれますか。)

✢ ✢ ✢ ✢ ✢

- 派 □ **accurately** [ǽkjərətli] 副 [正確に]
- 類 □ **precise** [prɪsáɪs] 形 [正確な,明確な]
- □ **exact** [ɪgzǽkt] 形 [正確な,まさにその]
- 反 □ **inaccurate** [ɪnǽkjərət] 形 [不正確な]

489 commercial
[kəmə́ːrʃəl] 商業の,営利的な

例文 I can **hardly** believe this **invention** has **substantial commercial** value.
(この発明にかなりの商業的価値があるとは,ほとんど信じられない。)

✢ ✢ ✢ ✢ ✢

- 派 □ **commerce** [kɑ́(ː)mərs] 名 [商業]

490 extensive
[ɪksténsɪv] 広い,広範囲にわたる

• extensive research 「広範囲の調査[研究]」

例文 Ms. Suzuki has **extensive** business experience in **various** industries worldwide.
(鈴木さんには,世界中のさまざまな産業での広範囲にわたる業務経験がある。)

✢ ✢ ✢ ✢ ✢

- 類 □ **large-scale** 形 [大規模の]
- □ **widespread** [wáɪdsprèd] 形 [広く行きわたった]

🔁 見出し語リピート　他で見出し語になっている単語

- □ concentrate (115)
- □ exclusive (453)
- □ subject (467)
- □ face (79)
- □ figure (335)
- □ hardly (506)
- □ invention (396)
- □ substantial (498)
- □ various (405)

491 intensive
[inténsiv]
集中的な, 強烈な

例文 Because of the **intensive** training for recruits, Conference Room A will be **occupied** all day.
(新入社員に対する集中トレーニングのため、A会議室は終日使われるだろう。)

* * * * *

派 □ **intense** [inténs] 形 [強烈な, 激しい]
*intense exercise 激しい運動

492 comprehensive
[kà(:)mprihénsiv]
広範囲な, 包括的な

例文 This is **probably** the most **comprehensive** and detailed report on grocery retailing.
(食料雑貨品の小売業について、これがおそらく最も包括的で詳細な報告書だ。)

□ **retailing** [rí:teiliŋ] 名 [小売業]

* * * * *

派 □ **comprehend** [kà(:)mprihénd] 動 [〜を理解する]
□ **comprehensible** [kà(:)mprihénsəbl] 形 [理解できる (=understandable)]
反 □ **partial** [pá:rʃəl] 形 [部分的な, 不公平な]

493 feasible
[fí:zəbl]
実現可能な, 実行できる

例文 I wonder if his alternative proposal is financially **feasible**.
(彼の代替案は、財務的に実施可能なのだろうか。)

* * * * *

類 □ **viable** [váiəbl] 形 [(計画などが)実行可能な]

494 long-term [lɔ́(:)ŋtə́ːrm]
長期の

例文 Our **long-term** purpose is to develop cost-effective clean technologies.
(当社の**長期**目標は，費用対効果の優れたクリーン・テクノロジーを開発することだ。)

✦ ✦ ✦ ✦ ✦

派 □ **term** [təːrm] 名 [期間，学期，用語]
類 □ **long-time** 形 [昔からの，長年の]
＊long-time friend 昔からの友人
反 □ **short-term** 形 [短期間の]

495 mutual [mjúːtʃuəl]
相互の，共通の

例文 We are pleased to have the opportunity to **cooperate** with you for our **mutual** benefit.
(**互い**の利益のために貴社と協力する機会を持つことができ，うれしく思います。)

496 innovative [ínəvèɪt̬ɪv]
革新的な

例文 The **innovative** technology will help to **enhance** the security of computer systems.
(この**革新的**技術は，コンピューターシステムのセキュリティー強化に役立つだろう。)

✦ ✦ ✦ ✦ ✦

派 □ **innovate** [ínəvèɪt] 動 [革新する]
□ **innovation** [ìnəvéɪʃən] 名 [革新，刷新]

形容詞　ビジネス編

見出し語リピート　他で見出し語になっている単語

□ occupy（80）　□ probably（508）　□ detail（42）　□ cooperate（231）
□ enhance（234）

497 consecutive
[kənsékjuṭɪv]

連続した

- 「3年連続で」は，for three consecutive years と for the third consecutive year の二通りの言い方が可能。

例文 The publishing company has made a **profit** for five **consecutive** years.
(その出版社は5年**連続**で利益を上げている。)

* * * * *

派 □ **consecutively** [kənsékjuṭɪvli] 副 [連続して]
類 □ **successive** [səksésɪv] 形 [引き続いての]
*for three successive days 3日間続けて

498 substantial
[səbstǽnʃəl]

かなりの，実質の

例文 The local government is expecting a **substantial** budget **surplus** this year.
(その地方自治体は今年，**かなり**の財政黒字を予測している。)
□ **local government** [地方自治体]

* * * * *

派 □ **substance** [sʌ́bstəns] 名 [物質，実質，中身]
類 □ **sizeable** [sáɪzəbl] 形 [かなり大きな]

499 lucrative
[lúːkrəṭɪv]

もうかる，利益の上がる

例文 I suppose that dealing in real estate is a **lucrative** business.
(不動産の取引は，**もうかる**商売だと思う。)

500 tentative
[téntəṭɪv]

仮の，試験的な，ためらいがちの

例文 I have attached my **tentative** itinerary for your reference.
(ご参考までに私の**暫定**の旅程表を添付しました。)
□ **for your reference** [ご参考までに(=F.Y.R.)]

* * * * *

派 □ **tentatively** [téntətɪvli] 副 [試験的に，仮に]
類 □ **provisional** [prəvíʒənəl] 形 [一時の，暫定的な]
＊a provisional plan 暫定案
□ **interim** [íntərɪm] 形 [中間の，一時的な]
＊interim report 中間報告

501 preliminary 予備の
[prɪlímənèri]

- preliminary meeting「予備会談」

例文 We were notified that the **preliminary** budget for this project has been approved.
(このプロジェクトに対する**予備**予算が認められたと知らされた。)

✣ ✣ ✣ ✣ ✣

類 □ **preparatory** [prɪpǽrətɔ̀ːri] 形 [準備の，予備の]
関 □ **plenary** [plíːnəri] 形 [全員出席の，絶対的な]
＊plenary meeting 本会議，全体会議

502 state-of-the-art 最新式の，最先端技術を用いた
[stèɪtəvðiáːrt]

例文 The manufacturing methods in this production line are **state-of-the-art**.
(この生産ラインの製造方法は**最新式**だ。)

✣ ✣ ✣ ✣ ✣

類 □ **up-to-date** 形 [最新の]
反 □ **old-fashioned** 形 [旧式の]

見出し語リピート 他で見出し語になっている単語

□ profit (339)   □ budget (338)   □ surplus (341)

🔊 1-49

503 sophisticated
[səfístɪkèɪṭɪd]

精巧な，高度な，洗練された

例文 After the attempted robbery, the store installed a highly **sophisticated** alarm system.
(強盗未遂事件の後，その店はとても**精巧な**警報システムを設置した。)

❖ ❖ ❖ ❖ ❖

類 □ **advanced** [ədvǽnst] 形 [上級の，進歩的な]
□ **high-tech** 形 [高度先端技術の，ハイテクの]

504 ambitious
[æmbíʃəs]

意欲的な，野心的な

例文 Some experts discussed the technical **aspects** of this **ambitious** project.
(数人の専門家が，この**意欲的な**プロジェクトの技術的側面を話し合った。)

❖ ❖ ❖ ❖ ❖

派 □ **ambition** [æmbíʃən] 名 [大望，野心]

見出し語リピート 他で見出し語になっている単語

□ aspect (296)

副詞・前置詞

505 downstairs
[dàunstéərz]

副 階下に　形 階下の

例文 The landlord told us that there was one more **vacant** room **downstairs**.
（階下にもう一つ空き部屋があると，家主はわれわれに言った。）
□ landlord [lǽndlɔ̀:rd] 名 [家主，大家]

✦ ✦ ✦ ✦ ✦

反 □ upstairs [ʌ̀pstéərz] 副 [階上へ]　形 [階上の]

506 hardly
[há:rdli]

副 ほとんど〜ない

• hardly は程度，hardly ever は頻度について言う。

例文 After hearing about James's **resignation**, Kate was so upset she could **hardly** speak.
（ジェイムズの辞職について耳にした後，ケイトはとても狼狽して**ほとんど**話すことができ**なかった**。）

✦ ✦ ✦ ✦ ✦

類 □ rarely [réərli] 副 [めったに〜ない]
　□ seldom [séldəm] 副 [めったに〜ない]
　□ scarcely [skéərsli] 副 [ほとんど〜ない]
　□ hardly ever ... [めったに…しない]
＊It hardly ever snows here. ここではめったに雪が降らない。

見出し語リピート　他で見出し語になっている単語

□ vacant (430)　　□ resignation (394)

507 slightly
[sláɪtli] 副 わずかに

例文 I have **slightly modified** the contract to reflect what we agreed on during the previous meeting.
(前回の打ち合わせで合意した事項を反映するため契約書を少し修正しました。)

派 □ **slight** [slaɪt] 形 [わずかな]　＊slight difference わずかな違い

508 probably
[prá(:)bəbli] 副 たぶん

例文 After **glancing** at her watch, Beth said that she'd **probably** be there in 15 minutes.
(ベスは腕時計をちらっと見て，たぶん15分後にそこへ着くと言った。)

派 □ **probability** [prà(:)bəbíləţi] 名 [ありそうなこと，見込み]

509 rapidly
[ræpɪdli] 副 急速に，速く

例文 **Rapidly** growing company K Digital has **revealed** plans to expand into the Asian market.
(急速に成長しているKデジタル社は，アジア市場に進出する計画を明らかにした。)

派 □ **rapid** [ræpɪd] 形 [速い]　＊rapid growth 急成長
類 □ **quickly** [kwíkli] 副 [速く，急いで]
□ **swiftly** [swíftli] 副 [素早く]

510 promptly
[prá(:)mptli] 副 敏速に，きっかり

例文 If the product you ordered is out of stock, you will be **promptly** notified.
(もしご注文品が在庫切れでしたら，すぐにお知らせいたします。)

派 | □ **prompt** [prɑ(:)mpt] 形 [敏速な, 素早い]

511 **especially** [ɪspéʃəli]
副 特に

例文 This book is **especially** recommended for those who are interested in politics.
(この本は, 政治に興味がある人に**特に**お勧めです。)

512 **immediately** [ɪmíːdiətli]
副 ただちに

例文 The company **withdrew** the toy from store shelves **immediately** after it was found to contain a toxic chemical.
(有毒な化学物質を含むことがわかるとすぐ, 会社はその玩具を店頭から引き上げた。)

☆ **immediately after ...** […の直後に]
□ **toxic chemical** [有毒化学物質]

❉ ❉ ❉ ❉ ❉

派 □ **immediate** [ɪmíːdiət] 形 [即座の, 直接の]
  *immediate goal 当面の目標
類 □ **right away** [すぐに]
  □ **at once** [すぐに]
  □ **instantly** [ínstəntli] 副 [すぐに]

副詞・前置詞

見出し語リピート 他で見出し語になっている単語

□ modify (145)　□ glance (118)　□ reveal (236)　□ recommend (25)
□ withdraw (111)

🎧 1-51

513 shortly
[ʃɔ́ːrtli]

副 すぐに，間もなく

- soon「間もなく」と同じように使える。Phil will be here shortly [soon].「もうすぐフィルがここに来ます。」

例文 The plane crash that claimed the lives of 65 passengers occurred **shortly** after takeoff.
（乗客65人の命を奪った飛行機墜落事故は，離陸後すぐに起こった。）

☆**shortly after ...**［…の直後に，…のすぐ後に］

❖ ❖ ❖ ❖ ❖

類 □ **soon** [suːn] 副 ［すぐに，間もなく］

514 actually
[ǽktʃuəli]

副 実際に，実は

例文 **Actually**, there are many **matters** to be **resolved** between the two neighboring countries.
（実際，その隣接する2国間には，解決すべき多くの問題がある。）

□ **neighboring** [néɪbərɪŋ] 形 ［隣接する］

❖ ❖ ❖ ❖ ❖

派 □ **actual** [ǽktʃuəl] 形 ［実際の］
類 □ **indeed** [ɪndíːd] 副 ［本当に，実に］
□ **in fact** ［実際は］

515 moreover
[mɔːróʊvər]

副 その上，さらに

例文 **Moreover**, many superb restaurants are located within walking distance of the hotel.
（その上，多くの素晴らしいレストランがホテルから歩いていける距離にある。）

❖ ❖ ❖ ❖ ❖

類 □ **besides** [bɪsáɪdz] 副 ［その上］ 前 ［～のほかに］
□ **furthermore** [fə́ːrðərmɔ̀ːr] 副 ［おまけに，その上］

516 otherwise
[ˌʌðərwáɪz]

副 そうでなければ，違ったふうに

- 「違ったふうに」の意味も重要。All prices are in US dollars, unless otherwise stated.「ほかに明記されていない限り，すべての価格は米ドルです。」

例文 We have to leave now; **otherwise** we'll miss our flight, she added.
(もう出発しないと，飛行機に乗り遅れてしまうと，彼女は付け加えて言った。)

517 however
[haʊévər]

副 しかしながら，どんなに～とも

- 「どんなに～とも」の意味も重要。I have to finish the report, however long it takes.「どんなに長くかかっても，報告書を終わらせなければならない。」

例文 **However**, if you do not wish to receive advertisements, please **indicate** by ticking this box.
(しかしながら，広告を受け取りたくなければ，この四角にチェックマークを入れてお知らせください。)

□ **tick** [tɪk] **動** [～に点検済みの印(✓)を付ける]

✽ ✽ ✽ ✽ ✽

類
- □ **nevertheless** [nèvərðəlés] **副** [それにもかかわらず]
- □ **nonetheless** [nʌ̀nðəlés] **副** [それにもかかわらず]

関
- □ **yet** [jet] **接** [けれども，しかし] **副** [まだ]
- □ **no matter how ...** [いかに…しようとも]

見出し語リピート　他で見出し語になっている単語

□ matter (330)　□ resolve (242)　□ indicate (66)

518 therefore
[ðéərfɔːr]

副 それゆえ，したがって

例文 If you **avoid** rush hour, you'll spend less time in traffic; **therefore** your car will **consume** less fuel.
（ラッシュアワーを避ければ，往来にかかる時間が減る。それゆえ，車が消費する燃料が少なくなる。）

*****

類 □ **consequently** [ká(ː)nsəkwèntli] 副 [その結果，したがって]

519 fortunately
[fɔ́ːrtʃənətli]

副 幸運にも

例文 We were almost late for our flight, but **fortunately** it was delayed by 20 minutes.
（もう少しで乗り遅れるところだったが，幸運にも飛行機は20分遅れていた。）

*****

派 □ **fortune** [fɔ́ːrtʃən] 名 [富，財産，運]
□ **fortunate** [fɔ́ːrtʃənət] 形 [幸運な]
類 □ **luckily** [lʌ́kɪli] 副 [幸運にも]

520 extremely
[ɪkstríːmli]

副 とても，極度に

例文 The hotel **surrounded** by beautiful gardens has 56 **extremely** comfortable rooms.
（美しい庭に囲まれたそのホテルには，大変心地よい56の部屋がある。）
□ **garden** [ɡɑ́ːrdən] 名 [庭(園)]

*****

派 □ **extreme** [ɪkstríːm] 形 [極端な]

521 obviously
[ɑ́(ː)bviəsli]

副 明らかに

例文 If your purchase has been **obviously** damaged during shipping, you can file a claim against the carrier.
（購入品が明らかに輸送中に損傷した場合には，運送業者に苦情を申し立てるこ

とができる。)
□ **file a claim** [苦情を申し立てる]

＊＊＊＊＊

派 □ **obvious** [á(:)bviəs] 形 [明らかな]　＊obvious mistake 明らかなミス
類 □ **apparently** [əpǽrəntli] 副 [明らかに，見たところ〜らしい]

---

522 eventually
[ɪvéntʃuəli]
副 結局，ついに

例文 **Eventually**, Jack **eliminated** his credit card debt in only 10 months.
(結局，ほんの10か月でジャックはクレジットカードの負債をなくした。)

＊＊＊＊＊

類 □ **ultimately** [ʌ́ltɪmətli] 副 [最終的に，結局]
□ **after all** [結局]
□ **at last** [最後に，ついに]
□ **finally** [fáɪnəli] 副 [最後に，ついに]

---

523 frequently
[fríːkwəntli]
副 しばしば

例文 For enhanced security, the users are encouraged to change their password **frequently**.
(セキュリティー強化のため，ユーザーはパスワードをしばしば変更するよう奨励されている。)

＊＊＊＊＊

派 □ **frequent** [fríːkwənt] 形 [たびたびの] 動 [〜へしばしば行く]
□ **frequency** [fríːkwənsi] 名 [しばしば起こること，頻度]

🔁 見出し語リピート　他で見出し語になっている単語

□ avoid (3)　　□ consume (220)　　□ surround (69)　　□ eliminate (157)

524 consistently
[kənsístəntli]

副 絶えず, 一貫して

例文 The company has **consistently** increased its profits since its founding.
(創立以来, その会社は**絶えず**利益を伸ばしている。)

類 □ coherently [kouhíərəntli] 副 [首尾一貫して]

525 virtually
[vэ́ːrtʃuəli]

副 事実上, 実質的には

例文 It would be **virtually** impossible for Walt to pay off all his **debts** within a year.
(ウォルトが1年以内に借金を全部返済するのは**事実上**不可能だろう。)

類 □ almost [ɔ́ːlmòust] 副 [ほとんど]

526 roughly
[rʎ́fli]

副 およそ, 粗く

・roughly ten dollars 「約10ドル」

例文 We **roughly** estimate the total cost of advertising at $30,000.
(われわれは, 広告費の総額を**およそ**3万ドルと見積もった。)

派 □ rough [rʌf] 形 [粗い, 粗野な]

527 approximately
[əprá(ː)ksɪmətli]

副 およそ

例文 The current economic **forecast assumes** a growth rate of **approximately** six percent.
(現在の景気見通しは, **およそ**6%の成長率を想定している。)

類 □ **around** [əráund] 副 [およそ]
□ **nearly** [níərli] 副 [ほぼ] ＊nearly two hours ほぼ2時間
□ **some** [sʌm] 副 [およそ，約] ＊some 100 people 約100人

528 properly
[prá(:)pərli]

副 適切に

例文 All complaints from our clients must be handled **promptly** and **properly**.
（顧客からのクレームはすべて，迅速かつ**適切**に扱われなければならない。）

派 □ **proper** [prá(:)pər] 形 [適切な，ふさわしい]
反 □ **improperly** [ɪmprá(:)pərli] 副 [不適切に]

529 briefly
[brí:fli]

副 簡潔に，少しの間

例文 Could you **briefly summarize** the main points of the article?
（その記事の要点を**簡潔**にまとめてくれますか。）

派 □ **brief** [bri:f] 形 [短時間の，（話が）簡潔な]
＊make a brief explanation 簡単な説明をする

見出し語リピート　他で見出し語になっている単語

□ increase (1)　　□ debt (343)　　□ estimate (186)　　□ forecast (365)
□ assume (147)　 □ promptly (510)　□ summarize (212)

530 gradually
[grǽdʒuəli] 副 だんだんと

例文 Sales were **gradually** improving when the company decided to increase production.
(会社が増産を決めたとき，売り上げは徐々に好転していた。)

* * * * *

派 □ **gradual** [grǽdʒuəl] 形 [徐々の]
*a gradual rise in prices 物価の緩やかな上昇
反 □ **suddenly** [sʌ́dnli] 副 [突然に]
□ **abruptly** [əbrʌ́ptli] 副 [不意に，突然に]

531 steadily
[stédɪli] 副 着々と，しっかりと

例文 Our ties with the local community have **steadily** strengthened over the years.
(当社と地域社会とのつながりは，ここ何年かの間で着実に強くなってきた。)
□ **tie** [taɪ] 名 [つながり]

* * * * *

派 □ **steady** [stédi] 形 [しっかりした，安定した]

532 respectively
[rɪspéktɪvli] 副 それぞれ

• 述べられた順に指す。

例文 Admission tickets for adults and seniors cost $10 and $6, **respectively**.
(大人と高齢者の入場料はそれぞれ10ドルと6ドルです。)
□ **senior** [síːnjər] 名 [年長者，先輩]

* * * * *

派 □ **respective** [rɪspéktɪv] 形 [それぞれの]
*Go back to your respective rooms. 各自の部屋へ戻りなさい。

533 despite
[dɪspáɪt]

前 ～にもかかわらず

例文 **Despite** heavy competition in the market, the bank has **maintained stable** profits.
(市場での厳しい競争にもかかわらず，その銀行は安定した利益を維持してきた。)

✳ ✳ ✳ ✳ ✳

関 □ **in spite of ...** […にもかかわらず]

534 including
[ɪnklúːdɪŋ]

前 ～を含めて

例文 All personal belongings, **including** jackets, must be kept in lockers.
(ジャケットを含むすべての個人的な所持品は，ロッカーに入れなければならない。)

✳ ✳ ✳ ✳ ✳

派 □ **include** [ɪnklúːd] 動 [～を含む]
□ **inclusion** [ɪnklúːʒən] 名 [包含，含まれるもの]
類 □ **together with ...** […とともに]
反 □ **excluding** [ɪksklúːdɪŋ] 前 [～を除いて]

535 except
[ɪksépt]

前 ～を除いて

・except (for) ... 「…は別として，…を除いて」

例文 All the team members **except** Jamie attended the monthly meeting.
(ジェイミーを除くすべてのチームメンバーが月例会議に出席した。)

✳ ✳ ✳ ✳ ✳

派 □ **exception** [ɪksépʃən] 名 [例外] ＊without exception 例外なく
□ **exceptional** [ɪksépʃənəl] 形 [特別優れた，例外的な]
＊exceptional ability 特別優れた［たぐいまれな］才能

見出し語リピート 他で見出し語になっている単語

□ strengthen (108)   □ maintain (50)   □ stable (443)

536 regarding
[rɪgɑ́ːrdɪŋ]

前 〜に関して

例文 Please do not **hesitate** to consult us **regarding** the products you want to purchase.
(ご購入を希望される商品に関して，遠慮なく私どもにご相談ください。)

✢ ✢ ✢ ✢ ✢

類 □ **as for [to] ...** […について言えば，…に関しては]
関 □ **regardless of ...** […にかかわらず]
　　＊regardless of age and gender [sex] 年齢や性別にかかわらず

見出し語リピート 他で見出し語になっている単語

□ hesitate (84)

イディオム

537 take a day off　　1日休みを取る

- take と off の間に，休む時を入れる。「2日間休む」は take two days off，「今日の午後休む」は take the afternoon off。

例文 I had a fever, so I **took a day off** yesterday and went to see a doctor.
(熱があったので，昨日は**休みを取って**医者に行った。)

□ fever [fíːvər] 名 [熱，発熱]
□ see a doctor [医者に診察してもらう]

✧ ✧ ✧ ✧ ✧

類 □ take a leave of absence [休暇を取る，休職する]
＊a leave of absence「休暇，休職」も必須フレーズ。
□ get sick leave [病気で休暇を取る]

538 go bankrupt　　破産する

例文 The company **went bankrupt** with over $5 million in debt.
その会社は500万ドルを超える負債を抱えて**倒産した**。

✧ ✧ ✧ ✧ ✧

類 □ go out of business [商売をやめる，倒産する]
関 □ bankruptcy [bǽŋkrʌptsi] 名 [破産，倒産]

539 get on ... （電車・バス・飛行機・船など）に乗る

● タクシーなど乗用車の場合には，get in [into] a car「車に乗る」, get out of a car「車から降りる」。

例文 Passengers are required to purchase tickets before **getting on** the expressway bus.
（乗客は，高速バス**に乗る**前にチケットを購入しなくてはならない。）
□ **expressway** [ɪkspréswèɪ] 图 [高速道路]

＊＊＊＊＊

反 □ **get off** ... [（電車・バス・飛行機・船など）を降りる]

540 turn ... on （電気製品などのスイッチ）を入れる

例文 As soon as Tony walked into the office, he **turned on** his computer.
（トニーは，事務所へ入るとすぐにコンピューターの**スイッチを入れ**た。）

＊＊＊＊＊

類 □ **turn ... up** [（テレビ・ラジオなど）の音量を上げる，（照明・ヒーターなど）を強める]　＊turn the heating up 暖房を強くする
□ **plug ... in** […のプラグをコンセントに差し込む]
反 □ **turn ... off** […を消す]
□ **unplug** [ʌnplʌ́g] 動 [（プラグを抜いて）〜の電気を切る]

541 look over ... …に目を通す，…を一読する

例文 He asked me to **look over** the report and **provide** him with some feedback.
（彼は，報告書**に目を通**して意見を聞かせてほしいと私に頼んだ。）

＊＊＊＊＊

関 □ **go over** ... […を注意深くじっくり見る]

542 work on ...
…に取り組む

例文 Ms. Kim is currently **working on** a project to **develop** new b**uilding materials**.
(キムさんは現在，新しい建築資材を開発するプロジェクトに取り組んでいる。)

543 take ... on
(仕事・責任など)を引き受ける

例文 Rosa is r**eliable**, **efficient** and **willing** to **take on** difficult assi**gnment**s.
(ローザは頼りになり，有能で，進んで難しい仕事を引き受けてくれる。)

544 due to ...
…のために，…の原因で

例文 **Due to** the c**ontinuous rain**, the picnic sc**heduled for** tomorrow will be **postponed**.
(降り続く雨のため，明日予定されていたピクニックは延期されるだろう。)

✤ ✤ ✤ ✤ ✤

類 □ **because of ...** […のために]
□ **owing to ...** […のために]

545 thanks to ...
…のおかげで，…のために

例文 **Thanks to** our innovative pr**oduction methods**, we can offer you our products at **attractive pric**es.
(当社の革新的な製造方法のおかげで，商品を魅力的な価格で提供できます。)

見出し語リピート　他で見出し語になっている単語

□ passenger (257)　□ provide (142)　□ develop (148)　□ efficient (472)
□ willing (408)　□ continuous (428)　□ postpone (82)　□ method (269)

1-55

546 instead of ...
…の代わりに，…ではなく

例文 Why don't we go out for lunch **instead of** eating in the cafeteria?
(食堂ではなく，外にランチを食べに出かけませんか。)
□ **Why don't we ...?** […しませんか]　＊勧誘の表現。
□ **cafeteria** [kæfətíəriə] 名 [(工場・学校などの)食堂]

547 fill ... out
…に(必要事項を)記入する

例文 To **subscribe** to *SunMagazine*, please **fill out** the following form.
(サン・マガジン誌を購読するには，次の用紙に記入してください。)
☆ **fill out a form** [申込用紙に記入する]

＊＊＊＊＊

類 □ **fill ... in** […に記入する]

548 along with ...
…と一緒に，…に加えて

例文 He stored his passport **along with** other important documents in the hotel safe.
(彼は，ほかの重要書類と一緒に，パスポートをホテルの金庫にしまった。)
□ **safe** [seɪf] 名 [金庫]

＊＊＊＊＊

類 □ **in addition to ...** […に加えて]

549 in charge of ... …を担当して

例文 I would like to speak with the person **in charge of** advertising.
(広告担当の方とお話をしたいのですが。)

* * * * *

類 □ be responsible for ... […の責任がある]

550 come up with ... (考えなど)を思いつく

例文 How did you **come up with** this unique idea?
(その独創的なアイデアはどのように思いついたのですか。)

□ **unique** [juníːk] 形 [唯一の，独特の]

551 on time 時間どおりに

・in time は「間に合って」の意味。

例文 I was quite impressed by Mary's **ability** to **complete** her assignments **on time**.
(仕事を**時間どおりに**仕上げるメアリーの能力に大変感心しました。)

552 in advance 前もって

例文 The registration fee for the workshop must be paid at least three days **in advance**.
(ワークショップへの参加登録費は少なくとも3日前にはお支払いください。)

□ **at least** [少なくとも]

* * * * *

反 □ **afterwards** [ǽftərwərdz] 副 [後で(=later)，その後]

見出し語リピート 他で見出し語になっている単語

□ subscribe (76) □ ability (301) □ complete (59)

553 in person
本人が直接に

例文 The application may be **submitted** by mail, fax, or **in person** at our office.
(申込書は，郵送，ファックス，または当事務所に**本人が出向いて**提出してください。)

554 by oneself
独力で，一人で

例文 I wonder if I can **succeed** in business **by myself**.
(自分は**独力で**ビジネスに成功できるのだろうかと思う。)

✲ ✲ ✲ ✲ ✲

類 □ **on one's own** [独力で]

555 in writing
書面で

例文 If you wish to cancel your order for the products, you must **notify** us **in writing**.
(商品のご注文をキャンセルされる場合は，**書面で**お知らせください。)

556 take place
起こる，行われる

例文 According to the **article**, when does the event **take place**?
(記事によると，そのイベントはいつ**行われ**ますか。)

✲ ✲ ✲ ✲ ✲

類 □ **happen** [hǽpən] 動 [起こる]

557 be underway
進行中だ

例文 Currently, plans to build a new stadium in the **suburbs are underway**.
(現在，郊外に新しいスタジアムを建てる計画が**進行中だ**。)

558 a couple of ... 2つの…, 2, 3の…

例文 It will take **a couple of** days to draw up a **revised** contract.
(修正した契約書を作成するのに2, 3日かかります。)

559 quite a few かなり多くの

- 数えられる名詞（可算名詞）が続く。
「たくさん，多く」を意味する言い方：
（可算・不可算両方）a lot of / lots of / plenty of
（可算のみ）many / a number of
（不可算のみ）much / a great deal of / a great amount of

例文 Due to the recent recession, **quite a few** companies have gone bankrupt.
(近年の不景気で，かなり多くの会社が倒産した。)

560 have yet to *do* まだ～していない

例文 **Despite** our **previous** reminder, we **have yet to** receive payment from you.
(以前のお知らせにもかかわらず，まだお支払いを受けておりません。)

✧ ✧ ✧ ✧ ✧

類 □ **be yet to** *do* [まだ～していない]

見出し語リピート 他で見出し語になっている単語

- □ submit (184)
- □ succeed (86)
- □ notify (152)
- □ article (308)
- □ suburb (265)
- □ revise (143)
- □ despite (533)
- □ previous (422)

561 turn out
わかる，判明する

- 「(明かりなど) を消す」(= turn ... off) という意味も。turn out [off] the light「照明を消す」

例文 The rumor that Governor Kinkaid will resign has **turned out** to be true.
(キンケイド知事が辞職するといううわさは，事実だとわかった。)
- **rumor** [rúːmər] 名 [うわさ]
- **governor** [gʌ́vərnər] 名 [知事]

562 figure ... out
…がわかる，…を理解する

例文 The mechanic quickly **figured out** the problem with my car and **fixed** it.
(整備士は，すぐに私の車の故障箇所を見つけ出し，修理した。)

563 in the long run
長い目で見れば，長期的には

例文 The factory manager said that the investment in the machinery would increase profits **in the long run.**
(機械への投資は長期的には利益を増やすと，工場長は言った。)

564 down the street
通りを行ったところに

- down は「(話し手から) 離れて」の意味で，下りでなくてもよい。

例文 Go straight **down the street** and turn left at the first traffic light.
(通りをまっすぐ行って，最初の信号を左に曲がってください。)

565 according to ... …によれば

According to the weather forecast, there is a slight chance of rain today.
（天気予報によれば，今日雨が降る可能性はわずかだ。）

❖ ❖ ❖ ❖ ❖

関 □ **accordingly** [əkɔ́ːrdɪŋli] 副 [それに応じて]
＊You should understand the situation and act accordingly. 状況を理解し，それに応じて行動すべきだ。

566 make it to ... …にたどり着く

If you cannot **make it to** the meeting, please give me a call.
（もし会議に来ることができないなら，私に電話してください。）

567 stop by ... （途中で）…に立ち寄る

I'll **stop by** the post office to buy some stamps on my way home.
（家に帰る途中で，切手を買うために郵便局に立ち寄ります。）
□ **stamp** [stæmp] 名 [切手]
□ **on one's way home** [家に帰る途中で]

❖ ❖ ❖ ❖ ❖

類 □ **come by ...** […に立ち寄る，…を手に入れる]
□ **drop by ...** […にひょっこり立ち寄る]

見出し語リピート　他で見出し語になっている単語

□ fix (49)

568 apart from ... …を除いて，…はさておき

例文 This report is excellent, **apart from** a few spelling mistakes.
(つづりのミスが少しあることを除いて，この報告書は素晴らしい。)

* * * * *

類 □ except for ... […を除いて]

569 on behalf of ... …の代わりに，…の代表として

例文 Speaking **on behalf of** the mayor, Mark Lee thanked the volunteers for their contributions to the community.
(市長に代わって，マーク・リーがボランティアの方々の地域への貢献に感謝を述べた。)

* * * * *

類 □ in place of ... [(人・物)の代わりに]

570 in accordance with ... …に従って

例文 The refund will be processed **in accordance with** the following procedures.
(返金は，次に示した手順に従って処理されます。)

571 next to ... …の隣に

- next to nothing「ほとんどないに等しい」

例文 There is a well-equipped gym located right **next to** the hotel.
(まさにホテルの隣に，設備のよいジムがあります。)

□ **well-equipped** 形 [設備のよい]
□ **right** [raɪt] 副 [ちょうど，まさに]
＊この文では right は「右」ではないことに注意。

* * * * *

類 □ **close to ...** […のすぐ近くに]
＊close の発音は形容詞なので [klous]（動詞「閉める」の意味では [klouz] と濁る）。
＊It's close to perfect. 完ぺきに近い。

572 □ **on top of ...** …の上に，…に加えて

例文 **On top of** that, you can also enjoy almost any outdoor activity you can think of.
（それに**加えて**，あなたが思いつく，ほぼどんな野外活動も楽しめます。）

573 □ **in a row** 連続して，1列に

例文 The local football team won three games **in a row.**
（地元のサッカーチームは，3**連勝**した。）
□ **win** [wɪn] 動 [～に勝つ]

574 □ **as of ...** …の時点で，…現在で

例文 **As of** July 15th, this product will no longer be **available** for purchase online.
（7月15日**時点で**，この製品はオンラインで購入できなくなります。）
□ **no longer** [もはや～ない]

＊ ＊ ＊ ＊ ＊

関 □ **so far** [今までのところ]
□ **to date** [現在まで (=until now)]

見出し語リピート 他で見出し語になっている単語

□ process（177）　□ locate（81）　□ available（402）

575 in terms of ...
…に関して，…の点から見て

例文 The refrigerator is rated highly **in terms of** both performance and power consumption.
(その冷蔵庫は，性能と消費電力の点で，高く評価されている。)
☐ **rate** [reɪt] 動 [〜を評価する]

576 in case of ...
(万一)…の場合には

• 文を続ける場合は in case (that) ...。

例文 All rooms are equipped with smoke detectors **in case of** fire.
(火事に備え，すべての部屋には煙感知器が備え付けられている。)
☐ **be equipped with ...** […を備えている]
☐ **smoke detector** [煙感知器]

✦ ✦ ✦ ✦ ✦

類 ☐ **in the event of ...** […の場合には]
関 ☐ **just in case** [念のため]

577 look forward to ...
…を楽しみに待つ

• to は前置詞なので，動詞が続くときは *do*ing の形になる。

例文 We **look forward to** hearing from you at your earliest convenience.
(都合がつき次第のご連絡をお待ちしております。)
☐ **hear from ...** […から連絡をもらう]
☐ **at one's earliest convenience** [(人)の都合がつく最も早い時に]

578 be about to *do*
まさに〜しようとしている

例文 I **was about to** leave the office, when the phone rang.
(電話が鳴ったとき，まさに退社しようとしていた。)
☐ **ring** [rɪŋ] 動 [(電話などが)鳴る]

579 take a nap　　うたた寝する，昼寝する

例文 Since it's a two-hour flight to Hong Kong, you could even **take a** short **nap** on the plane.
(香港まで2時間のフライトですから，機内で短い**仮眠**だってできますよ。)

＊＊＊＊＊

類
- snooze [snu:z] 動 [うたた寝する]
- doze off [うたた寝する]
- fall asleep [寝入る]

580 prior to ...　　…より前に

例文 **Prior to** his employment at ASC, Eric served as vice president at Digitec, a major **appliance** manufacturer.
(ASCに勤める**前**，エリックは大手電気器具製造業者デジテックの部長を務めていた。)

581 in the wake of ...　　…の後(で)，…を受けて

例文 Prices of vegetables have increased **in the wake of** the typhoon.
(台風の**後**，野菜の価格が上がった。)

見出し語リピート　他で見出し語になっている単語

- performance (322)
- leave (16)
- appliance (310)

582 either *A* or *B* AかBのどちらか

- [íːðər] と [aɪðər] の2種類の発音に注意。

例文 Payment for goods can be made **either** by check **or** money order.
(小切手か郵便為替で，商品のお支払いをしていただけます。)
□ **money order** [郵便為替]

✢ ✢ ✢ ✢ ✢

関
□ **both *A* and *B*** [AとBの両方]
□ **neither *A* nor *B*** [AもBも〜ない]
□ **not only *A* but (also) *B*** [AだけでなくBも]

583 *A* as well as *B* BだけでなくAも

例文 Everything has a positive side **as well as** a negative side.
(どんなことにも悪い面だけでなくよい面もある。)

584 with ease 容易に

- 〈with ＋抽象名詞＝副詞〉の形ではほかに with care「注意深く」(= carefully) が頻出。

例文 This software **allows** you to create your own website **with ease**.
(このソフトウエアで，自分のウェブサイトが簡単に作成できる。)
□ **software** [sɔ́(ː)ftwèər] 图 [(コンピューターの)ソフトウエア]
＊不可算名詞。

✢ ✢ ✢ ✢ ✢

類 □ **easily** [íːzɪli] 副 [たやすく]

585 to the effect that ... …という趣旨の

例文 Mr. Lee sent me a letter **to the effect that** he would visit Chicago next month.
(リーさんは，来月シカゴを訪問するという旨の手紙をくれた。)

586 in effect　事実上

例文　The merger will create, **in effect**, the world's biggest pharmaceutical company.
(その合併で，**事実上**世界一の製薬会社ができることになる。)

587 come into effect　効力を発する

例文　As of June 1st, the new office regulations will **come into effect**.
(6月1日より，新しい社内規定が**有効になる**。)

588 deal with ...　…に対処する，…を扱う，(人・会社)と取り引きする

例文　We expect you to **deal with** this problem without further delay.
(これ以上遅れることなく，この問題に**対処されます**よう望みます。)

589 on the contrary　それどころか

・contrary to ... は「…に反して」。

例文　It's no trouble at all; **on the contrary**, it will be a great pleasure to show you around.
(お安いご用です。**それどころか**，あなたをいろいろご案内できることを大変うれしく思います。)

□ 〈show + 人 + around〉 [(人)を案内して回る，見学させる]

見出し語リピート　他で見出し語になっている単語

□ check (321)　□ allow (5)　□ further (436)　□ delay (299)

590 now that ...　今や…なので

例文 **Now that** everyone is here, I would like to start our monthly meeting.
(では皆さんそろいましたので，月例会議を始めたいと思います。)

591 in the meantime　その間に

例文 Someone will be with you **shortly**. **In the meantime**, please have a seat.
(すぐに担当者が参ります。その間，どうぞお座りになっていてください。)

* * * * *

類　□ **meanwhile** [míːnhwàɪl] 副　[その間に]

592 given that ...　…を考えると，…を仮定すれば

例文 **Given that** our financial situation has worsened, we cannot **afford** to employ more people.
(当社の財務状態が悪化していることを考えると，さらに人を雇う余裕はない。)

* * * * *

類　□ **considering that ...** […のことを考えると]

593 generally speaking　一般的に言うと

例文 **Generally speaking**, alcohol makes people feel relaxed.
(一般的に言うと，アルコールは人をリラックスした気持ちにさせる。)

* * * * *

関　□ **frankly speaking** [率直に言って]
　□ **to be honest** [正直に言って]

594 take ... into account — …を考慮に入れる

- ... が長い場合は，take into account ... の形になる。

例文 **Take into account** environmental aspects when deciding where to locate a new plant.
(新工場をどこに置くか決めるときは，環境的な面を**考慮に入れ**なさい。)

595 be hard hit — 大打撃を受ける

例文 Tourism is one of the industries that has **been** extremely **hard hit** by the recession.
(観光は，この不況で**大打撃を受けている**産業の一つだ。)

☐ **tourism** [túərizm] 名 [観光業]

596 turn around ... — (経済など)を好転させる，好転する

- turn around だけで「よくなる」という意味合いを含む。

例文 During his time at Terra Corp., Edward **turned around** two troubled divisions.
(テラ社に在職中，エドワードは問題のある2部門の業績を**回復させた**。)

見出し語リピート 他で見出し語になっている単語

☐ shortly (513)   ☐ afford (52)   ☐ extremely (520)

基本語彙ミニテスト

Q1

I am pleased to _____ your offer of employment for the position of assistant manager.

- **A.** allow
- **B.** avoid
- **C.** accept

Q2

The sales meeting that was supposed to take place tomorrow was _____ due to scheduling conflicts.

- **A.** postponed
- **B.** concluded
- **C.** occupied

Q3

The office rent and supplies _____ for 28% and 8% of the total expenses, respectively.

- **A.** adopted
- **B.** applied
- **C.** accounted

訳・解答

1

I am pleased to **accept** your offer of employment for the
 └[受諾する]（7）
position of assistant manager.

（アシスタント・マネジャー職での採用のお申し出を喜んでお受けします。）

✗ allow ［ 許す ］(5)　　avoid ［ 避ける ］(3)

2

The sales meeting that was supposed to take place tomorrow was **postponed** due to scheduling conflicts.
 └[延期する]（82）

（明日行われることになっていた販売会議は，スケジュールが重なったため延期された。）

✗ conclude ［ 終える ］(93)　　occupy ［ 占有する ］(80)

3

The office rent and supplies **accounted** for 28% and 8% of the total expenses, respectively.
 └[占める]（201）

（事務所の家賃と事務用品が，それぞれ経費全体の28％と8％を占めた。）

✗ adopt ［ 採用する ］(229)　　apply ［ 申し込む ］(202)

基本語彙ミニテスト

Q 4

Our total revenue for the fiscal year was _____ to be approximately $5.6 million.

- **A.** allocated
- **B.** estimated
- **C.** processed

Q 5

As widely predicted, the president announced his _____ after the scandal.

- **A.** resignation
- **B.** predecessor
- **C.** component

Q 6

When a wildfire _____ and spread quickly in the region, many residents had to be evacuated.

- **A.** occurred
- **B.** attempted
- **C.** contained

訳・解答

4

Our total revenue for the fiscal year was **estimated** to be approximately $5.6 million.
[見積もる]（186）

（その会計年度のわが社の総売り上げは，約560万ドルと見積もられていた。）

✗ allocate [割り当てる]（163）　process [処理する]（177）

5

As widely predicted, the president announced his **resignation** after the scandal.
[辞職]（394）

（大方の予想どおり，そのスキャンダルの後，社長は辞職を発表した。）

✗ predecessor [前任者]（397）　component [部品]（347）

6

When a wildfire **occurred** and spread quickly in the
[起こる]（57）
region, many residents had to be evacuated.

（その地域で山火事が発生し，すぐに広がったとき，多くの住民が避難しなければならなかった。）

✗ attempt [試みる]（67）　contain [含む]（58）

基本語彙ミニテスト

Q7

Most people are not _____ of the dangers of using credit cards online.

- **A.** available
- **B.** aware
- **C.** adverse

Q8

This e-mail is to inform you that I have been _____ to our London branch office.

- **A.** commuted
- **B.** resolved
- **C.** transferred

Q9

Hartman Printing enjoys a worldwide _____ for its sophisticated printing technology.

- **A.** confidence
- **B.** possibility
- **C.** reputation

訳・解答

7

Most people are not **aware** of the dangers of using credit cards online.　[知って]（403）

（ほとんどの人が，オンラインでクレジットカードを使用する危険性に気が付いていない。）

✗ available [利用できる]（402）　adverse [反対の]（455）

8

This e-mail is to inform you that I have been **transferred** to our London branch office.　[転任させる]（178）

（このメールは，ロンドン支店へ異動となりましたことをお知らせするものです。）

✗ commute [通勤する]（189）　resolve [解決する]（242）

9

Hartman Printing enjoys a worldwide **reputation** for its sophisticated printing technology.　[評判]（314）

（ハートマン印刷は，高度な印刷技術により，世界的な評判を得ています。）

✗ confidence [自信]（311）　possibility [可能性]（306）

基本語彙ミニテスト

Q 10

Ms. Robins argued that all employees should _____ with each other in the spirit of mutual respect.

- **A.** cooperate
- **B.** conflict
- **C.** confirm

Q 11

The official was reluctant to _____ accepting any bribes from the local construction company.

- **A.** confuse
- **B.** rely
- **C.** admit

Q 12

This position has _____ vacant since the former director resigned.

- **A.** remained
- **B.** considered
- **C.** afforded

訳・解答

10

Ms. Robins argued that all employees should **cooperate** [協力する] (231) with each other in the spirit of mutual respect.

(ロビンズさんは，すべての従業員が互いを尊重する精神で協力し合うべきだと主張した。)

❌ conflict [衝突する] (219)   confirm [確かめる] (174)

11

The official was reluctant to **admit** [認める] (4) accepting any bribes from the local construction company.

(その役人は，地元の建築会社からわいろを受け取ったと認めるのを渋った。)

❌ confuse [混乱させる] (37)   rely [頼る] (9)

12

This position has **remained** [ままである] (60) vacant since the former director resigned.

(前任のディレクターが辞めてから，この職は空きのままだ。)

❌ consider [よく考える] (47)   afford [持つ余裕がある] (52)

基本語彙ミニテスト

Q 13

Mr. Wells _____ his appreciation for the cordial hospitality that had been extended to him during his visit.

- **A.** expressed
- **B.** declined
- **C.** prepared

Q 14

Training materials will be _____ to the participants during the course.

- **A.** designated
- **B.** distributed
- **C.** described

Q 15

Could you calculate these figures again to see if they are _____?

- **A.** accurate
- **B.** efficient
- **C.** superb

訳・解答

13

Mr. Wells **expressed** his appreciation for the cordial hospitality that had been extended to him during his visit.
[表現する]（43）

(ウェルズ氏は，訪問中に受けた心からの歓待に感謝を表した。)

✗ decline [減少する]（54）　prepare [準備する]（51）

14

Training materials will be **distributed** to the participants during the course.
[配布する]（161）

(訓練資料は講習中に参加者に配布されます。)

✗ designate [指定する]（162）　describe [記述する]（71）

15

Could you calculate these figures again to see if they are **accurate**?
[正確な]（488）

(これらの数値が正確かどうか確かめるため，再度計算してくれますか。)

✗ efficient [効率のよい]（472）　superb [素晴らしい]（447）

基本語彙ミニテスト

Q 16

It is widely _____ that our products are superior to our competitors'.

- A. enhanced
- B. possessed
- C. acknowledged

Q 17

The police are _____ severe criticism for losing evidence necessary to indict the prime suspect.

- A. entering
- B. facing
- C. blaming

Q 18

The deadline for submitting the report was _____ until next Monday.

- A. expired
- B. extended
- C. examined

訳・解答

16

It is widely **acknowledged** that our products are superior to our competitors'.
[認める]（227）

（当社の製品が競争相手のものより優れていると広く認められている。）

✗ enhance [高める]（234）　possess [所有する]（185）

17

The police are **facing** severe criticism for losing evidence necessary to indict the prime suspect.
[直面する]（79）

（警察は第一容疑者を起訴するのに必要な証拠を紛失したため，激しい非難に直面している。）

✗ enter [入る]（77）　blame [非難する]（89）

18

The deadline for submitting the report was **extended** until next Monday.
[延ばす]（198）

（レポートの提出の締め切りは来週の月曜日まで延期された。）

✗ expire [期限が切れる]（195）　examine [調査する]（205）

基本語彙ミニテスト

Q 19

The constant noise coming from next door prevented me from _____ on my work.

- A. exploring
- B. initiating
- C. concentrating

Q 20

We will replace _____ products at no cost or give you a full refund.

- A. defective
- B. extensive
- C. valuable

Q 21

In the _____ meeting, we will discuss issues related to this project.

- A. upcoming
- B. former
- C. correct

訳・解答

19

The constant noise coming from next door prevented me from **concentrating** on my work.
　　[注意を集中する]（115）

（隣室からの断続的な騒音で仕事に集中できなかった。）

✗ explore [探究する]（106）　　initiate [始める]（215）

20

We will replace **defective** products at no cost or give you a full refund.
　　[欠陥のある]（451）

（欠陥品は無償で交換するか，または全額返金いたします。）

✗ extensive [広い]（490）　　valuable [貴重な]（431）

21

In the **upcoming** meeting, we will discuss issues related to this project.
　　[やがてやってくる]（460）

（来たる会議で，このプロジェクトに関する問題を話し合います。）

✗ former [前の]（421）　　correct [正しい]（419）

基本語彙ミニテスト

Q 22

A leading manufacturer based in Chicago is _____ a highly capable accountant to join their team.

- **A.** gathering
- **B.** seeking
- **C.** regarding

Q 23

If you avoid rush hour, you'll spend less time in traffic; _____ your car will consume less fuel.

- **A.** therefore
- **B.** however
- **C.** otherwise

Q 24

The safety regulations are designed to _____ accidents in the workplace.

- **A.** ignore
- **B.** concern
- **C.** prevent

訳・解答

22

A leading manufacturer based in Chicago is **seeking** a highly capable accountant to join their team.
[探し求める]（110）

（シカゴを拠点とする大手製造会社が，チームに加わる優秀な会計士を求めています。）

✗ gather [集める]（99）　regard [見なす]（104）

23

If you avoid rush hour, you'll spend less time in traffic; **therefore** your car will consume less fuel.
[それゆえ]（518）

（ラッシュアワーを避ければ，往来にかかる時間が減る。それゆえ，車が消費する燃料が少なくなる。）

✗ however [しかしながら]（517）　otherwise [そうでなければ]（516）

24

The safety regulations are designed to **prevent** accidents in the workplace.
[防ぐ]（87）

（安全規則は，職場での事故を防ぐためのものです。）

✗ ignore [無視する]（135）　concern [心配させる]（91）

基本語彙ミニテスト

Q 25

We should fully _____ the accumulated knowledge and skills of our staff.

- **A.** impose
- **B.** anticipate
- **C.** utilize

Q 26

I have attached my _____ itinerary for your reference.

- **A.** innovative
- **B.** tentative
- **C.** attentive

Q 27

My next _____, which is to draw up a draft of the contract, is due next Monday.

- **A.** assignment
- **B.** inquiry
- **C.** expertise

訳・解答

25

We should fully **utilize** the accumulated knowledge and skills of our staff.
└[活用する] (243)

(スタッフの蓄積された知識と技能を十分に活用すべきだ。)

✘ impose [課す] (241)　　anticipate [予想する] (239)

26

I have attached my **tentative** itinerary for your reference.
└[仮の] (500)

(ご参考までに私の暫定の旅程表を添付しました。)

✘ innovative [革新的な] (496)　　attentive [注意深い] (478)

27

My next **assignment**, which is to draw up a draft of the contract, is due next Monday.
└[割り当てられた仕事] (392)

(私の次の任務は，契約書の草案を作ることだが，来週月曜日が期限だ。)

✘ inquiry [問い合わせ] (391)　　expertise [専門的知識] (398)

基本語彙ミニテスト

Q 28

Our IT team _____ of 12 staff members who are devoted and competent professionals.

- **A.** insists
- **B.** consists
- **C.** suggests

Q 29

We must _____ with international regulations on intellectual property rights.

- **A.** comply
- **B.** inspect
- **C.** claim

Q 30

Victims of the computer fraud were annoyed by the slow progress of the _____.

- **A.** instruction
- **B.** invention
- **C.** investigation

訳・解答

28

Our IT team **consists** of 12 staff members who are devoted and competent professionals.
└[成り立つ]（70）

（当社の情報技術チームは、熱心で有能な専門家である12人のスタッフから成る。）

✗ insist [であることを主張する]（40）　　suggest [示唆する]（64）

29

We must **comply** with international regulations on intellectual property rights.
└[従う]（203）

（知的所有権に関する国際規定に従わなければならない。）

✗ inspect [調べる]（196）　　claim [要求する]（208）

30

Victims of the computer fraud were annoyed by the slow progress of the **investigation**.
└[調査]（331）

（コンピューター詐欺の被害者は、捜査が遅々として進まないことにいら立った。）

✗ instruction [指示]（370）　　invention [発明]（396）

Q 31

We will purchase a state-of-the-art security system to _____ the old one.

- **A.** obtain
- **B.** replace
- **C.** ensure

Q 32

The architect designed the city hall that is currently under _____.

- **A.** occupation
- **B.** construction
- **C.** production

Q 33

The young man applied for a housing loan, which was _____ by the bank because he was unemployed.

- **A.** refused
- **B.** acquired
- **C.** suspected

訳・解答

31

We will purchase a state-of-the-art security system to **replace** the old one.
　　　[取り換える]（173）

（最新のセキュリティーシステムを購入し，古いシステムと取り換える予定です。）

✗ obtain [手に入れる]（179）　　ensure [保証する]（176）

32

The architect designed the city hall that is currently under **construction**.
　　　[建設]（345）

（その建築家が，現在建設中の市役所を設計した。）

✗ occupation [職業]（355）　　production [製造]（363）

33

The young man applied for a housing loan, which was **refused** by the bank because he was unemployed.
　　　[拒否する]（55）

（その若い男性は住宅ローンを申し込んだが，無職なので銀行に拒否された。）

✗ acquire [得る]（207）　　suspect [ではないかと思う]（46）

基本語彙ミニテスト

Q 34

Please _____ to the following table regarding which of our products are available for overseas delivery.

- **A.** offer
- **B.** register
- **C.** refer

Q 35

The baseball player has _____ numerous injuries throughout his career.

- **A.** overwhelmed
- **B.** overcome
- **C.** overhauled

Q 36

Despite a thorough investigation, the cause of the accident has not yet been clearly _____.

- **A.** predicted
- **B.** argued
- **C.** identified

訳・解答

34

Please **refer** to the following table regarding which of our
       └[参照する]（156）
products are available for overseas delivery.

（海外配送が可能な商品については，次の表を参照してください。）

✗ offer [申し出る]（44）　　register [登録する]（105）

35

The baseball player has **overcome** numerous injuries
throughout his career.   └[打ち勝つ]（131）

（その野球選手はその経歴の中で数多くのけがを克服してきた。）

✗ overwhelm [圧倒する]（132）　　overhaul [分解点検する]（237）

36

Despite a thorough investigation, the cause of the accident has not yet been clearly **identified**.
       └[特定する]（128）

（徹底的な調査にもかかわらず，事故の原因はまだはっきりとはわかっていない。）

✗ predict [予測する]（211）　　argue [主張する]（209）

Q 37

The Eagle Museum, at the intersection of Airy and Wood Streets, is one of the town's oldest _____.

- **A.** instruments
- **B.** accommodations
- **C.** structures

Q 38

All employees are expected to act in a professional _____ at all times.

- **A.** procedure
- **B.** manner
- **C.** situation

Q 39

You can reduce the financial _____ of your medical costs by claiming tax relief.

- **A.** burden
- **B.** profit
- **C.** surplus

訳・解答

37

The Eagle Museum, at the intersection of Airy and Wood Streets, is one of the town's oldest **structures**.
　　　　　　　　　　　　　　└[建造物]（360）

（イーグル博物館は，エイリー通りとウッド通りの交差点にある，街で最も古い建造物の一つだ。）

✗ instrument [器具]（348）　accommodation [宿泊設備]（366）

38

All employees are expected to act in a professional **manner** at all times.
　　└[態度]（270）

（全従業員は常にプロらしい態度をとるよう求められる。）

✗ procedure [手続き]（273）　situation [状況]（303）

39

You can reduce the financial **burden** of your medical costs by claiming tax relief.
　　　　　　　　　　　　　　└[重荷]（373）

（税控除を申請することで，医療費の金銭的負担を軽減できる。）

✗ profit [利益]（339）　surplus [余り]（341）

Q 40

Production in the auto factory was brought to a _____ by a strike.

- **A.** standstill
- **B.** progress
- **C.** commitment

Q 41

I will not be able to attend the meeting because of a _____ engagement.

- **A.** promising
- **B.** previous
- **C.** practical

Q 42

Our goal is to always _____ our customers' needs and expectations.

- **A.** prove
- **B.** consult
- **C.** meet

訳・解答

40

Production in the auto factory was brought to a **standstill** by a strike. [停止]（389）

（自動車工場の生産は，ストライキにより停止されることになった。）

✕ progress [進歩]（367）　　commitment [全力を注ぐこと]（386）

41

I will not be able to attend the meeting because of a **previous** engagement.
[先の]（422）

（先約があるので，会議に出席できません。）

✕ promising [前途有望な]（480）　　practical [実際的な]（440）

42

Our goal is to always **meet** our customers' needs and expectations. [満たす]（92）

（当社の目標は，常に顧客のニーズと期待に応えることです。）

✕ prove [証明する]（101）　　consult [相談する]（96）

Q 43

The attached brochure describes the _____ and specifications of a soon-to-be-released digital camera.

- **A.** features
- **B.** purposes
- **C.** emphases

Q 44

The plane crash that claimed the lives of 65 passengers occurred _____ after takeoff.

- **A.** rapidly
- **B.** shortly
- **C.** especially

Q 45

I highly _____ this investment seminar to anyone who wishes to succeed in investing in financial markets.

- **A.** realize
- **B.** remain
- **C.** recommend

訳・解答

43

The attached brochure describes the **features** [特徴] (295) and specifications of a soon-to-be-released digital camera.

(添付しましたパンフレットに，近日発売予定のデジタルカメラの特徴と仕様が書かれています。)

✗ purpose [目的] (326)　　emphasis [重要さ] (312)

44

The plane crash that claimed the lives of 65 passengers occurred **shortly** [すぐに] (513) after takeoff.

(乗客65人の命を奪った飛行機墜落事故は，離陸後すぐに起こった。)

✗ rapidly [急速に] (509)　　especially [特に] (511)

45

I highly **recommend** [勧める] (25) this investment seminar to anyone who wishes to succeed in investing in financial markets.

(金融市場への投資で成功したい人なら誰であれ，この投資セミナーを強く勧めます。)

✗ realize [だとわかる] (14)　　remain [ままである] (60)

基本語彙ミニテスト

Q 46

Although scheduled for one hour, the meeting actually _____ three hours.

- **A.** lasted
- **B.** reflected
- **C.** appeared

Q 47

The government imposed a _____ on smoking in all enclosed public places, including workplaces.

- **A.** refund
- **B.** ban
- **C.** permit

Q 48

Local _____ were disappointed to learn that the grocery store will shut down in January.

- **A.** regions
- **B.** residents
- **C.** relationships

訳・解答

46

Although scheduled for one hour, the meeting actually **lasted** three hours.
└ [続く] (94)

(会議は1時間の予定だったが，実際は3時間続いた。)

✖ reflect [反映する] (88)　　appear [のように見える] (97)

47

The government imposed a **ban** on smoking in all enclosed
└ [禁止] (268)
public places, including workplaces.

(政府は，職場を含め，屋内の公共の場での喫煙を禁止した。)

✖ refund [払い戻し] (324)　　permit [許可] (357)

48

Local **residents** were disappointed to learn that the
└ [居住者] (292)
grocery store will shut down in January.

(地元住民は，その食料雑貨店が1月に閉店すると知ってがっかりした。)

✖ region [地域] (264)　　relationship [関係] (285)

基本語彙ミニテスト

Q 49

Please do not _____ to take your personal belongings when you leave the bus.

- **A.** forget
- **B.** regret
- **C.** upset

Q 50

All features and specifications of the products are _____ to change without prior notice.

- **A.** reluctant
- **B.** opposed
- **C.** subject

Q 51

Please _____ us of any changes to your contact information so that we can keep our records updated.

- **A.** notify
- **B.** reply
- **C.** imply

訳・解答

49

Please do not **forget** to take your personal belongings when you leave the bus.
[忘れる] (19)

(バスを降りる際は所持品を忘れないようご注意ください。)

✗ regret [後悔する] (13)　upset [ろうばいさせる] (90)

50

All features and specifications of the products are **subject** to change without prior notice.
[次第である] (467)

(製品のすべての機能と仕様は，予告なく変更される場合があります。)

✗ reluctant [気が進まない] (409)　opposed [反対した] (417)

51

Please **notify** us of any changes to your contact information so that we can keep our records updated.
[通知する] (152)

(当方の記録を最新のものにしておきますので，連絡先に変更がございましたらお知らせください。)

✗ reply [返事をする] (153)　imply [ほのめかす] (65)

基本語彙ミニテスト

Q 52

We have been _____ in exporting various building materials for the past 15 years.

- **A.** located
- **B.** engaged
- **C.** conducted

Q 53

You must submit the original receipts to get _____ for travel expenses.

- **A.** required
- **B.** reimbursed
- **C.** restored

Q 54

Our hotel is especially suitable for weddings and other special _____.

- **A.** rewards
- **B.** outcomes
- **C.** occasions

訳・解答

52

We have been **engaged** in exporting various building materials for the past 15 years.
[従事させる] (191)

(弊社は過去15年間，各種建築資材の輸出に携わってきました。)

❌ locate [置く] (81)　　conduct [行う] (194)

53

You must submit the original receipts to get **reimbursed** for travel expenses.
[返済する] (213)

(旅費を返済してもらうには，領収書の原本が必要です。)

❌ require [必要とする] (190)　　restore [回復する] (232)

54

Our hotel is especially suitable for weddings and other special **occasions**.
[行事] (379)

(当ホテルは，結婚式やその他の特別な行事に最適です。)

❌ reward [報酬] (376)　　outcome [結果] (387)

基本語彙ミニテスト

Q 55

Kate demonstrated _____ leadership qualities during her career at IseoBank.

- **A.** lucrative
- **B.** mutual
- **C.** outstanding

Q 56

We _____ our customers with the highest-quality products and services at competitive prices.

- **A.** provide
- **B.** suppose
- **C.** organize

Q 57

He claimed that he was _____ for unemployment benefits.

- **A.** suitable
- **B.** capable
- **C.** eligible

訳・解答

55

Kate demonstrated **outstanding** leadership qualities during her career at IseoBank.
└[目立った] (479)

(ケイトは，イセオ銀行で働いていたとき，抜群の指導力を示した。)

✗ lucrative [もうかる] (499)　mutual [相互の] (495)

56

We **provide** our customers with the highest-quality
└[与える] (142)
products and services at competitive prices.

(当社は，最高品質の商品とサービスを他社に負けない価格で顧客に提供します。)

✗ suppose [思う] (146)　organize [計画する] (159)

57

He claimed that he was **eligible** for unemployment benefits.
└[資格のある] (481)

(彼は，失業給付を受ける資格があると主張した。)

✗ suitable [適した] (429)　capable [能力がある] (476)

基本語彙ミニテスト

Q 58

After hearing about James's resignation, Kate was so upset she could _____ speak.

- **A.** probably
- **B.** hardly
- **C.** briefly

Q 59

It is not clear how sales will be _____ by the scandal involving the president of the company.

- **A.** withstood
- **B.** glanced
- **C.** affected

Q 60

The refrigerator is rated highly _____ both performance and power consumption.

- **A.** in accordance with
- **B.** in terms of
- **C.** in case of

訳・解答

58

After hearing about James's resignation, Kate was so upset she could **hardly** speak.
　　　　　　　　　　　　　　　　　　[ほとんど〜ない]（506）

（ジェイムズの辞職について耳にした後，ケイトはとても狼狽してほとんど話すことができなかった。）

probably [たぶん]（508）　briefly [簡潔に]（529）

59

It is not clear how sales will be **affected** by the scandal involving the president of the company. [影響を及ぼす]（124）

（その会社の社長がかかわるスキャンダルが売上高にどの程度の影響を及ぼすかはわからない。）

✗ withstand [耐える]（120）　glance [ざっと目を通す]（118）

60

The refrigerator is rated highly **in terms of** both performance and power consumption. [に関して]（575）

（その冷蔵庫は，性能と消費電力の点で，高く評価されている。）

✗ in accordance with [に従って]（570）
　in case of [の場合には]（576）

第2部　TOEIC ビジネス基礎語彙

ビジネス用語の背景知識を，読んで理解する章です。最初にビジネス文書を読む際にキーとなる語句の説明を読み，次にそれに関連した語句のリストで語彙を増やしましょう。

会議

agenda
[ədʒéndə]

協議事項(のリスト)

　会議で話し合う項目が載った「一覧表」が agenda で，会議に先立って配られます。各「項目」は item や subject と言いますので，the first item on the agenda「第1議題」, The next subject on the agenda is …「次の議題は…」のように使われます。

　最も重要な項目は議題の最初にくることが多いことから，at the top of the agenda で比喩的に「最重要課題で」の意味になることもあります。

　agenda はほかに，会議などのスケジュールを示した「議事日程(表)」や「予定表」を指す場合もあります。

＊ ＊ ＊ ＊ ＊

Have you received the **agenda** for the upcoming board meeting?
(今度の取締役会の**議題一覧表**は受け取りましたか。)

まとめて覚えよう！

会議に関する語句

　会議の内容は，後に議事録としてまとめられ，出席者などに配布されます。議事録には出席者名，項目，内容，決定事項，各担当者などが記されます。

　後日配布されるこの「**議事録**」は **minutes** と言い，時間の minute「分」の複数形と同じ形です。

- [ ] minute [mínət] 图 [議事録(-s)]
- [ ] proposal [prəpóuzəl] 图 [提案書]
- [ ] project proposal [事業の企画，企画書]
- [ ] chair [tʃeər] 動 [～の司会[議長]を務める]
  * chair a meeting 会議の議長を務める
- [ ] chairperson [tʃéərpə̀ːrsən] 图 [議長，司会者，会長 (= chairman)]
- [ ] hold a meeting [会議を開く]
- [ ] call a meeting [会議を招集する[開く]]
- [ ] call ... off […を中止する]
  * The meeting was called off. 会議は中止になった。

部門

department
[dɪpáːrtmənt]

部門, 課, 売り場

日本語の「デパート，百貨店」は英語では，department store と必ず store が付きますが，一般に department だけだと，会社の○○部の「部(門)(= dept.)」を指します。

自分の所属を言うときは，I work in **the** Sales Department. や I work in Sales. のように言います。前者は Department が付いているので the が入りますが，後者は販売という分野を担当しているという意味で the を付けません。

「部門」はほかに division (= div.) や section を使う場合もあり，どれを使うかは会社によって違います。

✦ ✦ ✦ ✦ ✦

The automobile manufacturer has a job opening in the accounting **department**. (その自動車製造会社では，経理**部**で求人がある。)

まとめて覚えよう！

部門に関する語句

いろいろな部署名を示します。部署名や業務分担は会社によって違います。
例えば，「**人事**部」であれば，**human resources**，または頭文字をとった HR や **personnel** がよく使われます。personnel は，集合的に「全職員」を指します。

- [ ] human resources department [人事部（= HR）]
- [ ] personnel department [人事部]
- [ ] research and development department [研究開発部（=R&D）]
- [ ] accounting department [経理部]
- [ ] customer service [顧客サービス（窓口）]
- [ ] general affairs [総務，庶務]
- [ ] public relations [広報活動（= PR）]
- [ ] administration office [管理事務所]
- [ ] domestic sales department [国内営業部]
- [ ] overseas [international] sales department [海外営業部]

業務

work overtime　　残業する

　「残業する」は，work overtime が一般的な言い方です。この overtime は副詞で「時間外に」という意味で，動詞 work「働く」を修飾しています。

　なお，〈動詞＋副詞〉型のフレーズではほかに，work late「遅くまで働く」や go abroad「海外へ行く」，go home「家に帰る」などがあります。この home は名詞でなく副詞で「家に」という意味です。a や the などの冠詞を付けたり，直前に to を付けたりしません。

❖ ❖ ❖ ❖ ❖

I will **work overtime** today to get the report completed on time.
（時間どおりに報告書を完成させるため，今日は**残業**します。）

まとめて覚えよう！

業務に関する語句

- □ work late [遅くまで働く，残業する]
- □ do extra work [余分に働く，残業する]
- □ work a night [day / morning] shift [夜勤[日勤／朝番]をする]
- □ work from home [在宅勤務する，自宅で仕事をする]
- □ telecommuting [téləkəmjùːtɪŋ] 名 [在宅勤務]

進ちょくに関する語句

- □ on schedule [予定どおりに]
- □ behind schedule [予定より遅れて]
- □ ahead of schedule [予定より早く]
- □ time-line 名 [予定表]

演説

| **address a meeting** | 会議で演説する |

　動詞 address には，ビジネス必須のいろいろな意味があります。address a meeting [conference]「会議で演説する」をはじめ，ほかにも大変重要な使い方があるので，どれもわかるようにしておきましょう。フレーズで覚えてしまうのがおススメです。

・**address an audience**「聴衆に演説を行う」
・**address the issue [problem]**「問題に取り組む」
・**address an envelope**「封筒に宛名を書く」

　また，address には名詞で「（式典などの）あいさつ，演説」という意味があり，speech より改まった演説を指します。

✦ ✦ ✦ ✦ ✦

The professor **addressed a meeting** of local business leaders.
(その教授は，地域のビジネスリーダーの**会議で演説した**。)

まとめて覚えよう！

演説に関する語句

deliver は「～を届ける」ですが，手紙や荷物だけでなく speech や lecture を聞き手に「届ける」という意味にも使えます。**deliver a speech** は「演説[スピーチ]をする」で，重要フレーズです。

- □ make [give] a speech [スピーチをする]
- □ deliver a speech [スピーチをする]
- □ impromptu speech [即席の演説]
- □ inauguration speech [就任演説]
- □ opening address [開会のあいさつ[辞]]
- □ opening remark [開会のあいさつ]
- □ introduction [ìntrədʌ́kʃən] 名 [導入，前置き，紹介]
- □ body [bá(:)di] 名 [本論]
- □ conclusion [kənklúːʒən] 名 [結論]

会社

firm [fəːrm]　会社

　「会社」を指す最も一般的な語は **company** ですが，ほかにも **firm** や **corporation**，**enterprise** を覚えておきましょう。また，business にも「事業，商売」だけでなく「会社，企業」の意味があります。

　会社名の後に Co. や Corp. と付いているのを見かけますが，「～会社」の「会社」に当たる部分です。company を省略したものが Co. で，corporation は Corp. です。

　会社が代理業務を行っている場合は，travel agency「旅行代理店」のように agency が使われます。agency で働く人が agent なので，travel agent は「旅行代理店の人」です。また，publishing house「出版社」のように特別な分野では house が使われることもあります。

✢ ✢ ✢ ✢ ✢

I have worked for an advertising **firm** for five years.
（私は広告**会社**に5年勤めています。）

まとめて覚えよう!

会社に関する語句

- □ corporation [kɔ́ːrpəréɪʃən] 名 [会社, 法人]
- □ enterprise [énṭərpràɪz] 名 [企業, 会社]
- □ giant [dʒáɪənt] 名 [(巨)大企業] ＊an auto giant 巨大自動車会社
- □ start-up (company) [創業したばかりの会社, 新興企業]
- □ small and medium-sized company [中小企業]
- □ private company [民間企業]
- □ travel agency [旅行代理店]
- □ real estate agency [不動産業者]
- □ publishing house [出版社]
- □ car dealership [車の販売代理店]
- □ carrier [kǽriər] 名 [運送[運輸]会社]

組織

headquarters
[hédkwɔ̀ːrtərz]

本社，本部

　quarter「4分の1」を複数形にした quarters には「(寝泊まりする)部屋[住居]」の意味があり，軍人の「宿舎」なども指します。本社は〈head + quarters〉で「『トップの人たち』の『居所』」ということです。常に -s の付いた形で使われ，単数と複数扱いの両方あります。「本社」は，ほかに **head office** とも言います。

　本社の場所は **be headquartered in ...**「…に本社[部]を置く」や **be based in ...**「…を拠点とする」のように表します。

✦ ✦ ✦ ✦ ✦

Ms. Campbell was transferred to corporate **headquarters** in New York.（キャンベルさんはニューヨークの**本社**へ転勤になりました。）

まとめて覚えよう！

会社の組織に関する語句

- head office [本社，本部]
- branch [bræntʃ] 名 [支店，支部，枝]
- regional office [支社]
- plant [plænt] 名 [工場]
- factory [fǽktəri] 名 [工場]
- laboratory [lǽbərətɔ̀:ri] 名 [研究所，研究室]
- outpost [áutpòust] 名 [（海外）支店，出先機関]
- liaison [lí:əzὰ(:)n] 名 [連絡]　＊liaison office 連絡事務所
- satellite office [サテライトオフィス，出張所]
- outlet [áutlèt] 名 [直売店]

取締役会

| **the board of directors** | 取締役会，理事会 |

　the board of directors「取締役会」は，director「取締役，重役」全員で構成され，定期的に会合を開いて会社にとって重要な決定を行います。会社ごとに一つしかないので特定されるため，the が付きます。the board と省略されることもあります。
　取締役会には経営の監査を行う役目があるので，外部の目となる社外取締役が加わっていることがありますが，社内の取締役には CEO や COO などが就任することが多いようです。

✣ ✣ ✣ ✣ ✣

The board of directors consists of 12 directors, including the chairperson.（**取締役会**は会長を含め12人の重役で構成される。）

まとめて覚えよう！

取締役会に関する語句

CEO とは，米国型企業での経営トップである「**最高経営責任者**」で，chief「最高位の」，executive「業務執行の」，officer「幹部」の頭文字を取ったものです。

「社長」と混同しがちですが，厳密に言うと president と CEO は別物で，それぞれ別の人がなっている会社もありますし，兼務しているケースもよくあります。

- □ boardroom [bɔ́ːrdrùːm] 名 [**（重役・理事の）会議室，役員室**]
- □ executive [ɪgzékjuṭɪv] 名 [**役員，経営幹部**]
- □ chairperson (of the board) [**（取締役）会長** (= chairman)]
- □ director [dəréktər] 名 [**取締役，重役，部長**]
- □ officer [á(ː)fəsər] 名 [**役員，幹部，役人**]
- □ auditor [ɔ́ːdəṭər] 名 [**会計検査官，監査役**]
- □ CEO [**最高経営責任者** (= Chief Executive Officer)]
- □ COO [**最高業務執行責任者** (= Chief Operating Officer)]

株

stockholder
[stá(:)khòʊldəァ]

株主

「株」はstockと言います。そして「株主」とは文字どおり，〈stock「株」＋ hold「持っている」＋ -er「人」〉のことです。通常，株は複数の人が分け合って所有しますが，分け合う単位である1株は a share of stock (in a company) であることから，**share** も **stock** と同じように「**株，株式**」を意味するようになりました。ですから，「株主」は shareholder とも言います。

✣ ✣ ✣ ✣ ✣

All board members were elected at the annual general meeting of **stockholders**. (取締役全員が年次**株主**総会で選出された。)

まとめて覚えよう！

株に関する語句

●

　株式市場で，株価が上がって活況を呈している「**上げ相場，強気市場**」を **bull market**，反対に「**下げ相場，弱気市場**」を **bear market** と言います。bullは「雄牛」，bearは「クマ」です。これは攻撃時に牛は角を「上に突きあげ」，クマは前足を「下に振りおろす」という動きに，市場の動きをなぞらえたと言われています。それぞれ bullish market，bearish market という表現も使われます。

●

- □ stock [stɑ(:)k] 图 [株]
- □ share [ʃeər] 图 [株]
- □ dividend [dívɪdènd] 图 [(株の)配当金]
- □ stockbroker [stá(:)kbròukər] 图 [株式仲買人]
- □ go public [(企業が)株式を公開する]
- □ initial public offering [新規株式公開(= IPO)]
- □ listed company [上場企業]
- □ bond [bɑ(:)nd] 图 [債券]
- □ security [sɪkjúərəti] 图 [(有価)証券，債券(-ties)]
  　＊securities company 証券会社
- □ stock exchange [証券[株式]取引(所)]

会社間の関係

subsidiary
[səbsídièri]

子会社

　名詞 **subsidy** は「**助成金，補助金**」，動詞 **subsidize** は「**〜に助成金を与える**」という意味で，どちらも TOEIC 重要単語です。そこから派生したのが subsidiary「子会社」です。なるほど，子会社は「資本金」など親会社から金銭的な援助を受けますね。subsidiary company と言うこともあります。「親会社」を表す parent company と対にして覚えておきましょう。

❖ ❖ ❖ ❖ ❖

Goldtec Co. has decided to establish a **subsidiary** in Australia.
(ゴールドテック社は，オーストラリアに**子会社**を設立することを決定した。)

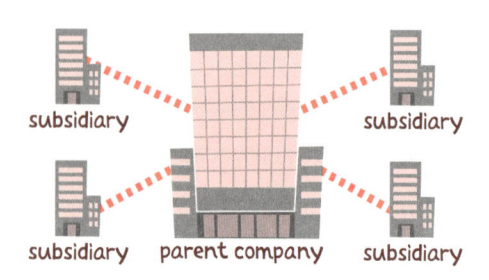

subsidiary　　subsidiary
subsidiary　parent company　subsidiary

まとめて覚えよう！

会社間の関係に関する語句

- parent company [親会社]
- affiliated company [関連会社]
- associated company [関連会社]
- joint venture [company] [合弁会社]
- holding company [持ち株会社]

助成金に関する語句

- subsidy [sʌ́bsədi] 名 [助成金，補助金]
- subsidize [sʌ́bsɪdàɪz] 動 [～に助成金を与える]
- fund [fʌnd] 名 [基金]　動 [～に資金を提供する]
- finance [fáɪnæns] 名 [(融資される)資金(-s)]　動 [～に融資する]

  ＊[fənǽns]と発音することもあるので注意。

- grant [grænt] 名 [(政府などからの)助成金，補助金]

業者

manufacturer
[mæ̀njufǽktʃərər]

製造業者，製造会社

語源の話になりますが，**動詞に -er を付けると「〜する人」**という意味になります。動詞 manufacture は「〜を製造する」ですが，これに「〜する人」を意味する -er を付けると(e が重なるので -r となります)，「製造する人」つまり「製造業者」という意味になるのです。なお，「製造業者」は日本語でもおなじみの maker「メーカー」でも OK です。

単語の語尾に付くのが接尾辞で，-er は「〜する人」ですが，-ee は「〜される人」を表します。例えば employ「雇う」だと，employer は「雇う人→雇用者」で，employee は「雇われる人→従業員」ですね。

❖ ❖ ❖ ❖ ❖

We are one of the nation's largest **manufacturers** of women's clothing.（当社は国内最大の婦人衣料品**メーカー**の一つです。）

まとめて覚えよう！

業者に関する語句

- [ ] retail [ríːteɪl] 名 [小売り]　動 [～を小売りする]

  ＊retailer は「小売業者」。

- [ ] wholesale [hóulsèɪl] 名 [卸(売り)]　動 [(物を)卸売りする]

  ＊wholesaler は「卸売業者」。

- [ ] contractor [káː(ː)ntræktər] 名 [(工事)請負人，建設業者，契約者]

- [ ] subcontractor [sÀbkáː(ː)ntræktər] 名 [下請け業者]

- [ ] supplier [səpláɪər] 名 [(物品の)供給業者，納入業者]

- [ ] provider [prəváɪdər] 名 [(サービスの)供給業者]

- [ ] vendor [véndər] 名 [(街頭などで)売る人，供給業者]

- [ ] importer [ɪmpɔ́ːrtər] 名 [輸入業者，輸入国]

- [ ] exporter [ɪkspɔ́ːrtər] 名 [輸出業者，輸出国]

職種

sales representative　営業担当者, セールスマン

動詞 represent は「〜を代表する」という意味です。では representative は，会社を代表する社長のような偉い人を指すかと言えば，そうとは限りません。sales representative は，普通の「販売員，セールスマン」のことですし，**customer service representative** は「**お客さま相談窓口の担当者**」です。つまり representative とは，お客から見たときに「その会社の者として（代表して）客に対応する人たち」なのです。rep と省略されることもよくあります。

✧ ✧ ✧ ✧ ✧

For further information, please contact one of our **sales representatives**.（詳細については当社の**営業担当者**に連絡してください。）

まとめて覚えよう！

職業に関する語句

ほかの意味でも使われる職業名の単語に注意しましょう。「掃除機，洗浄剤」でおなじみの cleaner は「清掃作業員，クリーニング店(主)」を，「プリンター，印刷機」でおなじみの printer は「印刷業者」を指すこともあり，どの意味も TOEIC では必須です。

- [ ] **salesclerk** [séɪlzklə̀ːrk] 图 [店員，販売員]
- [ ] **office clerk** [事務員]
- [ ] **secretary** [sékrətèri] 图 [秘書]
- [ ] **receptionist** [rɪsépʃənɪst] 图 [受付係]
- [ ] **accountant** [əkáʊntənt] 图 [会計係，会計士]
- [ ] **pharmacist** [fɑ́ːrməsɪst] 图 [薬剤師]
- [ ] **plumber** [plʌ́mər] 图 [配管工] ＊発音注意。b は黙音。
- [ ] **electrician** [ɪlèktríʃən] 图 [電気技術者]
- [ ] **firefighter** [fáɪərfàɪtər] 图 [消防士]
- [ ] **lawyer** [lɔ́ːjər] 图 [法律家，弁護士]
- [ ] **judge** [dʒʌdʒ] 图 [裁判官，判事]
- [ ] **printer** [príntər] 图 [印刷業者，プリンター]
- [ ] **cleaner** [klíːnər] 图 [清掃作業員，クリーニング店(主)]
- [ ] **dentist** [déntəst] 图 [歯科医]

備品

- **office supplies** 事務用品

　筆記用具，バインダー，プリンターのカートリッジなどの消耗品のことを office supplies と言います。office を付けず，supplies だけで使われることもよくあります。**動詞 supply は「〜を提供[支給]する」**ですから，オフィスで「支給されるもの」と考えるとわかりやすいですね。
　こういった事務用品を置いておくための戸棚は supply cabinet「備品用戸棚」，部屋であれば supply room「備品室」です。

＊＊＊＊＊

We usually purchase our **office supplies** from Green Hearts Stationery.（当社は，たいてい**事務用品**をグリーンハーツ文具店で購入する。）

まとめて覚えよう！

オフィス関連用品に関する語句

office supplies は，広い意味でパソコンやコピー機など office equipment「オフィス機器」や，机，いす，lighting「照明(器具)」などの office furniture「オフィス用家具」を含むこともあります。

☐ stationery [stéɪʃənèri] 图 [文房具]

☐ stapler [stéɪplər] 图 [ホチキス]　＊「ホチキスの針」は staple。

☐ notepad [nóʊtpæ̀d] 图 [(はぎ取り式の)メモ帳]

☐ envelope [énvəlòʊp] 图 [封筒]

☐ ink cartridge [(プリンターなどの)インクカートリッジ]

☐ letterhead paper [レターヘッド便箋]

　＊上部(head)に印刷した社名，住所，電話番号が入ったもの。

☐ photocopier [fóʊṭoʊkà(:)piər] 图 [コピー機]

☐ filing cabinet [書類整理棚]

☐ cupboard [kʌ́bərd] 图 [戸棚，押し入れ]　＊発音注意。

☐ supply room [備品室]

電話

extension
[ɪksténʃən]

（電話の）内線（番号）

　動詞 extend「～を延ばす」の名詞形です。確かに，内線は**外からの電話を社内の各部署へと延ばしたもの**ですね。
　extension number「内線番号」と言うこともあります。書くときには **ext. と省略**でき，ext.221「内線221」のようになります。
　なお，extension には「(建物の)建て増し部分」という意味もあります。extension cord は「(電気の)延長コード」です。

✤ ✤ ✤ ✤ ✤

If you have any questions, please contact me at 03-122-3333, **extension** 123. (質問があれば，03-122-3333，**内線**123の私まで連絡してください。)

まとめて覚えよう！

電話に関する語句

●

「電話をおつなぎします」と電話を転送するときには put ... through がよく使われます。I'll **put** you **through** to the person in charge.「担当者におつなぎします。」

ほかに I'll **connect** you to ... や I'll **transfer** you to ... なども使われます。

●

☐ caller [kɔ́:lər] 名 [電話をかける人，訪問者]

☐ handset [hǽndsèt] 名 [（電話の）送受話器，携帯電話機]

☐ incoming call [外からかかってきた電話，外線]

☐ outgoing call [こちらからかけた電話，電話の発信]

☐ outside line [外線]

☐ cell phone [携帯電話（=mobile phone）]

☐ land-line phone [固定電話] ＊携帯電話と区別して言う。

☐ Hold on, please. [（そのまま切らずに）お待ちください。]

☐ the person in charge [担当者]

上下関係

supervisor 上司
[súːpərvàɪzər]

　supervisor を辞書で引くと，「監督者，管理者」などと出てきますが，今ひとつわかりにくいですね。動詞で **supervise は「～を監督[指揮]する」**ですが，職場でこれをする人と言えば…そう，boss「ボス」です。事務所で，my supervisor … と聞けば，要は my boss … と言っているのとほぼ同じと思ってよいでしょう。「直属の上司」は my immediate supervisor [boss] と言います。

　また，形容詞で superior to …「…より優れた」の形で使われる superior にも，名詞で「上司」の意味があることも覚えておきましょう。

❖ ❖ ❖ ❖ ❖

I will get back to you after consulting with my **supervisor**.
（**上司**と相談した後，折り返しご連絡いたします。）

まとめて覚えよう！

職場での上下関係に関する語句

上司とともに職場で身近な存在なのは，**colleague「同僚」**。発音は少し難しく，[**カ**リーグ]です。同じ意味の co-worker もしっかり押さえておきましょう。

さらにときどき TOEIC でも出てくる (business) **associate「仕事仲間，仕事関係の知人」**も覚えておくとばっちりです。associate は動詞では「〜を関連させる，提携する」という意味です。

☐ **chief** [tʃi:f] 图 [長，上司]

☐ **superior** [supíəriər] 图 [上司]

☐ **foreman** [fɔ́:rmən] 图 [職場主任，現場監督]

☐ **subordinate** [səbɔ́:rdinət] 图 [部下]

  ＊immediate subordinate 直属の部下

☐ **colleague** [ká(:)li:g] 图 [同僚]

☐ **co-worker** 图 [同僚]

☐ **associate** [əsóuʃiət] 图 [仕事仲間，同僚]

給料

paycheck
[péɪtʃèk]

給与，給与支払小切手

　paycheck は「給与小切手」のことですが，「給料」そのものも意味します。もともと，従業員は，週や月単位で給与小切手を受け取り，それを銀行で現金にしたり，自分の口座に振り込んだりしていました。しかし最近は小切手ではなく，従業員の銀行口座へ直接振り込む会社が多くなってきています。

　なお，広く「給料」を意味する単語は pay です。ほかに，**wage** は「**時間や日，週単位で支払われる賃金**」で，**毎月支払われるのが salary** です。

✣ ✣ ✣ ✣ ✣

These taxes are deducted from your **paycheck**.
（これらの税金は，**給料**から差し引かれます。）

まとめて覚えよう！

給与に関する語句

全従業員の名前は，payroll「**給与支払い簿**」に記載されています。会社は，この payroll を基に給与を支払うことから，on the payroll は「雇われて」の意味となります。

- □ wage [wéɪdʒ] 图 [**賃金，給料**] ＊minimum wage 最低賃金
- □ salary [sǽləri] 图 [**（会社員などの）給料**] ＊starting salary 初任給
- □ payday [péɪdèɪ] 图 [**給料日**]
- □ payslip [péɪslìp] 图 [**給与明細書**]
- □ payroll [péɪròʊl] 图 [**給料支払い簿**]
- □ commission [kəmíʃən] 图 [**代理手数料，歩合**]
- □ income tax [**所得税**]
- □ deduct [dɪdʌ́kt] 動 [**（一定の金額）を差し引く，～を控除する**]

昇進

promotion
[prəmóuʃən]

昇進,（商品の）販売促進

　promotionには二つの違う意味 ①「**昇進**」と②「**(商品の)販売促進**(= sales promotion)」があり，どちらの意味もビジネスでは重要です。②の意味では「プロモーション」と日本語でも使われており，おなじみですね。

　動詞 promote はもともとは「～を促進する」で，そこから「～を昇進させる」や「～を宣伝販売する」の意味に発展しました。「…に昇進する」と述べる場合には，be promoted to ... と受身形となることに注意しましょう。

✧ ✧ ✧ ✧ ✧

Mike got a **promotion** to Sales Manager of the London office.
（マイクはロンドン営業所の販売部長に**昇進**した。）

まとめて覚えよう!

昇進に関する語句

「昇進する」はほかにも，advance や move up が使え，どれも重要です。I moved up in the company.「会社で昇進した。」や，求人広告で This position offers a great opportunity to advance.「この職には昇進のチャンスがある。」のように使われます。

- [ ] promote [prəmóut] 動 [～を促進する，～を昇進させる，～を宣伝販売する]
- [ ] get [receive] a promotion [昇進する]
- [ ] advance [ədvǽns] 動 [昇進する，進める]
- [ ] advancement [ədvǽnsmənt] 名 [昇進]
- [ ] move (...) up [昇進する，(…を)昇進させる]
- [ ] be passed over for promotion [昇進を見送られる]
- [ ] demote [dìːmóut] 動 [～を降格させる]
- [ ] demotion [dìːmóuʃən] 名 [左遷，降格]

辞職

resign [rizáin] (～を)辞職する

　自分の意志で仕事を辞めるときは，**resign** を使って resign from one's job「仕事を辞める」と言います。職名を入れるなら resign as ...「...の職を辞める」です。ほかに **quit** や **leave** もよく使われます。
　日本語で「リタイアする」と使われる retire は「定年などで退職する」ことです。すでに次の仕事が決まっていたり，再就職を考えているときには使えないので注意しましょう。

✦ ✦ ✦ ✦ ✦

He **resigned** as chairman of the pharmaceutical company.
(彼はその製薬会社の会長職を**辞任した**。)

まとめて覚えよう！
辞職・再就職に関する語句

- □ quit [kwɪt] 動 [～をやめる(*do*ing)，辞職する]
- □ step down [辞任する]
- □ retire [rɪtáɪər] 動 [(定年などで)退職する]
- □ letter of resignation [辞表]
- □ tender [téndər] 動 [～を正式に差し出す]
  　＊tender one's resignation 辞表を出す
- □ voluntary resignation [依願退職]
- □ severance pay [退職金，解雇手当]
- □ pension [pénʃən] 名 [年金] ＊corporate pension plan 企業年金制度
- □ job placement [就職あっせん]
- □ outplacement [áutplèɪsmənt] 名 [(他社への)再就職あっせん]

利率

interest rate — 金利, 利率

　「関心, 興味」の意味でおなじみの interest には「**金利, 利子, 利率**」という意味があり, この意味では不可算名詞です。利子は, 銀行など financial institution「金融機関」での deposit「預金」や borrowing, loan, debt「借入金」にかかります。「預金［ローン］の利子」は, interest **on** a deposit [loan] のように前置詞 on とともによく使われます。

❖ ❖ ❖ ❖ ❖

The **interest rate** on the loan is 3% per year.
(そのローンの**利率**は, 年3パーセントです。)

まとめて覚えよう！

利率に関する語句

「利率」は rate で，「**為替レート**」は exchange rate と言います。「外国為替市場」は foreign exchange market で，市場での currency「通貨」の価値の上昇や低下はそれぞれ appreciation や depreciation を使います。appreciation of the yen なら「円高」です。

- ☐ fixed interest rate [固定金利]
- ☐ floating interest rate [変動金利]
  * floating の代わりに adjustable や variable が使われることもあります。
- ☐ compound interest [複利]
- ☐ exchange rate [為替相場，為替レート]
- ☐ appreciation [əpriːʃíeɪʃən] 图 [価値の上昇，値上がり]
- ☐ depreciation [dɪpriːʃíeɪʃən] 图 [価値の下落]
- ☐ yield [jiːld] 图 [（作物などの）収穫高，（投資の）収益，利回り]

利益

● **make a profit**　利益を上げる

　profit は「利益」ですが，「**利益を上げる，もうけを出す**」は **make a profit** や **earn a profit**, **turn a profit** と言います。「純利益」は net profit で，net には「正味の」という意味があります。
　なお，「利益がいくらか」を計算するには，収入から支出を差し引きます。そうして得られた最終的な収支が，計算書の bottom line「一番下の行」に記入されます。このことから，bottom line には「最終的な収益 [最終損益]」や「結論」という意味があります。

❖ ❖ ❖ ❖ ❖

The company has continued to **make** steady **profits** over the years.
（その会社は何年にもわたって安定した**利益を上げ**続けている。）

まとめて覚えよう！

利益・損失に関する語句

- □ gain [geɪn] 名 [利益，増加]
- □ loss [lɔ(:)s] 名 [損失，損失額]
- □ bottom line [最終的な収益[損益]，結論，要点]
- □ margin [mάːrdʒɪn] 名 [利ざや，マージン]
- □ gross [groʊs] 形 [総計の] ＊gross profit 売上総利益
- □ net [net] 形 [正味の] ＊net profit 純利益
- □ go into the red [black] [赤字[黒字]になる]
- □ red ink [損失，赤字]
- □ deficit-ridden company [赤字[負債]に苦しむ会社]

会計

quarter
[kwɔ́ːrtər]

四半期

　quarter は「4分の1」ですが、**事業年度の1年間を4等分した各3か月間が quarter「四半期」**です。最初の3か月間が the first quarter「第1四半期」、それから the second quarter「第2四半期」、the third quarter「第3四半期」、the fourth quarter「第4四半期」と続きます。企業が決算をする1年間が **fiscal year「事業年度，会計年度」**ですが、この年度が始まる月は会社によってさまざまです。
　quarterはほかに、金額では25セント（1/4ドル）、時間では15分（1/4時間）を意味します。

❖ ❖ ❖ ❖ ❖

Our sales reached $560,000 in the first **quarter** of the current fiscal year.（今会計年度の第1**四半期**の売り上げは56万ドルに達した。）

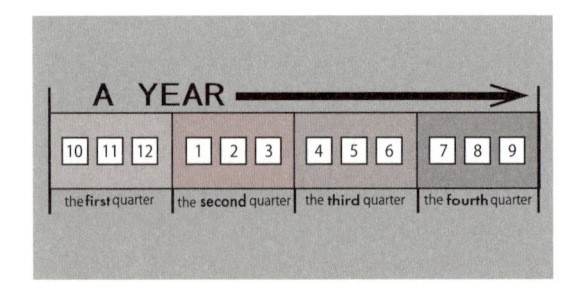

```
A YEAR ──────────────────▶
[10][11][12] [1][2][3] [4][5][6] [7][8][9]
the first quarter  the second quarter  the third quarter  the fourth quarter
```

まとめて覚えよう！

経営陣・予算に関する語句

　会計年度の予算は，経営陣が中心となって設定します。manage は「〜を経営［管理］する」という意味の動詞で，会社を直接経営するのが **management**「**経営陣**」です。

　株主は経営陣に利益追求を求め，経営陣は shareholder「株主」の利権を代表する取締役会によって監視されます。

- □ management [mǽnɪdʒmənt] 图 [経営陣，経営，管理]
- □ fiscal [fískəl] 形 [財政上の，会計の]
- □ accounting date [決算日]
- □ tight budget [厳しい予算]
- □ stretch the budget [予算を(節約して)長持ちさせて使う]
- □ budget constraint [予算制約，緊縮財政]
- □ itemized budget [項目別予算]

決算

- **annual report** 年次報告書

企業は年度末の決算にあたり，利益や損失など営業成績や財務状況などをまとめます。具体的には，財務諸表(損益計算書，貸借対照表，キャッシュフロー計算書など)を作るのです。これら**財務諸表を含め，総合的な情報をまとめた冊子**が，この**年次報告書**です。年に1度，事業年度終了後に株主や投資家などに対して配布されます。

❖ ❖ ❖ ❖ ❖

You can access the most recently published **annual report** on our website.（当社のウェブサイトで，最近発行された最新の**年次報告書**が見られます。）

まとめて覚えよう！

財務諸表に関する語句

- [ ] financial statement [財務諸表]
- [ ] profit-and-loss statement [損益計算書(=P/L)]
- [ ] balance sheet [貸借対照表，バランスシート(=B/S)]
- [ ] cash flow statement [キャッシュフロー計算書(=C/F)]
- [ ] annual general meeting [年次総会]

資産と負債に関する語句

- [ ] asset [ǽsèt] 名 [資産(-s)] ＊bad [toxic] assets 不良資産，不良債権
- [ ] liability [làɪəbíləṭi] 名 [負債，債務(-ties)]
- [ ] capital [kǽpəṭəl] 名 [資本(金)]

収支

balance [bǽləns] 差額，残高

　名詞 **balance** は「釣り合い」でおなじみですが，会計用語では「収支の釣り合い」，つまり「**収支残高，差引額**」という意味です。会社の資産と負債を左右に並べ，収支の釣り合いを一目でわかるようにしたものをバランスシート（貸借対照表）と呼ぶのも納得ですね。bank balance は「預金残高」です。

　outstanding balance は「負債の残高，未払い金」のことです。**outstanding** は形容詞で「目立った」ですが，ほかに「**未払いの**」や「**未解決の**」という意味もあります。業務を処理していくと「未払い」や「未解決」の案件が残って，それが「目立つ」ためだそうです。

✣ ✣ ✣ ✣ ✣

Please note that your outstanding **balance** is due at the end of the month.（お客さまの未払い**残金**は，今月末が支払い期日ですのでご注意ください。）

まとめて覚えよう！

収支の釣り合い，帳簿に関する語句

- □ break even [収支が合う]（= balance out）
- □ break-even point [損益分岐点]
- □ offset [ɔ́(ː)fsét] 動 [～を相殺する，差引勘定する]
- □ book [bʊk] 名 [帳簿，会計簿(-s)]
  - * keep the books 帳簿を付ける　* cook the books 帳簿をごまかす
- □ bookkeeping [bʊ́kkìːpɪŋ] 名 [簿記]
  - *「簿記」はこの英単語を音訳したもの。
- □ bookkeeper [bʊ́kkìːpər] 名 [帳簿係]
- □ ledger [lédʒər] 名 [元帳，台帳]
- □ outstanding balance [負債の残高，未払金]

商品

goods
[gʊdz]

商品, 品物

　「品物」を指すときに，「製品」と言えば **product** ですが，「商品」として見ることもできますので goods や merchandise も大変よく使われます。goods は，このまま -s が付いた形で「商品，品物」の意味です。**merchandise** は，集合的に商品を指す不可算名詞なので，決して**複数形にはなりません**。

　ほかにも，広く「もの」を指すことができる単語，item も「商品，品物」としてよく使われますので，覚えておきましょう。

* * * * *

The store sells a wide range of **goods** from cosmetics to clothes and wines.（その店は，化粧品から衣服やワインまで，さまざまな**商品**を売る。）

まとめて覚えよう！

商品に関する語句

　商品自体いろいろな分類ができます。consumer goods「消費財」とは，consumer「一般消費者」が自分で使うために買うもので，食料や自動車などを指します。また，自動車は「長持ちする」という別の観点から見ると durable goods「耐久消費財」でもあります。

- product [prá(:)dʌkt] 图 [製品]
- merchandise [mə́ːrtʃəndàɪz] 图 [商品]　＊不可算名詞。
- item [áɪtəm] 图 [(商)品，品物]
- article [áːrtɪkl] 图 [品物]　＊household articles 生活用品
- commodity [kəmá(:)dəti] 图 [必需品，日用品]
- textile product [織物[繊維]製品]
- household goods [家財道具，家庭用品]
- consumer goods [消費財]
- durable goods [耐久消費財]　＊自動車・冷蔵庫など。
- luxury goods [ぜいたく品]
- product recall [(欠陥)商品[製品]の回収]

宣伝

advertisement 広告
[ǽdvərtáɪzmənt]

「〜を広告[宣伝]をする」という意味の動詞は advertise ですが，では，この動詞の -ing 形である advertising と advertisement の違いは何でしょうか。**advertisement はポスターやパンフレット，映像など広告媒体そのもの**を指しますが，**advertising は「広告・宣伝をするその行為」**です。ですから，広告・宣伝を行う「広告会社」は advertising agency と言うのです。

「広告」は，advertisement を短くした ad もよく使われます。複数形は ads です。

✤ ✤ ✤ ✤ ✤

Our company put **advertisements** in all the major newspapers.
（私たちの会社は，大手新聞のすべてに**広告**を出した。）

まとめて覚えよう！

宣伝・広告に関する語句

　宣伝をするときは，target audience と呼ばれる「対象者」を想定し，主にその人たちをターゲットとして行われることがあります。The ad is aimed at women in their 20s.「その広告は20代の女性がターゲットだ」
　なお「20歳代」は，20歳，21歳，22歳…と複数あるので 20s と複数形になります。

- □ advertising agency [広告代理店]
- □ advertiser [ǽdvərtàɪzər] 名 [広告者，広告主]
- □ marketing [máːrkətɪŋ] 名 [マーケティング，市場での売買]
- □ target audience [宣伝活動の主な対象者]
- □ advertising effect [宣伝効果]
- □ put [place] an ad in the paper [新聞に広告を出す]
- □ billboard [bílbɔ̀ːrd] 名 [（屋外の）広告掲示板]
- □ media [míːdiə] 名 [マスコミ]
- □ press [pres] 名 [報道機関，報道陣]

販促物

brochure
[brouʃúər]

パンフレット，小冊子

主に宣伝用の「パンフレット」は brochure が大変よく使われます。商品のみならず会社自体の宣伝に使われる「会社案内」は，company brochure です。日本語にもなっている pamphlet でも OK ですが，こちらは宣伝用というより解説や読み物っぽい冊子に使われることが多いです。

brochure や **pamphlet** はともに**複数ページから成る小冊子で**，**1枚もののちらしは flyer**（flier とつづることもあります）です。leaflet は，冊子でも1枚ものにも使えます。

❖ ❖ ❖ ❖ ❖

We have recently printed the latest version of our company **brochure**.（最近，会社の**パンフレット**の最新版を刷った。）

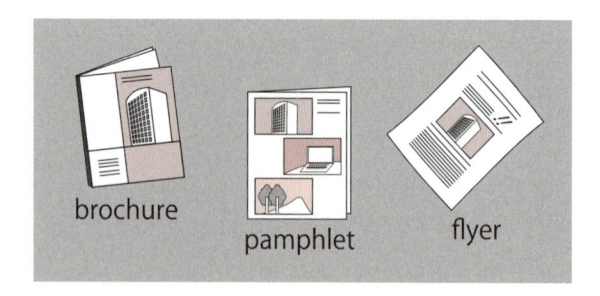

brochure　pamphlet　flyer

まとめて覚えよう！

パンフレット，チラシに関する語句

「パンフレット」としても使える意外な単語が literature です。「文学」の意味ではおなじみですが，「（広告・宣伝用の）印刷物」の意味もあります。**sales literature** は「**販売促進用の印刷物**」で，チラシやパンフレットはもちろん，雑誌などへの広告など広く使えます。ときどき Part 6，7 で出てきます。

☐ pamphlet [pǽmflət] 名 [パンフレット，小冊子]

☐ booklet [búklət] 名 [小冊子，パンフレット]

☐ leaflet [líːflət] 名 [（広告の）ちらし，リーフレット]

☐ flyer [fláɪər] 名 [ちらし，ビラ(=flier)]

☐ circular [sə́ːrkjʊlər] 名 [回覧(板)，（広告用の）ちらし]

☐ company brochure [会社案内]

☐ literature [líṭərətʃər] 名 [文学，（広告，ちらしなど)印刷物]

注文

place an order
注文する,発注する

　名詞 **order** は「**注文(品)**」ですが,これを使ったフレーズ「注文する」は place an order が大変よく使われます。order を動詞で使って「(品物)を(納入業者[店])に注文する」と言う場合は,〈order ＋品物＋ **from** ＋納入業者[店]〉と,from に注文先の店を続けます。

　なお order は,in alphabetical order「アルファベット順で」のように「順序」という意味や,「命令(する)」という意味も大切です。

✢ ✢ ✢ ✢ ✢

We are pleased to **place an order** for 100 of your TP-F computers.
(TP-F コンピューター100台を**注文します**。)

まとめて覚えよう！

発送に関する語句

　注文が入れば商品を発送します。さて，名詞 ship は「船」ですが，動詞では「**(商品)を発送する，出荷する**」という意味があります。船を使って商品を送るときだけではなく，列車，トラック，飛行機など何を使って送る場合でも使えます。

　同じく，shipment と名詞にすれば，「船積み」のほかに「**発送，発送品**」の意味でも使えます。

□ **ship** [ʃɪp] 動 [〜を発送する]

□ **shipment** [ʃípmənt] 名 [発送(品)，積荷，船積み]

□ **shipping date** [発送日，出荷日]

□ **deliver** [dɪlívər] 動 [〜を配達する]

□ **send ... in** [(主に郵送で)…を送付する]

請求書

invoice
[ínvɔɪs]

請求書

　invoice を辞書で引くと，よく「送り状」と出てきます。送り状とは，物を送るときにその内容を示した文書や，納入した商品のリストです。要は何かというと，ビジネスでは多くの場合，ズバリ「請求書」を指します。**bill**「**請求書**」と同じなのです。
　bill には動詞で「(人)に請求書を送る」という意味があることを覚えておきましょう。雑誌の購読申込書の支払い方法などを選ぶとき，
☐ Bill me.
をチェックすれば，「請求書を送ってください」という意味になります。

❋ ❋ ❋ ❋ ❋

For any questions regarding the **invoice**, please call our billing department.
(この**請求書**に関してのご質問は，当社の経理部に電話してください。)

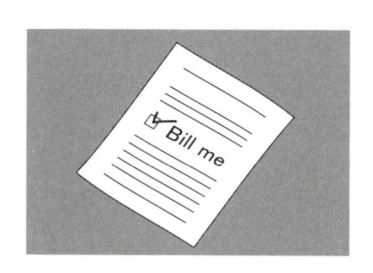

まとめて覚えよう！

請求書に関する語句

次に請求書上に記載される項目を示します。Part 7 で請求書や注文書が出題されることがあります。請求書と注文書は重なる項目が多いので，どの項目もわかるようにしておきましょう。

☐ bill [bɪl] 名 [請求書] 動 [〜に請求書を送る]

☐ order date [注文日]

☐ delivery date [配達日，納期]

☐ customer number [顧客番号]

☐ item number [商品番号，品目番号]

☐ description [dɪskrípʃən] 名 [商品名，（物品の）説明(書)]

☐ quantity [kwá(:)nṭəṭi] 名 [数量，量]

☐ unit [júːnɪt] 名 [一つの物，単位]

☐ subtotal [sʌ́btòuṭəl] 名 [小計]

☐ shipping and handling (charge) [送料および手数料 (=S&H)]

☐ tax [tæks] 名 [税(金)]

顧客

patron [péɪtrən] ひいき客, 得意客

　日本語では「art(芸術)の後援者」でおなじみのパトロンですが, 「(店やレストラン, ホテル, 劇場などの)ひいき客」も patron です。発音注意で, パトロンではなく[**ペイトラン**]。Part 1 のリスニングなどでも出ることがあるので, 聞いてもわかるようにしておきましょう。**regular customer** も「**常連客, 得意客**」です。

　「客」を意味する一般的な単語は customer ですが, ほかにもいろいろあります。主に弁護士など専門家や企業からサービスやアドバイスを受けるのが client で, guest は「招待客」, visitor は「訪問客」。「乗客」は passenger, 「食事をする客」は diner です。

❖ ❖ ❖ ❖ ❖

The restaurant offers **patrons** a fine dining experience in a relaxing atmosphere.
(そのレストランは, **客**にくつろいだ雰囲気の中で素晴らしい食体験を提供します。)

まとめて覚えよう！

客に関する語句

　同じ「観客」でも，コンサートや講演会など主に**音**が主体の観客は **audience** で，スポーツの試合など**見ること**が主体の場合は **spectator** です（audio は「音声の」の意味，spectacles「メガネ」のように spect は「見る」ことを表す語幹です）。なお，映画や演劇は音と見ることのどちらが主体か区別ははっきりできませんが，audience です。音の方が重要なのかも！？

- □ customer [kʌ́stəmər] 名 [顧客]
- □ client [klái ənt] 名 [依頼人，顧客，取引先]
- □ guest [gest] 名 [招待客]
- □ visitor [vízəṭər] 名 [訪問客]
- □ diner [dáinər] 名 [食事をする人[客]] ＊発音注意。
- □ audience [ɔ́ːdiəns] 名 [聴衆，（コンサートなどの）観客]
- □ spectator [spékteiṭər] 名 [見物人，（スポーツの試合などの）観衆]
- □ account [əkáunt] 名 [顧客，得意客]
  　＊主に顧客が個人でなく企業の場合に使われる。

不況

recession [riséʃən] (一時的)不景気

「不景気」と一口に言っても，一時的なものと長期間続くものがあります。「**一時的な不景気**」の意味の **recession** は，「休憩」を意味する recess から来ています。経済が休憩している状態なのだと考えれば，もうすぐ再活動し始めるのだと期待が持てますね。しかし，もっと長引いたら…。さらに深刻な「**長期にわたる不景気**」は **depression** です。〈de（下に）＋ press（押す）＋ ion（こと）〉で，「憂うつ」の意味もあります。

✦ ✦ ✦ ✦ ✦

The auto industry is one of the hardest hit by the **recession**.
(自動車産業は**不景気**の影響を最も強く受けているものの一つだ。)

まとめて覚えよう！

不況に関する語句

景気が悪くなると，unemployment rate「**失業率**」が上がります。jobless rate とも言います。一般に失業率と物価には一方が上がると他方が下がるという関係があります。つまり，失業率が下がると物価が上がり（inflation「インフレーション」），失業率が上がると物価が下がります（deflation「デフレーション」）。

- □ unemployment rate [失業率]
- □ depression [dɪpréʃən] 名 [（長期にわたる深刻な）不景気，うつ病]
- □ financial crisis [金融危機]
- □ outlook [áʊtlùk] 名 [見通し，眺望]
- □ in the foreseeable future [近い将来に]
- □ downturn [dáʊntə̀ːrn] 名 [（景気などの）下降，下落]
- □ downward spiral [（株価などの）大幅下落，下方スパイラル]
- □ plunge [plʌndʒ] 名 [（価値などの）急落] 動 [頭から突っ込む]
- □ plummet [plʌ́mɪt] 動 [真っすぐに落ちる，急落する] 名 [重り]

公共料金

> ● **utility bill**　公共料金（ガス，電気，水道など）の請求書

　utility は「有用，有益」の意味ですが，**utilities** と言えば私たちの生活に「**有用，有益**」な，**電気**，**ガス**，**上下水道**などを指します。このような公益事業を行う会社は，public utility や utility company と言います。ですから utility bill と言えば，ガスや電気，水道代などの請求書になるのです（なお，utility pole は「電柱」です）。

　この単語は，出てきたときに意味を知らないとまったく状況がわからなくなる場合があるので，ぜひ知っておいてほしい単語です。

✣ ✣ ✣ ✣ ✣

Andre can not afford to pay his **utility bills** this month.
（アンドレは今月，**公共料金**を払う余裕がない。）

まとめて覚えよう！

公共事業に関する語句

公益事業は，社会基盤であるインフラの整備に欠かせないものです。infrastructure「インフラ（ストラクチャー）」には，電気，水道，道路，railway「鉄道」，橋，dam「ダム」，通信などから，広義では病院，銀行なども含まれます。

- [ ] utilize [júːṭəlàɪz] 動 [～を利用する]
- [ ] electricity [ɪlèktrísəṭi] 名 [電気]
- [ ] natural gas [天然ガス] ＊gasだけだと一般に「ガソリン」。
- [ ] sewer [súːər] 名 [下水道，下水管] ＊発音注意。
- [ ] sewage [súːɪdʒ] 名 [下水] ＊発音注意。
- [ ] disposal [dɪspóʊzəl] 名 [処分，処理]
- [ ] landfill [lǽndfɪl] 名 [ごみ埋め立て（地）]
- [ ] wastewater [wéɪstwɔ̀ːṭər] 名 [（工場などからの）廃水]
- [ ] telecommunications [tèləkəmjùːnɪkéɪʃənz] 名 [電気通信，遠距離通信手段]

第3部　実戦 TOEIC 語彙

テーマ別の長文を読みながら，TOEIC に出題される語句を覚える章です。

人事　1 求人広告　🔊 2-2

> 求人広告では，仕事の内容，必要な資格や応募方法，どんなスキルが求められているかなどに注意しましょう。

Wanted: Sales Manager

PrintStar is seeking a sales manager. ❶**Reporting to** the Sales Director, this person ❷**is responsible for** leading the sales team in Singapore. The ❸**requirements** are a ❹**bachelor's degree** in business or an ❺**equivalent** ❻**qualification** and 5 years of sales management experience. Prior experience in the printing industry is ❼**preferred** but not ❽**required**. A detailed ❾**job description** is available upon request. We offer an excellent ❿**benefits package** and a competitive salary that is ⓫**commensurate** with experience. Interested ⓬**candidates**, please submit your ⓭**résumé** and ⓮**cover letter** to recruit@printstar.com.

＊＊＊＊＊＊＊＊＊

販売マネジャー求む

プリントスター社は，販売マネジャーを探しています。販売ディレクター直属となり，シンガポールの販売チームを率いていただきます。応募要件は，経営学の学士号か同等の資格を持ち，販売管理で5年の経験があることです。印刷業界での経験があれば好ましいですが，必須ではありません。職務の詳細を記した書類は請求により入手していただけます。充実した諸手当と，ほかに負けないほどの給与を経験に応じてお支払いします。興味のある候補者の方は，履歴書と添え状を recruit@printstar.com へ提出してください。

column　求人で report to ... は「…直属の」

　　report to ... は「…に報告する」ですが，求人では「…に直属する」という意味で使われ，to 以降に来るのがこの職の上司となります。TOEIC の Part 7 では，本文で〈report to ＋上司〉で書かれている部分を，設問で「この職の上司（boss, supervisor）は誰ですか」と尋ねるケースがあるので注意しましょう。

　　ほかに「…に自分が来たことを報告する」の意味も重要です。

（例）All visitors must **report to** the reception desk.「訪問者は受付に来ること。」

求人一般

=見出し語　=関連語句

- ❶ **report to ...** […に直属する]
- ❷ **be responsible for ...** […に責任がある，…の担当である]
- ❾ **job description** [職務記述書]
- ⓬ **candidate** [kǽndɪdèɪt] 名 [候補者]
- ⓭ **résumé** [rézəmèɪ] 名 [履歴書（=cv, curriculum vitae）]
- ⓮ **cover letter** [添え状，カバーレター]

- job interview [就職面接]　 job opening [仕事の口，求人]

必要の度合い

- ❸ **requirement** [rɪkwáɪərmənt] 名 [必要条件]
- ❼ **preferred** [prɪfə́ːrd] 形 [好ましい，優先の]
- ❽ **required** [rɪkwáɪərd] 形 [必要とされる]

- **must** [mʌst] 名 [不可欠のもの]
  * Fluency in English is a must. 堪能な英語力が必須です。
- **plus** [plʌs] 名 [利点] *Previous experience is a plus. 経験者の方を優遇致します。
- **desired** [dɪzáɪərd] 形 [望ましい]

業績・免状・資格

- ❹ **bachelor's degree** [学士号]
- ❺ **equivalent** [ɪkwívələnt] 形 [同等の] * be equivalent to ... …と同等である
- ❻ **qualification** [kwɑ̀(ː)lɪfɪkéɪʃən] 名 [資格，資格証明書]

- **certificate** [sərtífɪkət] 名 [証明書，免許状]
- **track record** [実績，業績]
- **hands-on** 形 [実践的な，実地の] * hands-on experience 実務経験

諸手当

- ❿ **benefits package** [諸手当（=fringe benefit）]
- ⓫ **commensurate** [kəménsərət] 形 [相応の，等しい]
  * be commensurate with ... …に相応の，ふさわしい

- **welfare** [wélfèər] 名 [福利厚生]　 **paid vacation** [有給休暇]
- **incentive** [ɪnséntɪv] 名 [報奨金，励みとなるもの]

人事 — 2 推薦状

職に応募するため，かつての上司に書いてもらった推薦状です。勤務時期，職種，推薦できる理由に注目しましょう。

> **❶ To Whom It May Concern,**
> Nancy Robinson worked under my direct **❷supervision** at Goldleaf for five years. Nancy was a **❸resourceful** and **❹solution-oriented** person with strong **❺interpersonal** skills. In our TERA promotion project, she proved to be an **❻exceptional** team leader and **❼led by example** in terms of exceeding sales targets. Without any **❽reservation**, I can recommend hiring Nancy Robinson for any **❾intermediate** or **❿senior** sales position. If you would like further information, please do not hesitate to contact me at 555-1207.
>
> ✱ ✱ ✱ ✱ ✱ ✱ ✱ ✱
>
> 担当者の方へ
> ナンシー・ロビンソンは5年間私の直属の部下としてゴールドリーフ社で働いていました。ナンシーは高い対人能力を持ち，機知に富んだ解決重視型の人間でした。当社のTERA販促プロジェクトでは，大変優れたチームリーダーであることを示し，自らが手本となって販売目標を超えました。無条件で，私はナンシー・ロビンソンを中・上級の販売職に雇うよう薦めることができます。さらに情報が必要な場合は，電話番号555-1207までご遠慮なくご連絡ください。

column 「推薦状」は letter of recommendation / letter of reference

かつての（または今の）部下や，その部下が応募する会社から，推薦状を求められることはよくあります。勤務態度や職歴を証明するためです。

推薦状を書くときは，会社のレターヘッドのある便箋を使います。相手の会社の誰あてにすればよいのか個人名も性別もわからない場合，「拝啓，～さまへ」に当たる部分は，To Whom It May Concern や Dear Sir or Madam のように書きます。

資質

■=見出し語　■=関連語句

- ❸ **resourceful** [rɪsɔ́ːrsfəl] 形 [機知に富んだ]
- ❹ **solution-oriented** 形 [解決重視型の]
  * ...-oriented …指向の，…を重視する
- ❺ **interpersonal** [ìntərpə́ːrsənəl] 形 [対人関係の]
  * interpersonal skills 対人能力
- ❻ **exceptional** [ɪksépʃənəl] 形 [特別優れた，例外的な]
- ❼ **lead by example** [自らが手本となって指導する]

- **self-starter** 名 [自発的に行動する人]
- **punctual** [pʌ́ŋktʃuəl] 形 [時間を守る]
- **motivated** [móʊṭəvèɪṭɪd] 形 [やる気のある]
- **proactive** [pròʊǽktɪv] 形 [積極的な]
- **fluent** [flúːənt] 形 [(言葉が)流暢な]
  * He is fluent [proficient] in French. 彼はフランス語が堪能だ。
- **proficient** [prəfíʃənt] 形 [熟達した，堪能な]
- **versatility** [vɜ̀ːrsətíləṭi] 名 [多才，使途の広さ]
- **persistence** [pərsístəns] 名 [粘り強さ]

推薦状

- ❶ **To Whom It May Concern** [担当者の方へ，関係者各位]
- ❷ **supervision** [sùːpərvíʒən] 名 [監督，指揮]
- ❽ **reservation** [rèzərvéɪʃən] 名 [条件を付けること，条件]
  * without reservation 無条件で，率直に
- ❾ **intermediate** [ìntərmíːdiət] 形 [中級の，中間の]
- ❿ **senior** [síːnjər] 形 [(役職・地位が)上位の，年上の]

- **letter of recommendation** [推薦状]
- **letter of reference** [推薦状，人物証明書]

人事 3 異動

🎤 2-4

📝 異動にあたって、今までの職場の部下にあてた引き継ぎのメモです。

Dear Tom,

I have been asked by our CEO to **①head** the new subsidiary in Perth. I understand this **②challenging** and **③demanding** **④position** to be an **⑤enormous** promotion **⑥professionally**. Yet, I feel a real loss at being transferred from our **⑦division**. It has been a **⑧privilege** working with you, and I **⑨truly** appreciate all your **⑩dedication** to our projects. I have requested you be **⑪promoted** to **⑫take my place**, and **⑬take over** our division. I wish you the best of luck.

✼ ✼ ✼ ✼ ✼ ✼ ✼ ✼

トムへ
CEO からパースの新子会社を率いるよう頼まれました。このやりがいがあって厳しい地位は、職業的には大きな昇進だと理解しています。しかし、私たちの部門から異動になるのは本当に寂しく感じます。あなたと一緒に仕事ができて光栄でしたし、プロジェクトへのあなたの献身を本当にありがたく思います。あなたが私の地位へと昇進して、当部門を引き継ぐよう頼んでおきました。幸運を祈ります。

職務

■=見出し語　■=関連語句

- ❶ **head** [hed] 動 [～を率いる，～の先頭に立つ]
- ❷ **challenging** [tʃǽlɪndʒɪŋ] 形 [やりがいのある]
- ❸ **demanding** [dɪmǽndɪŋ] 形 [大変な労力[能力]を要する，骨の折れる]
- ❹ **position** [pəzíʃən] 名 [地位，職]
- ❻ **professionally** [prəféʃənəli] 副 [職業的に，専門的に]

- **managerial** [mæ̀nədʒíəriəl] 形 [管理上の，経営上の]
  * managerial position 管理職
- **secretarial** [sèkrətéəriəl] 形 [秘書(官)の]
- **remunerative** [rɪmjúːnərət̬ɪv] 形 [十分に報酬のある]
- **rewarding** [rɪwɔ́ːrdɪŋ] 形 [やりがいのある，(する)価値がある]
- **backbreaking** [bǽkbrèɪkɪŋ] 形 [骨の折れる]
- **well-paid** 形 [給料のよい]
- **similar** [símələr] 形 [よく似た]
- **sedentary** [sédəntèri] 形 [いつも座っている]
  * sedentary job 座ってできる仕事
- **boring** [bɔ́ːrɪŋ] 形 [退屈な]
- **white-collar** 形 [ホワイトカラーの，事務系の]

異動・引き継ぎ

- ❼ **division** [dɪvíʒən] 名 [部門，課]
- ⓫ **promote** [prəmóʊt] 動 [～を昇進させる，～を宣伝販売する]
- ⓬ **take one's place** [(人)の後任となる]
- ⓭ **take ... over** [(職務など)を引き継ぐ]

- **undertake the job** [仕事を引き受ける]
- **successor** [səksésər] 名 [後任者，後継者]

その他

- ❺ **enormous** [ɪnɔ́ːrməs] 形 [巨大な，莫大な]
- ❽ **privilege** [prívəlɪdʒ] 名 [特権，特典，名誉]
- ❾ **truly** [trúːli] 副 [本当に，実に]
- ❿ **dedication** [dèdɪkéɪʃən] 名 [献身，専心]

人事 4 送別会

社員の送別会のお知らせです。在職中の功績を読み取りましょう。

We will hold a ❶**farewell party** for Alan Hill next Friday and express our ❷**gratitude** to him. Starting as a sales assistant, Alan is now our Vice President of Sales. His ❸**years of service** to the company have seen us grow internationally. Alan ❹**played a major role** in our regional expansion into Asia, and he has earned the ❺**Employee of the Year Award** twice. It's an honor to acknowledge his ❻**contributions** to the company. So please join us in ❼**congratulating** Alan and wishing him the best in his upcoming ❽**retirement**.

✦ ✦ ✦ ✦ ✦ ✦ ✦ ✦

来週の金曜日にアラン・ヒルの送別会を開き、私たちの感謝の気持ちを表します。セールスアシスタントとして仕事を始めたアランは、今や販売部長です。彼が勤務している期間に、会社は国際的に成長してきました。アランは、アジア地域への事業拡大に大きな役割を果たし、年間最優秀社員賞を2回獲得しました。アランの会社への貢献に敬意を表せるのは、光栄なことです。私たちと一緒にアランにお祝いを述べ、来るべき退職に際してご多幸を祈りましょう。

column　vice president は「部長」かも？

欧米では、各部門トップの title「肩書き」に vice president を付ける会社が少なからずあります。日本で言う「部長」ぐらいなので、一つの会社に複数の vice president がいることも珍しいことではありません。なお、社長に次ぐポストの「副社長」に当たるのは executive vice president です。

送別会

■=見出し語　■=関連語句

- ❶ **farewell party** [送別会]
- ❷ **gratitude** [grǽtət̬jùːd] 名 [感謝の気持ち]
- ❸ **years of service** [勤務年数，何年もの貢献]
- ❹ **play a major role** [(〜で)大きな役割を果たす(in)]
- ❻ **contribution** [kɑ̀(ː)ntrɪbjúːʃən] 名 [貢献，寄付，発言]
- ❼ **congratulate** [kəngrǽdʒəlèɪt] 動 [(人)にお祝いを述べる]
- ❽ **retirement** [rɪtáɪərmənt] 名 [(定年などによる)退職，引退]

- **congratulation** [kəngræ̀tʃuléɪʃən] 名 [祝いの言葉(-s)]
  * Congratulations on ...　…についておめでとう（Congratulations の最後の -s を忘れないように）
- **pleasure** [pléʒər] 名 [喜び，楽しさ]
- **welcome party** [歓迎会]

賞

- ❺ **Employee of the Year Award** [年間最優秀社員賞]

- **prize** [praɪz] 名 [賞，賞金，賞品] * cash prize 賞金
* award a prize 賞を与える
- **plaque** [plæk] 名 [(賞・記念の)盾]
- **nominate** [nɑ́(ː)mɪnèɪt] 動 [(人)を指名[推薦]する，〜を候補に挙げる]
- **nominee** [nɑ̀(ː)mɪníː] 名 [指名[推薦]された人]
- **recipient** [rɪsípiənt] 名 [受賞者，受取人，受領者]

5 招待状

新商品を発表するパーティーの招待状です。招待や返事を頼むときによく使われるフレーズに慣れましょう。

You are **❶cordially** invited to attend our **❷reception** to **❸showcase** the launch of our new SPIKE **❹line** of sportswear on Saturday, March 25th, from 2:00 p.m. to 6:00 p.m. at the Regent Hotel. Come and see our entire line of athletic fashions and accessories. Meet and talk with our designers and artists while enjoying the refreshments. There will be live **❺entertainment** and an open **❻buffet**. We would be honored by your **❼attendance**. Please **❽RSVP** by March 14th to Gayle Christopher at (745) 555-7676, extension 339.

✦ ✦ ✦ ✦ ✦ ✦ ✦ ✦

3月25日土曜日の午後2時から6時まで、リージェント・ホテルにて、当社のスポーツウェアであるSPIKEの新製品発売についてご紹介するレセプションに、謹んでご招待申し上げます。当社のアスレチック・ファッションとアクセサリー、全商品をご覧ください。軽食を楽しみながら、当社のデザイナーやアーティストと直接ご歓談ください。ライブの余興や自由に召し上がれるビュッフェをご用意してございます。ご参加いただければ光栄に存じます。3月14日までに (745) 555-7676、内線339番、ゲイル・クリストファーまでご出欠のお返事をください。

招待

- **❶ cordially** [kɔ́(:)rdʒəli] 副 [心から]
- **❼ attendance** [əténdəns] 名 [出席]
- **❽ RSVP** [ご返事ください]
  * フランス語 répondez s'il vous plaît より。

- invitation [ɪnvɪtéɪʃən] 名 [招待]
- venue [vénjuː] 名 [開催場所]
- sincerely [sɪnsíərli] 副 [心から, 誠実に]
- courteously [kə́ːrtiəsli] 副 [礼儀正しく, 丁寧に]
- hereby [hìərbáɪ] 副 [これによって]
  * You are hereby invited to a party. ここに, あなたをパーティーに招待いたします。

祝賀会・式典

- **❷ reception** [rɪsépʃən] 名 [レセプション, 歓迎会]
- **❺ entertainment** [èntərtéɪnmənt] 名 [余興, 娯楽]
- **❻ buffet** [bəféɪ] 名 [ビュッフェ, 立食]

- ceremony [sérəmòuni] 名 [式典]
- celebration [sèləbréɪʃən] 名 [祝賀, 祝賀会]
- gala [géɪlə] 名 [お祭り, 祝祭]
- toast [toust] 名 [乾杯]
  * make a toast 乾杯する
- banner [bǽnər] 名 [横断幕]
- snack [snæk] 名 [軽食, お菓子]
- light meal [軽い食事, 軽食]
- caterer [kéɪtərər] 名 [仕出し業者]

新商品展示

- **❸ showcase** [ʃóukèɪs] 動 [〜を披露する, 〜を展示する]
- **❹ line** [laɪn] 名 [取扱商品[品目]]
  * a new line of products (一連の) 新商品

- publicity [pʌblísəti] 名 [知れ渡ること, 公表]
- exhibition [èksɪbíʃən] 名 [展覧会, 展示会]

講演・パーティー 6 創立記念

創立記念パーティーでのあいさつです。会社が成長してきたプロセスが述べられます。保険関係の用語もチェックしましょう。

Ladies and gentlemen, Pioneer **❶Insurance** Company was originally established in the nearby rural town of Cornwall in 1899 by **❷farmers** wanting to **❸insure** their property. Pioneer Insurance was able to grow internationally due to our **❹founder's ❺philosophy** of a company dedicated to providing superior insurance **❻protection** and **❼caring** service at an affordable **❽premium**. This evening, we feel very much honored to welcome our distinguished guests to **❾commemorate** the **❿anniversary** of the **⓫founding** of our company. And here now is the great-granddaughter of our founder, Dr. Elizabeth Jackson.

❉ ❉ ❉ ❉ ❉ ❉ ❉ ❉

皆さま，パイオニア保険会社は元々，自分の資産に保険を掛けたい農場主たちによって，1899年にすぐ近くの田舎町，コーンウォールで設立されました。すぐれた保険による保護と思いやりのあるサービスを手ごろな掛け金で提供するよう力を尽くすという創業者の企業理念のおかげで，われわれは国際的に成長することができました。今晩，当社の創立記念日を祝うために著名なゲストを迎え，大変光栄に思います。今こちらにいらっしゃるのは，創立者のひ孫娘さんでいらっしゃるエリザベス・ジャクソン博士です。

会社設立

=見出し語　=関連語句

- ☐ ❹ **founder** [fáundər] 名 [創立者]
- ☐ ❺ **philosophy** [fəlá(:)səfi] 名 [哲学]
- ☐ ⓫ **founding** [fáundɪŋ] 名 [（組織・施設などの）創立，設立]

- ☐ **co-founder** 名 [共同創立者]

記念日を祝う

- ☐ ❾ **commemorate** [kəmémərèɪt] 動 [～を（儀式・祭典で）祝う，～を記念する]
- ☐ ❿ **anniversary** [æ̀nɪvə́:rsəri] 名 [（～周年）記念日，記念祭]

- ☐ **memorable** [mémərəbl] 形 [記憶すべき，記憶に残る]
- ☐ **unforgettable** [ʌ̀nfərgétəbl] 形 [忘れられない]
- ☐ **memorialize** [məmɔ́:riəlaɪz] 動 [～のために記念式を行う，～を記念する]

保険

- ☐ ❶ **insurance** [ɪnʃúərəns] 名 [保険]
- ☐ ❸ **insure** [ɪnʃúər] 動 [～に保険を掛ける]
- ☐ ❻ **protection** [prətékʃən] 名 [保護，防護]
- ☐ ❽ **premium** [prí:miəm] 名 [掛け金，保険料]

- ☐ **compensation** [kà(:)mpənséɪʃən] 名 [賠償，賠償金]
- ☐ **insurance policy** [保険契約（証書）]
- * take out [buy] an insurance policy 保険に加入する
- ☐ **coverage** [kʌ́vərɪdʒ] 名 [補償範囲，報道]
- ☐ **uninsured** [ʌ̀nɪnʃúərd] 形 [無保険の，保険に入っていない]
- ☐ **lost** [lɔ(:)st] 形 [紛失した]
- ☐ **stolen** [stóulən] 形 [盗まれた]
- ☐ **underwrite** [ʌ̀ndəráɪt] 動 [～の保険を引き受ける，～を承諾する]

その他

- ☐ ❷ **farmer** [fá:rmər] 名 [農場主，農家]
- ☐ ❼ **caring** [kéərɪŋ] 形 [思いやりのある，気遣う]

講演・パーティー 6 創立記念

7 基調講演

講演・パーティー

🎧 2-8

📝 司会者が講演者を紹介するときによく使われるフレーズに慣れましょう。

I would like at this point to introduce our ❶**keynote speaker**, a ❷**distinguished** ❸**scholar** and ❹**celebrated** ❺**author**, who we're very much delighted and honored to have here tonight. This is the last and I might say most-❻**noted** speaker in our lecture series, and I look forward to hearing your comments during the ❼**question-and-answer session** following Professor Yamamoto's ❽**presentation**. So without further delay, I would like to bring to the ❾**podium** and have you welcome Dr. Kenichi Yamamoto. Please extend a warm welcome to him.

✻ ✻ ✻ ✻ ✻ ✻ ✻ ✻ ✻

ここで，優れた学者であり，著名な作家でもある基調講演者を紹介したいと思います。今夜，この方をここへお迎えすることを大変喜ばしく，光栄に思っております。今回は，この連続講演の最後の講演者であり，また一番有名な講演者と申し上げてよいかと思います。山本教授のプレゼンテーション後には質疑応答の時間がございますので，皆さまからのコメントを伺うのを楽しみにしております。では，これ以上お待たせすることなく，山本健一博士に演壇にご登場いただき，皆さまに迎えていただきたく思います。どうぞ，温かい歓迎をお願いいたします。

講演

- ❼ **question-and-answer session** [質疑応答(の時間)]
- ❽ **presentation** [prèzəntéɪʃən] 名 [口頭発表, プレゼンテーション, 授与]
- ❾ **podium** [póudiəm] 名 [演壇]

- **presenter** [prɪzéntər] 名 [発表者]
- **first of all** [まず第一に, そもそも]
- **in conclusion** [結論として, (スピーチなどの)最後に]
- **concise** [kənsáɪs] 形 [(言葉・文体が)簡潔な]

講演者

- ❶ **keynote speaker** [基調講演者] ※「基調演説」は keynote speech。
- ❸ **scholar** [skɑ́(:)lər] 名 [学者] ※主に人文系の学者を指す。
- ❺ **author** [ɔ́:θər] 名 [著者]

- **novelist** [nɑ́(:)vəlɪst] 名 [小説家]
- **economist** [ɪkɑ́(:)nəmɪst] 名 [経済学者]
- **athlete** [ǽθli:t] 名 [スポーツ選手]
- **film director** [映画監督]

「有名な」を表す語句

- ❷ **distinguished** [dɪstíŋgwɪʃt] 形 [優れた, 有名な, 顕著な]
- ❹ **celebrated** [séləbrèɪṭɪd] 形 [有名な]
- ❻ **noted** [nóuṭɪd] 形 [著名な]

- **well-known** 形 [よく知られている, (〜で)有名な]
- **renowned** [rɪnáund] 形 [有名な]
- **notable** [nóuṭəbl] 形 [注目すべき, 有名な] ※ notable scholar 著名な学者
- **accomplished** [əkɑ́(:)mplɪʃt] 形 [その道に秀でた, 熟達した]
- ※ accomplished pianist 熟達したピアニスト
- **infamous** [ínfəməs] 形 [悪名高い, 不名誉な]

8 講習会

1日集中講習会のお知らせです。目的や対象者に注意して読みましょう。

The purpose of the one-day intensive ❶**workshop** is to ❷**familiarize** participants with our software system. The ❸**on-site** training session will be conducted by our ❹**in-house** computer staff. This workshop is extremely ❺**informative** and attendance is ❻**mandatory** for all new ❼**recruits**. We encourage everyone in all departments to attend in order to stay up-to-date with the changes and improvements in ❽**data management**. By the end of this training, participants will be aware of all aspects of our service delivery and ❾**quality control**.

✽ ✽ ✽ ✽ ✽ ✽ ✽ ✽

この1日集中講習会の目的は，参加者に当社のソフトウエアシステムに慣れてもらうことです。実地訓練は社内のコンピュータースタッフによって行われます。講習会は大変有益で，新入社員全員に参加義務があります。データ管理の変更や改良について最新の状態にしておくために，事業部門を問わず全員の参加をお勧めします。講習会が終わるまでには，参加者は当社のサービス提供と品質管理のあらゆる面がわかるようになります。

講習会・研修関連

■=見出し語　■=関連語句

- ❶ **workshop** [wə́ːrkʃà(ː)p] 名 [講習会]
- ❷ **familiarize** [fəmíljəràɪz] 動 [〜を慣れさせる，〜を習熟させる]
- ❸ **on-site** 形 [現場での，現地での]
- ❺ **informative** [ɪnfɔ́ːrmətɪv] 形 [知識を与える，有益な]
- ❽ **data management** [データ管理]
- ❾ **quality control** [品質管理(=QC)]

- **first aid** [(急病・けが人に対する)救急処置]
- **thought-provoking** 形 [考えさせられる(ような)]
- **enlightening** [ɪnláɪtənɪŋ] 形 [啓発的な]

新入社員・研修生

- ❼ **recruit** [rɪkrúːt] 名 [新入社員，新会員]

- **newly-hired employee** [新入社員]
- **intern** [íntəːrn] 名 [インターン]　＊在学中に企業で実務研修をする学生。
- **trainee** [treɪníː] 名 [研修生，訓練を受けている人]
- **apprentice** [əpréntɪs] 名 [見習い，実習生]
- **probation** [proʊbéɪʃən] 名 [見習い期間]　＊ work on probation 仮採用で働く
- **graduate** [ɡrǽdʒuət] 名 [卒業生，学士]
- **undergraduate** [ʌ̀ndərɡrǽdʒuət] 名 [(大学の)学部生]
- **acquaintance** [əkwéɪntəns] 名 [知人，知っていること]

「義務的・必須」を表す語句

- ❻ **mandatory** [mǽndətɔ̀ːri] 形 [義務的な，強制的な]
  ＊ mandatory education 義務教育

- **compulsory** [kəmpʌ́lsəri] 形 [強制的な，義務的な]
- **obligatory** [əblíɡətɔ̀ːri] 形 [義務的な，必須の]

「社内」を表す語句

- ❹ **in-house** 形 [社内の]

- **internal** [ɪntə́ːrnəl] 形 [内部の]　＊ internal memo 社内メモ
- **interdepartmental** [ìntərdìːpɑːrtméntəl] 形 [部門間の]
- **interoffice** [ìntəráː(ː)fəs] 形 [各部局間の，支店間の]

会議・電話・ネット

9 会議の連絡

2-10

📝 会議の議題について事前に知らせて，会議への準備を求めます。

The monthly meeting has been rescheduled for June 3rd in ❶**Conference** Room 2. The agenda will still include a discussion of the sales report ❷**passed out** last week. The report contains several ❸**charts** on our sales from last quarter. Please review it beforehand to allow you to make contributions in a ❹**constructive** manner. Before the meeting, Susan will discuss the latest ❺**market trends** using various ❻**visual aids**. We apologize for this ❼**last-minute** change. Please ❽**keep in mind** that we cannot allow ❾**latecomers**.

✣ ✣ ✣ ✣ ✣ ✣ ✣ ✣

月例会は6月3日，第2会議室に変更となりました。協議事項には，先週配布された販売報告書についての話し合いが変わらず含まれています。報告書には前四半期の売り上げについて，いくつか図表が入っています。建設的な提案ができるように，前もって見ておいてください。会議の前に，スーザンが多くの視覚資料を使って最新の市場動向について話をします。変更がぎりぎりになり申し訳ありません。遅刻は厳禁ですので留意してください。

「会議」を表す語句

- ❶ **conference** [ká(:)nfərəns] 名 [会議]

- **convention** [kənvénʃən] 名 [(専門性のある)大会議, 大会]
- **symposium** [sɪmpóuziəm] 名 [討論会, シンポジウム]
- **press conference** [記者会見(=news conference)]
- **conference call** [電話会議]

会議関連

- ❷ **pass ... out** […を配る]
- ❹ **constructive** [kənstrʌ́ktɪv] 形 [建設的な]
- ❺ **market trend** [市場動向]
- ❼ **last-minute** 形 [土壇場の, ぎりぎりの時間の]
- ❽ **keep ... in mind** […を心に留めておく, …を覚えておく]
- ❾ **latecomer** [léɪtkʌ̀mər] 名 [遅刻者]

- **convene** [kənvíːn] 動 [(会や人)を召集する]
 * convene a meeting 会議を開く [召集する]
- **break** [breɪk] 名 [休憩, 小休止] * take a break 休憩する
- **resume** [rɪzjúːm] 動 [～を再開する]
 * resume the meeting 会議を再開する
- **unanimously** [junǽnɪməsli] 副 [満場一致で]

視覚資料

- ❸ **chart** [tʃɑːrt] 名 [図表, 図, グラフ]
- ❻ **visual aid** [視覚資料]

- **axis** [ǽksɪs] 名 [軸, 軸線]
- **horizontal** [hɔ̀ːrəzá(:)nt̬əl] 形 [水平の]
- **vertical** [vɚ́ːrt̬ɪkəl] 形 [垂直の]
- **represent** [rèprɪzént] 動 [～を表す, ～を代表する]
 * The horizontal axis represents time. 横軸は時間を表す。
- **arrow** [ǽrou] 名 [矢印]

343

会議・電話・ネット

10 留守電

🔊 2-11

📝 休業中の留守電メッセージです。営業日や時間など，いつなら開いているのかに注意しましょう。

Thank you for calling Winnamac. We're sorry, but our office is currently closed. Our regular ❶**business hours** are 9 to 8, Monday to Friday, and 10 to 6, Saturday and Sunday. If you are calling ❷**with reference to** a specific order, please visit our website at winnamac.com for further ❸**assistance**. ❹**Alternatively**, you may ❺**leave a message** when you hear the ❻**beep** at the end of this recording, and one of our representatives will ❼**return your call** on the next ❽**business day**. We appreciate your patronage at Winnamac.

✢ ✢ ✢ ✢ ✢ ✢ ✢ ✢ ✢

ウィナマック社にお電話いただきありがとうございます。申し訳ございませんが，当事務所は現在，閉まっています。通常の業務時間は，月曜日から金曜日が9時から8時まで，土曜日と日曜日は10時から6時までです。特定の注文に対するお問い合わせのお電話でしたら，当社のウェブサイト winnamac.com をご覧いただければさらにお役に立てると思います。あるいは，この音声の最後にビーッと鳴ったらメッセージを残していただくこともできます。翌営業日に担当の者から折り返しお電話いたします。ウィナマック社をご愛顧いただき，誠にありがとうございます。

---

column 電話番号の読み方

電話番号の数字は一つ一つ読みますが，次の2点に注意が必要です。❶数字の0（ゼロ）には，zero [zíərou] と o(h) [ou] の2通りの読み方があります。❷同じ数字が二つ続く場合，〈double＋数字〉と読む場合があります。"55" なら "double five" とも読まれます。これは映画『007』が "double-oh-seven" と読まれるのと同じです。

電話

=見出し語　　=関連語句

- ❺ leave a message [伝言を残す]
- ❻ beep [biːp] 名 [ビーッという音]
- ❼ return one's call [～に折り返し電話をする]

- call in sick [病気で休むと電話する]
- take a message [伝言を受ける]
- call back [後で電話する]
- hang up [電話を切る，受話器を置く]
- be put on hold [電話で待たされる]
- telephone directory [電話帳]
- area code [市外局番]
- answering machine [留守番電話]
- dial tone [発信音]
- toll-free 形 [通話料[通行料]のいらない，無料の]
* toll-free number 通話料無料の電話番号

業務日時

- ❼ business hours [業務時間，営業時間]
- ❽ business day [営業日，業務日]

- working day [仕事日，就業日]
- opening time [開店時間]
- closing time [閉店時間]

その他

- ❷ with reference to ... […に関して]
- ❸ assistance [əsístəns] 名 [手伝うこと，援助]
- ❹ alternatively [ɔːltɚ́ːrnətɪvli] 副 [あるいは(=instead)]

会議・電話・ネット

11 インターネット 🔊 2-12

📝 社内連絡でメールの利用に注意を促しています。やや専門的な用語もありますが，意味がわかるようにしておきましょう。

Our company supports a healthy online community for both our customers and employees. Our ❶**website** is carefully ❷**monitored** to encourage Internet sales and discourage ❸**cyber** ❹**criminals**. We maintain a sophisticated ❺**firewall** to prevent any ❻**malicious** attacks on our ❼**software** and ❽**hardware**. But we need your help too. Please do not open any unknown e-mail attachment unless you recognize the ❾**sender**. Doing so could ❿**infect** your computer with a ⓫**virus**, which could then ⓬**take over** your computer. Also, please be sure to ⓭**download** software from ⓮**trusted** websites only.

＊ ＊ ＊ ＊ ＊ ＊ ＊ ＊ ＊

当社は，顧客と従業員両方の健全なオンライン・コミュニティーを支持します。インターネット販売を促進しサイバー犯罪を阻止するため，当社のウェブサイトは注意深く監視されています。当社のソフトウエアとハードウエアへの悪意ある攻撃を防ぐため，高度なファイアウォールを保持しています。しかし，皆さんの助力も必要です。送信者が誰だかわからない場合は，不明なメールの添付ファイルを開かないでください。開いてしまうと皆さんのコンピューターがウイルスに感染し，乗っ取られる可能性があります。また，必ず信頼できるウェブサイトからだけソフトウエアをダウンロードするようにしてください。

---

column　**homepage と website**

　日本語の「ホームページ」は，インターネット上のサイトをひとくくりに指すことが多いようです。しかし，実は英語で homepage (= home page) とは各サイトの最初のページ，つまりトップページのことしか指しません。単語 website であれば，ネット上に情報を載せたどのサイトのページでも指すことができます。

インターネット

■=見出し語　■=関連語句

- ❶ **website** [wébsàɪt] 名 [（ネット上の）ウェブサイト]
- ❸ **cyber** [sáɪbər] 形 [サイバースペースに関係した]
- ❺ **firewall** [fáɪərwɔ̀:l] 名 [（ネット接続されたLANを不正アクセスから守る）ファイアウォール]
- ❾ **sender** [séndər] 名 [送信者，発送人]
- ⓭ **download** [dáʊnlòʊd] 動 [～をダウンロードする]

コンピューター

- ❷ **monitor** [má(:)nətər] 動 [～を監視する] 名 [モニター，ディスプレー]
- ❼ **software** [sɔ́(:)ftwèər] 名 [ソフトウエア]
- ❽ **hardware** [há:rdwèər] 名 [ハードウエア]
  * コンピューターの機械装置，機器。
- ⓮ **trusted** [trʌ́stɪd] 形 [信頼できる]

- **peripheral** [pərífərəl] 名 [（コンピューターにつなぐ）周辺装置]

コンピューターの不具合

- ❿ **infect** [ɪnfékt] 動 [～に感染させる，～に伝染する]
- ⓫ **virus** [váɪərəs] 名 [ウイルス] *発音注意。
- ⓬ **take ... over** […を乗っ取る]

- **glitch** [glɪtʃ] 名 [（機械などの）ちょっとした故障，欠陥]
  * a software glitch ソフトウエアの不具合
- **bug** [bʌɡ] 名 [虫，コンピューターのプログラムの誤り，欠陥]

犯罪

- ❹ **criminal** [krímɪnəl] 名 [犯人]
- ❻ **malicious** [məlíʃəs] 形 [悪意のある]

- **vulnerability** [vʌ̀lnərəbíləṭi] 名 [傷つきやすさ，脆弱性]
- **hacker** [hǽkər] 名 [（コンピューター）ハッカー]
- **identity theft** [なりすまし犯罪，個人情報の盗難]

12 問い合わせ

発注・取引　2-13

資料請求と取引条件の問い合わせの手紙です。

Dear Spicefield ❶**Wholesalers**,

I ❷**own** an online health-food store, selling a ❸**vast** range of goods for ❹**health-conscious** consumers. I saw your advertisement in the current issue of *Organics* magazine, and I am interested in becoming a ❺**distributor** of your products. Could you please send me a ❻**catalog**, a ❼**price list**, and some samples of your products? I'd also like to know the ❽**terms and conditions** on which you would supply my business. For example, do you have any ❾**minimum order** requirements?
I hope we can ❿**do business**.

✽ ✽ ✽ ✽ ✽ ✽ ✽ ✽

スパイスフィールド卸売店さまへ
私はオンラインで健康食品店を営んでおり，健康志向の消費者のためにさまざまな商品を販売しています。『オーガニックス』誌の最新号で広告を拝見し，御社の商品の販売代理店になることに興味を抱きました。カタログと価格表，御社の商品サンプルをいくつか送っていただけますでしょうか。また，弊社への商品供給に関する取引条件も知らせてください。例えば，最低発注量を決めていらっしゃいますか。
お取引できることを願っております。

column 「会社を経営する」の言い方

「会社を経営する，運営する」を run a company と覚えている人が多いと思いますが，own a company や manage a company，operate a company のような言い方もあります。ビジネスシーンが中心の TOEIC，ぜひ，いろいろな言い方を知っておきましょう。

条件

- **❽ terms and conditions** [取引条件]
  * term, condition ともに「条件」という意味。

- conditional [kəndíʃənəl] 形 [条件付きの]
- violation [vàɪəléɪʃən] 名 [違反] * violation of a contract 契約違反

要求・問い合わせ内容

- **❻ catalog** [kǽṭəlɔ̀(ː)g] 名 [カタログ]
- **❼ price list** [価格表]
- **❾ minimum order** [最低発注量]

- shipping cost [送料]
- handling cost [取扱手数料]
- policy [pá(ː)ləsi] 名 [方針] * return policy 返品の規定，返品条件
- volume discount [数量割引]
- in bulk [大量に] * buy in bulk [quantity] 大量に買う
- quantity [kwá(ː)nṭəti] 名 [量，数量]

業者・販売店

- **❶ wholesaler** [hóulsèɪlər] 名 [卸売業者] *「小売業者」は retailer。
- **❺ distributor** [dɪstríbjuṭər] 名 [販売代理店，販売者]
- **❿ do business** [商売する，(…と)取引する(with)]

- solo [sóulou] 形 [単独の，独奏の] * a solo distributor 独占販売業者
- authorized [ɔ́ːθəràɪzd] 形 [認可された，権限を与えられた]
- dealer [díːlər] 名 [販売人，取扱業者]

その他

- **❷ own** [oun] 動 [〜を所有する]
- **❸ vast** [væst] 形 [広大な，莫大な]
- **❹ health-conscious** 形 [健康を意識した，健康志向の]

発注・取引 | 13 受注

📝 注文に対して，在庫がないのですぐに納入できないことを伝える文書です。

Thank you for your order ❶**dated** July 15th, for one PA22 Printer and one LR-Scanner. The printer is ❷**in stock** and was shipped today by ❸**courier**. ❹**Unfortunately**, however, the scanner is currently ❺**out of stock**. This item will be ❻**restocked** by the end of the month. If you would like to ❼**cancel your order** for the scanner, please send us a ❽**note** ❾**to that effect**. Otherwise, you can expect delivery in approximately two weeks. We apologize for the delay and appreciate your continued ❿**patronage**.

✽ ✽ ✽ ✽ ✽ ✽ ✽ ✽

7月15日付け PA22プリンター1台，LRスキャナー1台のご注文をいただき，ありがとうございます。ご注文のプリンターは在庫があり，本日宅配便で発送しました。しかし，残念ながらスキャナーは現在品切れでございます。この商品は今月末までに再入荷されます。もしスキャナーのご注文を取り消しされる場合は，その旨の短い手紙を送ってください。ご注文を取り消されない場合，配達は約2週間後と見込まれます。配達の遅れをおわびするとともに，変わらぬご愛顧を感謝いたします。

---

column　give an order とは？

　order には「注文」以外に「命令」という意味があります。ですから，give an order と言えば，「注文を出す」と「命令を出す」両方の意味が考えられます。このような場合は，文脈から判断する必要があります。ほかにも，名詞 call には「電話の呼び出し」や「訪問」があり，get a call は「訪問を受ける」と「電話がある」両方の可能性があります。

在庫

- ❷ **in stock** [在庫の]
- ❹ **unfortunately** [ʌnfɔ́ːrtʃənətli] 副 [あいにく，不運にも]
- ❺ **out of stock** [品切れで]
- ❻ **restock** [riːstɑ́(ː)k] 動 [～を再び仕入れる，～を補充する]

- **regrettably** [rɪɡrétəbli] 副 [残念なことには]
- **back order** [(在庫がないため)取り寄せ注文[する]，入荷待ち]
- **discontinue** [dɪskəntínjuː] 動 [～を停止[中止]する]
  * The item was discontinued. その品は製造中止になりました。

注文関係

- ❶ **dated** [déɪṭɪd] 形 [日付のある]
- ❼ **cancel an order** [注文を取り消す]
- ❽ **note** [noʊt] 名 [短い手紙，覚書，メモ]
- ❾ **to that effect** [その趣旨の，その旨]
- ❿ **patronage** [péɪtrənɪdʒ] 名 [(店などへの)愛顧，ひいき]

- **fill an order** [注文に応じる，注文を満たす]
- **customer loyalty** [(会社への)顧客の支持，客のひいき]

配達・配送（方法）など

- ❸ **courier** [kɔ́ːriər] 名 [宅配業者]

- **deliver** [dɪlívər] 動 [～を配達する]
- **tracking number** [追跡番号]
- **by mail** [郵送で]
- **by express mail** [速達郵便で]
- **by overnight mail** [翌日配達郵便で]
- **by registered mail** [郵便為替で，書留郵便で]
- **by truck** [トラック(運送)で]
- **by air** [飛行機で，航空便で]
- **by ship** [船で，船便で]
- **under separate cover** [別便で]

発注・取引 **13** 受注

発注・取引 14 催促状 🔊 2-15

📝 期限が過ぎた請求書の支払いを求める文書です。催促状は「思い出させる (remind) 文書」なので，reminder と言います。なお，1行目の#マークは「番，番号」です。

This is a reminder that payment for invoice #890549 is currently overdue. Please remember that our ❶**agreed-upon** terms include ❷**payment** within 30 days of invoice date. If you do not wish to have your line of ❸**credit** affected, please ❹**remit** the total payment ❺**upon receipt of** this reminder by express mail. As your contract indicates, we will ❻**charge** a ❼**late fee** of $50 plus a ❽**surcharge** of 5% for any outstanding balance after 60 days. If your payment has already been sent to us, please ❾**disregard** this notice.

✤ ✤ ✤ ✤ ✤ ✤ ✤ ✤

本状は，請求書890549番のお支払期限が現在，過ぎていることをお知らせするものです。合意条件には請求書の日付から30日以内にお支払いいただくことが含まれることをご確認願います。貴社の信用枠に影響がないようお望みでしたら，このお知らせを受け取り次第，速達にて全額を送金してください。契約書にございますように，60日を過ぎると延滞料50ドルと未払い残金の5％に当たる追加料金を請求いたします。もしすでにお支払いいただいている場合は，この通知は無視してください。

---

column　on receipt of ...「…を受け取り次第」

　on [upon] ... には「…と同時に，…するとすぐ」の意味があり，〈on ＋名詞〉や on [upon] doing の形でよく使われます。
(例) On receiving the fax「ファックスを受け取り次第」
　これを使った TOEIC でよく出てくるフレーズを紹介しましょう。
・on request「要求あり次第」
・on completion of ...「…が完成するとすぐ，…の完了次第」
・upon receipt of this notice「この通知を受け取り次第」

支払い

- ❶ **agreed-upon** 形 [合意した，承諾済みの]
- ❷ **payment** [péɪmənt] 名 [支払い]
- ❹ **remit** [rɪmít] 動 [～を送金する]
- ❺ **upon receipt of ...** […を受け取り次第]
- ❻ **charge** [tʃɑːrdʒ] 動 [(代金)を請求する] 名 [料金]
- ❼ **late fee** [延滞料金]
- ❽ **surcharge** [sə́ːrtʃɑ̀ːrdʒ] 名 [追加料金]

- **remittance** [rɪmítəns] 名 [送金，送金額]
- **cost** [kɔːst] 動 [(物が)～の値段である]
- **billing** [bílɪŋ] 名 [請求書の作成発行]
- ＊ the billing department 請求書担当部門，経理部
- **terms of payment** [支払条件]

支払方法

- **pay by money order** [郵便為替で払う]
- **pay cash on delivery** [代金引換で払う (=COD)]
- **pay in cash** [現金で払う]
- **pay by check** [小切手で払う]
- **pay by bank transfer** [銀行振込で払う]
- **to be determined** [別途打ち合わせ (=to be discussed)]

その他

- ❸ **credit** [krédət] 名 [信用，信頼]
- ＊ line of credit 信用枠，クレジットライン（融資限度枠のこと）
- ❾ **disregard** [dìsrɪɡɑ́ːrd] 動 [～を無視する，～に注意を払わない]

発注・取引 — 15 クレーム　2-16

受け取った商品に欠陥があり，代替品を送ってくれるよう業者に連絡します。

Dear Customer Service Representative: We received the merchandise today, which was sent to us ❶**via** courier. Upon ❷**unpacking** our shipment, we found that 7 of the 50 glass ❸**vases** were either ❹**broken** or ❺**cracked**. Attached are photos of the ❻**damaged** items ❼**for your reference**. We assume that they were damaged in ❽**transit** or due to insufficient ❾**packaging**. ❿**In addition**, a tablecloth (item number 255) was ⓫**missing**. Please send the 7 vase replacements and the missing item ⓬**no later than** May 10th.

✣ ✣ ✣ ✣ ✣ ✣ ✣ ✣ ✣

カスタマー・サービス担当の方へ　本日，宅配業者から商品を受け取りました。荷物を開けたところ，50個のガラス製花瓶のうち7個が壊れたり，ひびが入ったりしていました。ご参考に，破損品の写真を添付します。輸送または不十分な梱包のために破損したのだと思います。加えて，商品番号255番のテーブルクロスが入っていませんでした。花瓶7個の代替品と不足品を5月10日までに送ってください。

---

column　商品への「クレーム」は complaint

サービスや受け取った商品に欠陥があったときは，まず「クレームを言う」ことになりますが，この場合の「クレーム」は普通，claim でなく complaint「苦情」を使い，make a complaint と言います。

英語で claim は「主張」や「(当然の権利としての) 要求，請求」で，a claim for compensation「賠償要求」のように使われます。

発送

=見出し語　　=関連語句

- ☐ **❶ via** [váɪə] 前 [〜の手段で，〜経由で]
  * via fax ファクスで　* via Paris パリ経由で
- ☐ **❷ unpack** [ʌnpǽk] 動 [（包み・スーツケースなど）の中身を出す]
- ☐ **❽ transit** [trǽnsət] 名 [運送，通過]
  * in transit 輸送中に，（乗り物の）乗り継ぎで
- ☐ **❾ packaging** [pǽkɪdʒɪŋ] 名 [梱包，包装，荷造り]
- ☐ **⓬ no later than ...** […よりも遅れることなく，…までに]

- ☐ **pack** [pæk] 動 [〜を梱包する]

欠陥

- ☐ **❹ broken** [bróʊkən] 形 [壊れた，割れた]
- ☐ **❺ cracked** [krækt] 形 [ひびの入った]
- ☐ **❻ damaged** [dǽmɪdʒd] 形 [損傷を受けた]
- ☐ **⓫ missing** [mísɪŋ] 形 [あるべき所にない，紛失した]
  * missing item 不足品

- ☐ **excess item** [過剰な品]
- ☐ **chipped** [tʃɪpt] 形 [（縁などが）欠けた]
- ☐ **discolored** [dɪskʌ́lərd] 形 [変色した]
- ☐ **flaw** [flɔː] 名 [きず，欠陥，欠点]
- ☐ **fault** [fɔːlt] 名 [欠陥，誤り，（過失の）責任]

その他

- ☐ **❸ vase** [veɪs] 名 [花瓶]
- ☐ **❼ for your reference** [ご参考まで(に)]
  *省略形は FYR。
- ☐ **❿ in addition** [加えて，さらに]

- ☐ **file** [faɪl] 動 [（申請書など）を提出する]
  * file a complaint 苦情を申し立てる
- ☐ **token** [tóʊkən] 名 [しるし，記念品]
  * as a token of apology おわびのしるしとして

発注・取引 16 保証書 🔊 2-17

📝 商品に付いている保証書を読みます。保証書は少々堅い文言が並びますが、内容を整理しながら読みましょう。

BowenTec ❶**warrants** to the original ❷**purchaser** that this product, under normal use, will ❸**be free from** ❹**defects** in material or ❺**workmanship** for one year from the ❻**date of purchase**. If the product becomes defective within the ❼**duration** of the ❽**warranty** period, BowenTec will repair the product at no charge using ❾**reconditioned** components or ❿**parts**, or offer a new replacement product. Items will also be shipped ⓫**free of charge**. Terms and conditions of this warranty policy are subject to change without notice.

✼ ✼ ✼ ✼ ✼ ✼ ✼ ✼

ボーエンテックは購入日より1年間、通常の使用のもと、この製品の材質や仕上がりに欠陥がないことを購入者本人に対して保証します。もし、保証期間内に欠陥が出た場合、ボーエンテックは、修理した部品を使って製品を無料で修理する、または新しい代替製品を提供いたします。製品は無料で発送されます。この保証書の条件は、予告なしに変更される場合があります。

---

column 接頭辞 mal- は「悪い…」

接頭辞は、単語の頭に付いて意味を補ったり変えたりします。ここでは、知っていると便利な接頭辞 mal-「悪い…」が付いた単語を紹介します。
- malfunction 〈mal(悪い) + function(機能)〉=「(機械や身体の)不調」
- malnutrition 〈mal(悪い) + nutrition(栄養)〉=「栄養失調」
- malpractice 〈mal(悪い) + practice(医者などの業務)〉=「医療過誤」

このように意味で分けて覚えると忘れにくいですね。

保証書・条項

=見出し語　　=関連語句

- ❶ **warrant** [wɔ́(:)rənt] 動 [～を保証する]　名 [保証, 証明書]
- ❻ **date of purchase** [購入日]
- ❼ **duration** [djuəréɪʃən] 名 [継続(期間)]
- ❽ **warranty** [wɔ́(:)rənṭi] 名 [(品質の)保証(書)]
  * under warranty 保証期間中で, 保証付きで　* warranty policy 保証, 保証方針

- **fine print** [(保証書などの)小さな活字, 細則]
- **clause** [klɔːz] 名 [条項, 箇条]
- **provision** [prəvíʒən] 名 [規定, 条項]
- **stipulate** [stípjulèɪt] 動 [(契約の条件として)～を規定する]
- **length** [leŋkθ] 名 [長さ]　* length of warranty 保証期間の長さ
- **at one's option** [(人)の自由選択で]

製品・購入

- ❷ **purchaser** [pə́ːrtʃəsər] 名 [買い手, 購買者]
- ❺ **workmanship** [wə́ːrkmənʃip] 名 [製作品, 出来栄え, (職人の)手並み]

- **unauthorized** [ʌ̀nɔ́ːθəràɪzd] 形 [認可[公認]されていない]

「無料」を表す語句

- ⓫ **free of charge** [無料で]

- **for free** [無料で]　□ **for nothing** [無料で]
- **at no cost** [無料で]　□ **without charge** [無料で]

その他

- ❸ **be free from ...** […がない]
- ❹ **defect** [díːfekt] 名 [欠陥, 欠点]
- ❾ **reconditioned** [rìːkəndíʃənd] 形 [修理された]
- ❿ **part** [pɑːrt] 名 [(予備の)部品, パーツ]

- **malfunction** [mælfʌ́ŋkʃən] 名 [(機械・身体の)不調, 機能不全]

財務・会計 17 経費精算　2-18

会社から出張経費の返済を受ける手続きについての通知です。申請に必要なものに注意しましょう。

In order to receive **❶reimbursement** for any **❷out-of-pocket** business travel expenses, an expense reimbursement form must be completed, submitted, and **❸verified** within one week of returning. All original **❹receipts**, requested copies, and travel **❺documentation** such as **❻proof** of **❼mileage**, if **❽applicable**, must be attached to your expense request form. (Meal receipts are not necessary. Meal **❾allowances** are not to exceed $40 per day.) Expenses submitted without receipts will be considered **❿invalid** and will not be paid. Thank you for your **⓫cooperation**.

* * * * * * * *

出張経費のすべての立て替え分の返済を受けるには，戻ってから1週間以内に経費返済用紙の記入，提出，確認がなされなければなりません。すべての現物の領収書，必要とされる写し，総マイル数の証明書など移動に関する書類は，該当するものがあれば経費申請書に添付しなければなりません（食事の領収書は必要ありません。食事手当は1日40ドルを超えないことになっています）。領収書が提出されていない経費は無効と見なし，支払われません。ご協力をお願いします。

経費

- ❷ **out-of-pocket** 形 [現金支払の]

- labor cost [人件費]
- material cost [材料費]
- operating cost [運営費, 営業経費]
- overhead [óuvərhèd] 名 [諸経費, 間接費]
- rent [rent] 名 [家賃, 賃貸料(地代・部屋代など)]
- packaging cost [包装にかかる費用]
- entertainment expense [接待費, 交際費]

経費支払関連

- ❶ **reimbursement** [rì:ɪmbə́:rsmənt] 名 [(経費などの)返済]
- ❸ **verify** [vérɪfàɪ] 動 [〜が正しいかどうか確かめる]
- ❹ **receipt** [rɪsí:t] 名 [領収書, 受領書]
- ❺ **documentation** [dà(:)kjumənté ɪʃən] 名 [証拠による裏づけ, 証拠書類提出]
- ❻ **proof** [pru:f] 名 [証拠]
- ❼ **mileage** [máɪlɪdʒ] 名 [総マイル数, マイル当たり料金, 燃費]
- ❽ **applicable** [əplíkəbl] 形 [適用できる]
- ❾ **allowance** [əláuəns] 名 [手当]
* housing allowance 住宅手当
- ❿ **invalid** [ɪnvǽlɪd] 形 [無効の]

「協力(する)」を表す語句

- ⓫ **cooperation** [kouà(:)pəréɪʃən] 名 [協力]
* in cooperation with ... …と協力して

- join forces [力を合わせる, 協力する]
- collaborate [kəlǽbərèɪt] 動 [共同して行う, 共同研究する]
- combined [kəmbáɪnd] 形 [結合した, 合同の] * combined effort 協力
- team up with ... […と協力する, …とチームを組む]

財務・会計

18 企業の収益報告

2-19

収益報告では数字が多く出てきますが、細かい数値よりも大まかな増減を押さえながら読み進めましょう。

Luxtec Hotels has ❶**posted** better-than-expected ❷**earnings** in its annual report. Stock in the company had dropped to $8.16 before ❸**recouping** the loss in the final quarter. The company also carried a deficit of more than $200 million from their previous fiscal year, causing some analysts to question Luxtec's ❹**profitability**. But through ❺**restructuring** and ❻**aggressive** budget ❼**trimming**, its share value ❽**experienced** ❾**double-digit** growth during the 12-month period. With Luxtec's $150 million annual ❿**net profit**, the company is now in a relatively strong position.

✦ ✦ ✦ ✦ ✦ ✦ ✦ ✦ ✦

ラックステック・ホテルは、年次報告書で予想を上回る収益を計上した。同社の株価は、最終四半期に損失を取り戻す前、8ドル16セントまで下落した。また、前年度から2億ドルを超える繰越損失を抱え、ラックステックの収益性を疑問視するアナリストもいた。しかし、リストラや積極的な経費削減により、株価はこの12か月間で2桁の伸びを見せた。今年度の純利益は1億5,000万ドルとなり、今やラックステックは比較的優位な地位にいる。

---

column　the unemployed とは？

〈the ＋形容詞〉の形で「〜の人々」を表すことができます。例えば the rich は「金持ちの人々」（＝ rich people）、the young は「若者たち」（＝ young people）です。unemployed は形容詞で「失業した」という意味ですから、the unemployed なら、「失業した人々、失業者」ですね。「人々」のことなので複数扱いとなります。

収益関係

=見出し語　　=関連語句

- ☐ ❸ **recoup** [rɪkúːp] 動 [(お金, 損失)を取り戻す]
- ☐ ❹ **profitability** [prɑ̀(ː)fəṭəbíləṭi] 名 [収益性, 利益性]
- ☐ ❻ **aggressive** [əgrésɪv] 形 [積極的な, 攻撃的な]
- ☐ ❽ **experience** [ɪkspíəriəns] 動 [～を経験する]
- ☐ ❾ **double-digit** 形 [2桁の]
- ☐ ❿ **net profit** [純利益]

- ☐ **hit a record high [low]** [最高値[最低値]を記録する]
- ☐ **hit a new high [low]** [高[底]値を更新する]

収入・支出

- ☐ ❶ **post** [poʊst] 動 [～を発表する, ～を掲示する]
- ☐ ❷ **earnings** [ə́ːrnɪŋz] 名 [(会社や個人の)収益, 所得]

- ☐ **revenue** [révənjùː] 名 [(会社や政府などの)収入, 歳入, 売り上げ]
- ☐ **income** [ínkʌ̀m] 名 [(個人の)所得]
- ☐ **sale** [seɪl] 名 [売り上げ(高)(-s)]
- ☐ **proceeds** [próʊsiːdz] 名 [(取引・投資などの)収入, 売上高, 利益]
- ☐ **expenditure** [ɪkspéndɪtʃər] 名 [支出, 出費, 歳出]
- ☐ **spending** [spéndɪŋ] 名 [支出, 出費]
- ☐ **expense** [ɪkspéns] 名 [経費, 支出金(-s)]

会社立て直し策

- ☐ ❺ **restructuring** [rìːstrʌ́ktʃərɪŋ] 名 [リストラ, 再編成]
- ☐ ❼ **trimming** [trímɪŋ] 名 [削減, 刈り込むこと, 整理すること]

- ☐ **downsizing** [dáʊnsàɪzɪŋ] 名 [小型化, 人員削減, リストラ]
- ☐ **streamline** [stríːmlàɪn] 動 [～を流線型にする, (仕事・組織)を合理化する]
- ☐ **freeze** [friːz] 名 [氷結, (賃金・製造などの)凍結]
- ＊ hiring freeze 雇用凍結
- ☐ **cutback** [kʌ́tbæ̀k] 名 [(人員・予算・生産などの)削減]
- ☐ **outsourcing** [áʊtsɔ̀ːrsɪŋ] 名 [外注, アウトソーシング]

19 移転通知　　2-20

移転・閉鎖

> 移転する時期や新しい建物の場所の説明などに注意しましょう。

Wizzo Manufacturing will soon **❶relocate** its headquarters and **❷warehouse**. We'll be **❸moving to** the Augusta Building on Patton **❹Boulevard**; one right turn off of 67th **❺Avenue**. Our new **❻location** is a ten-minute **❼walk** from the **❽bustle** of the city center and very **❾convenient** to find. Our sales department will be on the first **❿floor**, making your visit simple and **⓫casual**. Our new address is 6777 Patton, and our new **⓬contact number** will be 555-3434. Please address all **⓭correspondence** to our new address as of April 5th.

❖ ❖ ❖ ❖ ❖ ❖ ❖ ❖

ウィゾー製造は，近々本社と倉庫を移転させることになっております。間もなくパットン大通りのオーガスタビルへと移ります。67番通りから1度右に曲がったところです。新しい場所は，騒がしい都会の中心部から徒歩10分で，大変わかりやすいところです。販売部門は1階になりますので，容易にそして気軽に訪れていただけます。新住所はパットン6777で，新しい連絡先は555-3434です。4月5日以降，通信文書はすべて新住所へ送ってください。

---

column　道を「右折する」

TOEICでは場所の説明に関する内容が問われます。場所の説明で欠かせない「右折する，左折する」の言い方を覚えておきましょう。まず，「右に曲がる」には turn right, turn to the right, make a right turn などの言い方があります。「左折」は right を left に変えればOKです。なお，「真っすぐに進む」は go straight です。
（例）**Go straight** two blocks and **turn right**.
「真っすぐ2ブロック進んで右に曲がってください。」

通知

=見出し語　　=関連語句

- ⓭ **correspondence** [kɔ̀(:)rəspá(:)ndəns] 名 [通信文，ビジネスレター]
  ＊不可算名詞。

- **memorandum** [mèmərǽndəm] 名 [(社内連絡)メモ，回覧，覚書]
- **communication** [kəmjùːnəkéɪʃən] 名 [伝達，通信(文)]
  ＊ a communication from the General Manager 総支配人からの文書

移転

- ❶ **relocate** [riːlóʊkeɪt] 動 [～を移転[転勤]させる，移転する]
- ❸ **move to ...** […に引っ越しする]
- ⓬ **contact number** [連絡先の電話番号]

場所を示す語句

- ❹ **boulevard** [búləvɑ̀ːrd] 名 [大通り，広い並木道]　＊省略形は Blvd.。
- ❺ **avenue** [ǽvənjùː] 名 [大通り，並木道]　＊省略形は Ave.。
- ❻ **location** [loʊkéɪʃən] 名 [場所，位置]
- ❼ **walk** [wɔːk] 名 [歩行距離，道のり]
- ❽ **bustle** [bʌ́sl] 名 [慌ただしい動き]
- ❿ **floor** [flɔːr] 名 [(建物の)階，床]

- **ride** [raɪd] 名 [乗っている時間]　＊ It's a two-hour ride. 車で2時間です。
- **distance** [dístəns] 名 [距離]
  ＊ It's within walking distance. 歩いて行ける距離です。
- **heart** [hɑːrt] 名 [中心，核心]　＊ in the heart of the city 街の中心に
- **hub** [hʌb] 名 [中心，中枢]　＊ the commercial hub of the city 街の商業の中枢

その他

- ❷ **warehouse** [wéərhàʊs] 名 [倉庫]
- ❾ **convenient** [kənvíːniənt] 形 [都合のよい，便利な]
- ⓫ **casual** [kǽʒuəl] 形 [形式ばらない，何気ない]

移転・閉鎖
20 改修の連絡

📝 市庁舎の改修工事に関する案内です。建物などの改修や増築に関する用語は頻出です。工事がいつ完了するかなどにも注意しましょう。

The **❶restoration** of City Hall is near completion, and the city employees who have been **❷temporarily** using other offices are eager to return to the 102-year-old structure. Soon, employees will be able to **❸cease** apologizing to visitors for the **❹inconvenience** caused by the closure. Last year a **❺panel** voted to begin **❻remodeling** the building and replacing **❼outdated** equipment. A new **❽heating** and **❾air conditioning** system was installed, and new **❿fiber-optic cables** run **⓫alongside** the **⓬retooled** electrical **⓭wiring** and fire-safety systems. The work is scheduled for completion on October 10th.

✧ ✧ ✧ ✧ ✧ ✧ ✧

市庁舎の改修工事が完成間近となり，一時的にほかのオフィスを使用している市職員は，この築102年の建物に戻るのを切望しています。間もなく職員は，閉鎖で不便をかけていることを訪問者に謝らずに済むようになります。委員会は昨年，建物の改修と旧式設備の取り替えに着手することを投票により決定しました。新しい冷暖房システムの設置が終わり，一新された電気配線および防火システムとともに光ファイバーケーブルが敷設されます。工事は10月10日に完了する予定です。

改修関連

- **❶ restoration** [rèstəréɪʃən] 名 [（美術品・建築物などの）修復，復旧]
- **❻ remodel** [riːmɑ́(ː)dəl] 動 [～を改装する，～をリフォームする]
- **⓬ retool** [riːtúːl] 動 [（工場など）に機械設備を入れ替えて新しくする，～を改善する]

- renovate [rénəvèɪt] 動 [～を改装する，～を修復する]
- redecorate [rìːdékərèɪt] 動 [（～を）改装する]
- refurbish [riːfə́ːrbɪʃ] 動 [～を磨き直す，～を改装する]
- extension [ɪksténʃən] 名 [増築，拡張]
- enlargement [ɪnlɑ́ːrdʒmənt] 名 [増築，拡大]

設置する機器

- **❽ heating** [híːṭɪŋ] 名 [暖房装置]
- **❾ air conditioning** [空調(設備)]
- **❿ fiber-optic cable** [光ファイバーケーブル]
- **⓭ wiring** [wáɪərɪŋ] 名 [（建物の）配線(工事)]

- ventilation [vènṭəléɪʃən] 名 [換気装置]
- ceiling fan [天井のファン[扇風機]]
- lock [lɑ(ː)k] 名 [錠]
- railing [réɪlɪŋ] 名 [柵，手すり]
- surveillance camera [監視カメラ]

その他

- **❷ temporarily** [tèmpəréɪrəli] 副 [一時的に]
- **❸ cease** [siːs] 動 [～をやめる，終わる]
- **❹ inconvenience** [ìnkənvíːniəns] 名 [不便]
- **❺ panel** [pǽnəl] 名 [委員会]
- **❼ outdated** [àutdéɪṭɪd] 形 [旧式の，時代遅れの]
- **⓫ alongside** [əlɔ́ːŋsàɪd] 前 [～のそばに，～と並んで]

21 企業の合併

移転・閉鎖　　2-22

合併や買収についての文章は，その理由や目的，合併後のことなどを読み取りましょう。

Firebrand Automotive's CEO announced that Firebrand has ❶**finalized** a ❷**merger** ❸**agreement** with U.S.❹**-based** Lightning Engines. Firebrand, with three factories in Japan, is a manufacturer of ❺**inexpensive** light-delivery vehicles. The ❻**consolidation** of the two companies under the Firebrand name is an attempt to ❼**draw on** Lightning's extensive experience in engine production to develop more fuel-efficient vehicles. Firebrand anticipates improving the two lines of manufacturing while bringing added value to shareholders. Firebrand hopes to expand their model of ❽**growth** through additional ❾**mergers and acquisitions**.

✳ ✳ ✳ ✳ ✳ ✳ ✳ ✳ ✳

ファイアーブランド自動車の CEO は，アメリカに拠点を置くライトニング・エンジンズ社との合併に最終合意したと発表した。ファイアーブランドは安価な軽運搬車両の製造業者で，日本に3つの工場を持つ。両社の合併は，ファイアーブランド名の下，エンジン製造におけるライトニングの幅広い経験を生かそうとするものであり，より低燃費の車を開発することを目的としている。ファイアーブランドは，株主にさらなる価値をもたらすと同時に，製造ライン2本の改良を見込んでいる。ファイアーブランドは，さらなる合併・買収を通じて自社の成長モデルを展開していきたい考えだ。

合併関連

- ❷ **merger** [mə́ːrdʒər] 名 [**合併**]
- ❹ **-based** [-beɪst] [**～に本拠地がある**]
- ❻ **consolidation** [kənsɑ̀(ː)lɪdéɪʃən] 名 [**企業合併，（負債の）整理統合**]
- ❽ **growth** [ɡroʊθ] 名 [**成長，発展**]
- ❾ **mergers and acquisitions** [**合併・買収**] ＊省略形は M&A。

- **merge** [məːrdʒ] 動 [**～を合併する，溶け込む**]
- **consolidate** [kənsɑ́(ː)lɪdèɪt] 動 [**～を合併する，～を整理統合する**]
- **acquisition** [æ̀kwɪzíʃən] 名 [**取得，買収**]
- **buyout** [báɪaʊt] 名 [**買収，買い占め**]
- **takeover** [téɪkòʊvər] 名 [**企業買収，乗っ取り**]
- **bid** [bɪd] 名 [**入札**]
- **customer base** [**顧客ベース[基盤]，顧客層**]

契約関連

- ❶ **finalize** [fáɪnəlàɪz] 動 [**～を終わらせる，～を仕上げる**]
- ❸ **agreement** [əɡríːmənt] 名 [**協定，契約**]

- **treaty** [tríːt̬i] 名 [**(国家間の)条約，協定**]
- **accord** [əkɔ́ːrd] 名 [**(国・団体間の)協定**]

その他

- ❺ **inexpensive** [ìnɪkspénsɪv] 形 [**費用のかからない，安い**]
- ❼ **draw on ...** [**(技術・経験など)を生かして使う**]

移転・閉鎖 22 工場の新設 🔊 2-23

📝 好況により工場が新設され，雇用が創出されたという内容です。CEO や地元市長などの声明内容が問われることもあります。

To meet the **❶soaring** demand of the **❷booming** economy, computer manufacturer Neptune will open a factory in Eastwood City, **❸creating** 250 new **jobs**. **❹In association with** the launching of the factory, Neptune will **❺double** its production **❻capacity** to 50,000 units per year. The first product to **❼roll off** the new **❽assembly line** will be an updated model of their Neumann series, according to a **❾press release**. "We welcome the new factory as a way of **❿revitalizing** the city," said Mayor William Jacobs.

✢ ✢ ✢ ✢ ✢ ✢ ✢ ✢

コンピューターメーカーであるネプチューン社は，好景気により急増する需要に対応するため，イーストウッド市に工場を開設し250人を新しく雇用する。ネプチューン社では，工場の稼動開始により，生産能力を2倍の年産5万台へと増やす考えだ。報道機関への発表によると，新しい組立ラインから出荷される最初の製品は，ノイマンシリーズの最新モデル。ウィリアム・ジェイコブズ市長は「この市に新たな活力を与える手がかりとして新工場を歓迎します」と述べた。

---

column 「〜倍」を表す動詞

動詞を使って「〜倍」を言うのは簡単です。まず必須なのが double で「〜を2倍にする，2倍になる」です。続いて，triple「〜を3倍にする，3倍になる」，quadruple「〜を4倍にする，4倍になる」までは覚えておきましょう。なお，「半分」であれば halve（発音は have と同じ）「〜を半分にする，〜を半減させる」です。

工場関連

- ❺ **double** [dʌ́bl] 動 [～を2倍にする]
- ❻ **capacity** [kəpǽsəṭi] 名 [(受容)能力，容積]
  * production capacity 生産 [製造] 能力
- ❼ **roll off ...** [(生産ライン)から流れ出る]
- ❽ **assembly line** [組立ライン]

- **cafeteria** [kæ̀fətíəriə] 名 [(工場・大学などの)食堂]
- **mass production** [大量生産]
- **output** [áʊtpʊ̀t] 名 [生産高]
- **safety boots** [安全靴]
- **fire extinguisher** [消火器]

雇用創出

- ❸ **create jobs** [雇用を創出する]
- **job creation** [雇用創出]

上向き・好況

- ❶ **soaring** [sɔ́ːrɪŋ] 形 [急上昇する]
- ❷ **booming** [búːmɪŋ] 形 [好景気の，成長著しい]
- ❿ **revitalize** [riːváɪṭəlàɪz] 動 [～に新たな活力を与える，～を生き返らせる]

- **skyrocket** [skáɪrɑ̀(ː)kət] 動 [(物価などが)急上昇する]
- **rise** [raɪz] 動 [上がる] 名 [上昇] * be on the rise 上昇中で
- **upturn** [ʌ́ptɜ̀ːrn] 名 [上がること，上昇]
- **upsurge** [ʌ́psɜ̀ːrdʒ] 名 [(～の)急増(in)]
- **flourish** [fláːrɪʃ] 動 [繁栄する，(植物が)繁茂する]
- **thrive** [θraɪv] 動 [栄える，成長する]
- **prosper** [prɑ́(ː)spər] 動 [栄える]

その他

- ❹ **in association with ...** […と関連して]
- ❾ **press release** [報道発表，プレスリリース]

移転・閉鎖

23 ストライキ

🔊 2-24

経営者側と労働者側の交渉が決裂し、労働者が団結して労働を放棄するのがストライキです。状況や影響などに注意して読みましょう。

Kale Corporation's U.S. factory employees ❶**walked out** after the electronics maker failed to reach a new ❷**labor** agreement. The call for a ❸**strike** came five days after the ❹**union** extended the old contract past its expiration while the two sides ❺**negotiated** new terms and conditions. The latest round of ❻**bargaining** ran for more than 36 straight hours before the ❼**walkout**. The strike immediately idled more than 80 Kale manufacturing and parts operations in the U.S. and ❽**threatens** to ❾**stop operations** in Mexico and Canada.

✼ ✼ ✼ ✼ ✼ ✼ ✼ ✼

電子メーカーであるケール社のアメリカ工場の従業員は、同社と新労働協約で合意に至らず、ストライキを行った。両者が新しい諸条件を交渉している間に期限が切れた旧契約を組合側が延長した5日後に、ストライキを求める声が上がった。最後の交渉は、ストライキに入る前に36時間以上続いた。このストライキで、米国内で80を超えるケール社の製造および部品部門の操業がすぐに止まり、メキシコやカナダでも操業停止の危機が迫っている。

---

column staff は複数形にはならない！

　日本語にもなっている staff「職員、スタッフ」は、「集合的にスタッフを指す」不可算名詞です。スタッフが何人いても、まとめて staff なので決して複数形にはなりません。では、スタッフ個人を指すときはどうするのでしょうか。staff member と member を付けます。TOEIC では、よくこの形で出ます。
（例）300 staff members「300人のスタッフ」

ストライキ

- ❶ **walk out** [ストライキをする]
- ❸ **strike** [straɪk] 名 [ストライキ]
  * call for a strike ストライキを要求する
- ❼ **walkout** [wɔ́ːkàʊt] 名 [ストライキ]
- ❾ **stop operations** [操業を止める]

- go on strike [ストライキを行う]
- call off the strike [ストライキを中止する]

労働者

- ❷ **labor** [léɪbər] 名 [労働，(集合的に)労働者]
  * management and labor 労使，経営陣と労働者
- ❹ **union** [júːnjən] 名 [同盟，(労働)組合]   * labor union 労働組合

- **laborer** [léɪbərər] 名 [(肉体)労働者]
- **worker** [wə́ːrkər] 名 [労働者，仕事をする人]
- **employee** [ɪmplɔ́ɪiː] 名 [従業員，雇われている人]
- **staff** [stæf] 名 [職員，スタッフ]

交渉

- ❺ **negotiate** [nɪɡóʊʃièɪt] 動 [(交渉で)〜を取り決める，交渉する]
- ❻ **bargaining** [báːrɡɪnɪŋ] 名 [交渉，取引]
- ❽ **threaten** [θrétən] 動 [(〜をすると言って)脅す (to *do*)]

- **collective** [kəléktɪv] 形 [集めた，集団の，団体の]
  * collective bargaining 団体交渉
- **compromise** [kɑ́(ː)mprəmàɪz] 名 [妥協(案)] 動 [妥協する]
- **talk** [tɔːk] 名 [協議，会談(-s)]
- **confrontation** [kɑ̀(ː)nfrʌntéɪʃən] 名 [立ち向かうこと，対決]

24 工場の閉鎖

移転・閉鎖　2-25

経済不況による解雇に関する記事を読みます。解雇対象者やその背景に注意しましょう。

RJ Steel Corp. announced the **①shutdown** of its plant in Gary, Indiana, starting in August because of **②weakened** consumer demand. While most of the **③steelmaker's** 600 **④hourly** workers will be **⑤laid off**, salaried workers have been offered a **⑥severance** package. RJ Steel and other supply-chain **⑦operators** have suffered a **⑧steep decline** in orders because of recent assembly line cuts at the major auto manufacturers, **⑨amid** the recent economic downturn. It is said the plant will likely remain **⑩idled** through next year.

✳ ✳ ✳ ✳ ✳ ✳ ✳ ✳ ✳

RJスチール社は，消費者の需要が減少したため，インディアナ州ゲーリーにある工場の操業を8月から停止すると発表した。この鉄鋼会社の時間給労働者600人の多くが解雇される一方，定期給与所得者には解雇手当が支給される。最近の景気低迷の中で大手自動車メーカーが組立ラインを削減したため，RJスチール社やほかのサプライチェーンの経営者たちは注文激減の痛手を受けている。(ゲーリーの) 工場は来年末まで停止したままであろうと言われている。

column　layoff（レイオフ）は「『一時的な』解雇」？

かつて企業は「当社は一度もlayoffしたことがない」と，それが優良企業の証しであるかのように言っていました。layoffを辞書で引くと，多くが「一時解雇」という意味を載せています。しかし現在では，一時解雇しても結局業績が戻らず，そのまま解雇されてしまうケースが増えたため，「永久解雇」とほぼ同じように使われています。

閉鎖関連

■=見出し語　■=関連語句

- ❶ **shutdown** [ʃʌ́tdàun] 名 [操業停止，閉鎖，一時休業]
- ❸ **steelmaker** [stíːlmèɪkər] 名 [鉄鋼メーカー]
- ❼ **operator** [ɑ́(ː)pərèɪṭər] 名 [経営者]
- ❽ **steep decline** [急激な減少]
- ❿ **idle** [áɪdəl] 動 [（工場など）を閉鎖する，〜を暇にさせる]

- **closure** [klóʊʒər] 名 [閉鎖，閉店，休業]

解雇

- ❺ **lay ... off** […を一時解雇する，…を首にする]
- ❻ **severance** [sévərəns] 名 [契約解除，切断，分離]
* severance package 解雇手当

- **fire** [fáɪər] 動 [〜を解雇する]
- **dismiss** [dɪsmís] 動 [〜を解雇する，〜を捨てる]
- **slash** [slæʃ] 動 [〜をさっと切る，〜を削除する]
- **lose** [luːz] 動 [〜を失う]　* lose one's job 失業する
- **unemployed** [ʌ̀nɪmplɔ́ɪd] 形 [失業した]
- **roll** [roʊl] 動 [転がる]　* Heads will roll. 首が飛ぶ。
- **turnover** [tə́ːrnòʊvər] 名 [離職者数[率]，総売上高]

雇用形態

- ❹ **hourly** [áʊəri] 形 [1時間ごとの]

- **part-timer** 名 [パート従業員]
- **temporary** [témpərèri] 形 [一時的な，仮の]
- **full-time** 形 [常勤の]
- **permanent** [pə́ːrmənənt] 形 [永続する，常設の]
* permanent worker 常勤労働者，正社員
- **regular** [réɡjʊlər] 形 [通常の，正規の]

その他

- ❷ **weaken** [wíːkən] 動 [〜を弱める]
- ❾ **amid** [əmíd] 前 [〜の中に[で]]

25 環境に優しい車

自然環境が悪化する中，ハイブリッドなど CO_2 排出量の少ない車が注目されています。

Peter Stevens, chairman of **❶hybrid**-**❷automobile** maker Lethos, gave a presentation at the World Green Technology Conference, where he said Lethos intends to produce 30,000 hybrid **❸electric** vehicles this year. **❹Advances** in **❺battery** technology will allow Lethos' **❻eco-friendly** cars to replace **❼fleets** of **❽carbon dioxide** **❾emitting** **❿gas guzzlers**, substantially reducing **⓫air pollution** and **⓬global warming**, while protecting the environment. Lethos automobiles offer equivalent power and speed as regular vehicles, with just a fraction of the **⓭greenhouse gas** **⓮emissions**. Stevens hopes to double production next year.

* * * * * * * * *

ハイブリッド車メーカーであるレソス社の会長ピーター・スティーブンズは，世界環境保護技術会議でプレゼンテーションを行い，今年レソス社は3万台のハイブリッド電気自動車を生産する意向であると述べた。電池技術の進歩により，レソス社のエコカーは，二酸化炭素を排出してガソリンを大量に消費する自動車に取って代わり，環境を守りながら大気汚染と地球温暖化を大幅に抑制することになる。レソス社の自動車は従来の普通車と同等のパワーとスピードを持つが，排出する温暖化ガスはほんのわずかだ。スティーブンズは来年の生産台数を2倍にしたいと望んでいる。

車関連

■=見出し語　■=関連語句

- ❶ **hybrid** [háɪbrɪd] 名 [ハイブリッド] 形 [ハイブリッドの]
- ❷ **automobile** [ɔ́ːṭəmoubìːl] 名 [自動車]
- ❸ **electric** [ɪléktrɪk] 形 [電気の]
- ❺ **battery** [bǽṭəri] 名 [電池，バッテリー]
- ❼ **fleet** [fliːt] 名 [(車・飛行機の)集団]
- ❿ **gas guzzler** [(ガソリンを食う)燃費の悪い自動車]

- **automotive** [ɔ̀ːṭoumóuṭɪv] 形 [自動車の]
- **secondhand** [sèkəndhǽnd] 形 [中古の(=used)]
- **fuel-efficient** 形 [燃費効率のよい，低燃費の]

環境保全

- ❻ **eco-friendly** 形 [環境に優しい]

- **environmentalist** [ɪnvàɪərənménṭəlɪst] 名 [環境保護論者]

悪化する環境

- ❽ **carbon dioxide** [二酸化炭素]
- ❾ **emit** [ɪmít] 動 [～を出す，～を発する]
- ⓫ **air pollution** [大気汚染]
- ⓬ **global warming** [地球温暖化]
- ⓭ **greenhouse gas** [温室効果ガス]
- ⓮ **emission** [ɪmíʃən] 名 [放出(物)，放射(物)]

- **depletion** [dɪplíːʃən] 名 [減少，枯渇]　＊ozone depletion オゾン層の減少
- **climate change** [気候変動]
- **disaster** [dɪzǽstər] 名 [災害]　＊natural disaster 自然災害
- **flood** [flʌd] 名 [洪水]　□ **drought** [draʊt] 名 [干ばつ]
- **harm** [hɑːrm] 動 [～を害する] 名 [害]

その他

- ❹ **advance** [ədvǽns] 名 [前進，進歩]

環境 26 クリーンエネルギー 🔊 2-27

> クリーンエネルギーは，環境を汚染しないエネルギー。ますます注目される当分野の用語は要チェックです。

A ❶renewable energy system ❷combining building-❸integrated ❹wind turbines with ❺photovoltaics will be the first such project in China, the Beijing Climate Bureau has claimed. A ❻wind farm of twenty turbines will go on top of the Nobel Building, adding to its existing ❼rooftop ❽solar panel ❾array. The ❿breakthrough technological ⓫innovation brings with it a series of ⓬advantages. It eliminates the need for connection to an ⓭electrical grid, or the use of any ⓮fossil fuels for electricity, heating, or cooling in the offices.

✦ ✦ ✦ ✦ ✦ ✦ ✦ ✦

北京環境局によると，建物一体型風力タービンと太陽光発電を合わせた再生可能エネルギーシステムという中国初の計画が行われる。20基のタービンからなる風力発電基地がノーベルビルの屋上に置かれ，既存の屋上設置型太陽パネルの列に加わる。躍進した技術革新が一連のメリットをもたらすことになる。オフィスの電気や冷暖房のために送電システムに接続したり，化石燃料を使ったりする必要がなくなるのだ。

クリーンエネルギー

=見出し語　　=関連語句

- ❶ **renewable energy** [再生可能エネルギー]
- ❹ **wind turbine** [（発電用）風力タービン]
- ❺ **photovoltaics** [fòuṭouvɑ(:)ltéɪɪks] 名 [太陽光発電，光起電装置]
- ❻ **wind farm** [風力発電所]
- ❽ **solar panel** [太陽電池パネル]
- ❾ **array** [əréɪ] 名 [整列，配列，配置]
- ⓮ **fossil fuel** [化石燃料] ＊石油・石炭など。

- **sustainable** [səstéɪnəbl] 形 [維持できる，環境を破壊しない]
- **alternative fuel** [代替燃料]
- **hydroelectric** [hàɪdrouɪléktrɪk] 形 [水力発電の]
- **convert** [kənvə́ːrt] 動 [〜を変える]
   ＊convert sunlight to electricity 太陽光を電気に変える
- **oil** [ɔɪl] 名 [油，石油]
- **coal** [koʊl] 名 [石炭]
- **finite** [fáɪnaɪt] 形 [有限の] ＊発音注意。＊finite resources 限りある資源

プラス面とマイナス面

- ⓬ **advantage** [ədvǽnṭɪdʒ] 名 [メリット，有利]

- **disadvantage** [dìsədvǽnṭɪdʒ] 名 [不利，デメリット]
- **upside** [ʌ́psàɪd] 名 [上側，（悪い状況の中での）良い面]
- **downside** [dáʊnsàɪd] 名 [下側，（物事の）悪い面]
- **outweigh** [àʊtwéɪ] 動 [〜より重い，〜に勝る]
   ＊The advantages outweigh the disadvantages. 利点が不利を補って余りある。

その他

- ❷ **combine** [kəmbáɪn] 動 [〜を結合させる，組み合わせる]
   ＊combine A with B　AをBと結合させる
- ❸ **integrated** [ínṭəgrèɪtɪd] 形 [結合した，統合した]
- ❼ **rooftop** [rúːftà(ː)p] 名 [屋上，屋根]
- ❿ **breakthrough** [bréɪkθrùː] 名 [躍進，（研究の）大発見]
- ⓫ **innovation** [ìnəvéɪʃən] 名 [技術革新，刷新]
- ⓭ **electrical grid** [送電システム，電力網]

27 着陸に向けたアナウンス 🔊 2-28

放送・アナウンス

> 着陸に向けたアナウンスです。空港や機内でのアナウンスが出題されたときは、それが搭乗時なのか離陸時なのか、あるいは着陸時なのかなど、まず状況を見極めます。

Please place your seats and trays in the ❶**upright** position, and turn off all electronic devices. We are beginning our ❷**descent** and will be ❸**landing** in about fifteen minutes. Passengers are asked to remain seated with their seat belts ❹**fastened** until the plane stops. Items may have ❺**shifted** in the ❻**overhead compartments**, so please be careful when removing ❼**carry-on** luggage. For those with ❽**connecting flights**, staff at the gate will assist you. For those remaining in Chicago, we wish you a ❾**pleasant** stay. Thank you for flying with Westworld Airline.

✣ ✣ ✣ ✣ ✣ ✣ ✣ ✣ ✣

座席とトレイを真っすぐの位置に戻し、すべての電子機器のスイッチをお切りください。当機は降下を開始し、約15分後に着陸いたします。飛行機が停止するまでは、シートベルトを締めたまま、座席を離れないでください。頭上の収納スペースにしまった荷物は位置がずれているかもしれませんので、機内持ち込み荷物を取り出すときにはご注意ください。乗り継ぎのお客さまはゲートで係員がご案内いたします。シカゴに滞在されるお客さまは、快適に過ごされますよう願っております。ウエストワールド航空をご利用いただき、ありがとうございます。

---

column in fifteen minutes は「15分後」に

多くの場合、in に時間の長さが続くと「(時間)後に」という意味になります (「~以内に」ではないことに注意)。in an hour は「1時間後に」、in a few months は「2, 3か月後に」です。なお、「15分以内に」と言う場合は **within** fifteen minutes となります。

飛行機関連

■=見出し語　■=関連語句

- ❷ **descent** [dɪsént] 名 [降下] ＊反 ascent 上昇
- ❸ **land** [lænd] 動 [着陸する、〜を着陸させる]
- ❹ **fasten** [fǽsən] 動 [〜を締める]
  ＊fasten one's seat belt シートベルトを締める
- ❻ **overhead compartment** [頭上の収納用スペース]
- ❼ **carry-on** 形 [機内持ち込みの] 名 [機内持ち込みの荷物]

- **take off** [(飛行機などが)離陸する]
- **flight attendant** [客室乗務員]
- **turbulence** [tə́ːrbjuləns] 名 [乱気流]
- **in-flight** 形 [飛行機中の、機内の] ＊in-flight movie 機内映画
- **aisle seat** [通路側の席] ＊window seat 窓側の席
- **jet lag** [時差ぼけ]

空港

- ❽ **connecting flight** [乗り継ぎ便]

- **direct flight** [直行便]
- **stopover** [stá(ː)pòʊvər] 名 [途中下車、一時降機]
- **departure** [dɪpɑ́ːrtʃər] 名 [出発] ＊反 arrival 到着
- **destination** [dèstɪnéɪʃən] 名 [目的地、行き先]
- **boarding** [bɔ́ːrdɪŋ] 名 [搭乗、乗船、乗車]
- **runway** [rʌ́nwèɪ] 名 [滑走路]
- **check-in counter** [搭乗手続きカウンター]
- **check one's bag** [(空港などで出発前に)荷物を預ける]
- **baggage claim** [手荷物受取所] ＊baggage claim tag 手荷物引換証
- **customs** [kʌ́stəmz] 名 [税関] ＊単数扱い。
- **see ... off** [(人)を見送る]
- **frequent flyer program** [マイレージサービス]

その他

- ❶ **upright** [ʌ́pràɪt] 形 [真っすぐな、直立した]
- ❺ **shift** [ʃɪft] 動 [少し位置を変える、変わる]
- ❾ **pleasant** [plézənt] 形 [楽しい、心地よい]

放送・アナウンス 27 着陸に向けたアナウンス

28 ツアーガイドのあいさつ

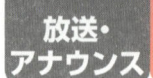

自然公園の見学ツアーのガイドのあいさつです。

Welcome to the **①nature park ②tour**. My name's Daisy, and I'll be your guide today. The park is home to a wide **③variety** of plant and animal **④life**, with some of it on the **⑤verge** of **⑥extinction**. Our primary purpose here is to **⑦exhibit** the way humans and nature **⑧interact**. Hopefully, our museum will be a helpful resource and maybe even an **⑨inspiration** for those particularly interested in **⑩wildlife** and nature. It is easy to lose your way, so please follow me and **⑪stay close to** the tour group.

✼ ✼ ✼ ✼ ✼ ✼ ✼ ✼

自然公園見学ツアーにようこそ。私はデイジー，本日の皆さんのガイドです。この公園にはさまざまな植物や動物が生息しており，そのうちのいくつかは絶滅の危機に瀕しています。当園では，人間と自然が相互に影響を与え合う様子をお見せすることを主な目的としています。この博物館が，特に野生生物と自然に興味がある方にとって有用な情報源となり，また激励とさえなることを望みます。道に迷いやすいので，私の後についてきてください。また，ツアーグループから離れないようお願いします。

見学 　　　　　　　　　　　　　　　　　　　　　　　■=見出し語　■=関連語句

- ❷ **tour** [tʊər] 名 [見学，旅行] ＊factory tour 工場見学
- ❼ **exhibit** [ɪɡzíbət] 動 [〜を見せる，〜を展示する]
- ❾ **inspiration** [ìnspəréɪʃən] 名 [インスピレーション，鼓舞激励となるもの]
- ⓫ **stay close to ...** […から離れない，…の近くにいる]

- guided tour [ガイド[案内人]付きツアー]
- chartered bus [貸し切りバス]
- admission fee [入場料，入会金，入学金]

自然関連

- ❸ **variety** [vəráɪəti] 名 [多様(性)，種類]
  ＊a wide variety of ... さまざまな（種類の）…
- ❹ **life** [laɪf] 名 [生物，生命] ＊これらの意味では不可算。
- ❺ **verge** [vəːrdʒ] 名 [ふち，端，瀬戸際]
  ＊on the verge of extinction 絶滅に瀕して
- ❻ **extinction** [ɪkstíŋkʃən] 名 [絶滅]
- ❽ **interact** [ìnt̬ərǽkt] 動 [影響し合う，相互に作用する]
- ❿ **wildlife** [wáɪldlàɪf] 名 [野生生物]

- fossil [fá(ː)səl] 名 [化石]
- excavation [èkskəvéɪʃən] 名 [発掘]
- biodiversity [bàɪoʊdəváːrsəti] 名 [生物の多様性]

施設

- ❶ **nature park** [自然公園]

- natural history museum [自然史博物館]
- art museum [美術館]
- gallery [ɡǽləri] 名 [画廊，美術館，美術品展示室]
- sculpture [skʌ́lptʃər] 名 [彫刻(作品)，彫像]
- artwork [áːrtwə̀ːrk] 名 [芸術品，工芸品，絵画]
- handicraft [hǽndikræ̀ft] 名 [手工芸品(-s)]

放送・アナウンス 28 ツアーガイドのあいさつ

29 天気予報

天気予報はリスニングで出題されることが多いので、天気関係の語彙は聞いてすぐわかるようにしておきましょう。

The remainder of the day should be sunny, with an **occasional** light **breeze**. Tonight will be mostly clear in the evening, then become partly cloudy due to a **low-pressure** **front** that will cause **intermittent** **showers** throughout most of the region. The storm will produce wind **gusts** near 30 miles per hour with a **chilly** low **temperature** of 33 **degrees** **Fahrenheit**. Skies will clear by the early morning, but a **stationary** front will keep that cold weather here. So expect **freezing** temperatures and **snowy** weather to continue through the weekend.

✦ ✦ ✦ ✦ ✦ ✦ ✦ ✦

日中はこれからは晴れで、時折弱い風が吹くでしょう。今晩、夕方はおおかた晴れですが、後に所々で曇りになり、低気圧に伴う前線がほとんどの地域に降ったりやんだりのにわか雨をもたらします。嵐が時速30マイル近い突風を引き起こし、気温は底冷えのするカ氏33度となるでしょう。早朝までに空は晴れますが、当地では停滞している前線のため寒空のままでしょう。週末まで凍えるような寒さと雪模様の天気が続くと予想されます。

天気

■=見出し語　■=関連語句

- ❶ **occasional** [əkéiʒənəl] 形 [時折の，時々の]
- ❷ **breeze** [bri:z] 名 [そよ風]
- ❺ **intermittent** [ìntərmítənt] 形 [一時的にやむ，断続的な]
- ❻ **shower** [ʃáuər] 名 [にわか雨]
- ❼ **gust** [gʌst] 名 [突風]
- ❽ **chilly** [tʃíli] 形 [ひんやりとした，(寒さで)ぞくぞくする]
- ⓭ **freezing** [frí:ziŋ] 形 [凍るような]
- ⓮ **snowy** [snóui] 形 [雪の多い]

- **humid** [hjú:mid] 形 [蒸し暑い]　**storm** [stɔ:rm] 名 [嵐]
- **lightning** [láitniŋ] 名 [稲妻，稲光]　＊ lighting「照明」と混同しないように。
- **rainfall** [réinfɔ:l] 名 [降雨]
- **precipitation** [prisìpitéiʃən] 名 [降水(量)，降雨量]
- ＊ chance of precipitation 降水確率
- **inclement** [inklémənt] 形 [(天候が)荒れ模様の]
- ＊ inclement weather 悪天候
- **icy** [áisi] 形 [氷の，氷で覆われた]
- **slippery** [slípəri] 形 [(道などが)滑りやすい]

温度

- ❾ **temperature** [témpərətʃər] 名 [温度，気温]
- ❿ **degree** [digrí:] 名 [(温度などの)度，程度]
- ⓫ **Fahrenheit** [færənhàit] 形 [力氏の]

- **Celsius** [sélsiəs] 形 [セ氏の(=centigrade)]

前線・気圧

- ❸ **low-pressure** 形 [低気圧の]
- ❹ **front** [frʌnt] 名 [前線]　＊ cold front 寒冷前線
- ⓬ **stationary** [stéiʃənèri] 形 [動かない，静止した]

- **tropical storm** [熱帯性低気圧，熱帯暴風雨]
- **head toward(s) ...** […に向かって真っすぐ進む]
- ＊ The storm is heading towards the north. 嵐が北部に向かって進んでいる。

放送・アナウンス 29 天気予報

放送・アナウンス 30 交通情報 🔊 2-31

📝 リスニングでは，よく渋滞に関する交通情報が出題されます。「渋滞」のさまざまな言い方もチェックしましょう。

Due to a serious car **❶crash**, all **❷southbound** **❸lanes** of Interstate 65 are closed. **❹Motorists** can expect delays of 1 to 2 hours. Traffic is very **❺congested** around the **❻collision** site, and the highway patrol recommends the following **❼detour** route. Traffic **❽traveling** south on 65 should **❾exit** at State Road 27 and continue south on 27 to the next entrance to 65, **❿bypassing** the trouble **⓫spot**. Police urge drivers in the area to **⓬slow down**. Those caught **⓭speeding** will be **⓮ticketed**. We'll have another traffic update shortly.

✢ ✢ ✢ ✢ ✢ ✢ ✢ ✢ ✢

深刻な自動車衝突事故により，州間高速道路65号線は南に向かう全車線が閉鎖されています。ドライバーの方は，1〜2時間の遅れを見込んだほうがよいでしょう。衝突現場付近の交通は大変混雑しており，高速パトロールでは次にお伝えする迂回路を行くようすすめています。65号線を南下する車両は，国道27号線まで来たら出口で降りて27号線をそのまま南に進み，次の65号線の入口まで行って事故現場を迂回してください。このエリアでは，警察により速度を落とすよう求められています。スピード違反者は違反切符を切られます。間もなく次の最新の交通情報が入ります。

---

column 「一つ」ではムリなので複数形

「電車を乗り換える」と言うとき，change a train ではなく change trains と複数形になります。「乗り換える」のは電車1本ではできません。2本の電車が必要だからです。バスなら change buses, 飛行機なら change planes です。また，同じ理屈で「握手する」は shake hands, 「転職する」は change jobs と複数形になります。

（例）**Change trains** at Tokyo Station.「東京駅で電車を乗り換えてください。」

交通渋滞関連

　　　　　　　　　　　　　　　　　　　　　■=見出し語　　■=関連語句

- ❺ **congested** [kəndʒéstɪd] 形 [混雑した，密集した]

- **traffic jam** [交通渋滞]
- **traffic congestion** [交通渋滞]
- **back ... up** [(交通)を渋滞させる]
  * Traffic is backed up for 5 miles. 交通は5マイル渋滞している。
- **get stuck** [(人・車などが)動けなくなる]
  * I got stuck in a traffic jam. 渋滞に遭った。
- **stranded** [strǽndɪd] 形 [動けなくなって]
  * The passengers were stranded for 5 hours. 乗客は5時間足止めをくった。

道路関連

- ❷ **southbound** [sáuθbàund] 形 [南行きの]　* -bound (乗物が)～行きの
- ❸ **lane** [leɪn] 名 [小道，車線]　* a four-lane highway　4車線の高速道路
- ❹ **motorist** [móuṭərɪst] 名 [ドライバー]
- ❼ **detour** [díːtùər] 名 [迂回路，遠回り]
- ❾ **exit** [égzət] 動 [出て行く]　名 [(高速道路などの)出口]
- ❿ **bypass** [báɪpæs] 動 [～を迂回する]
- **shortcut** [ʃɔ́ːrtkʌt] 名 [近道]　**paving** [péɪvɪŋ] 名 [舗装(工事)]
- **route** [ruːt] 名 [道，ルート]　* [raʊt] と発音する場合もあるので注意。

事故・故障関連

- ❶ **crash** [kræʃ] 名 [(乗り物などの)衝突(事故)]
- ❻ **collision** [kəlíʒən] 名 [衝突，対立]
- ⓫ **spot** [spɑ(ː)t] 名 [地点，箇所]

- **car accident** [交通事故]　**flat tire** [パンクしたタイヤ]

スピード・進行

- ❽ **travel** [trǽvəl] 動 [進む，旅行する]
- ⓬ **slow down** [スピードを落とす]
- ⓭ **speed** [spiːd] 動 [違反速度で走る，加速する(up)]
- ⓮ **ticket** [tíkət] 動 [～に違反切符を切る]

31 停電

📝 停電のニュース放送です。原因や復旧時期について問われることがあります。

And in local news, Valley ❶**Power** crews are continuing to respond to electricity ❷**outages** ❸**throughout** the ❹**province**. Severe winds ❺**damaged** high-❻**voltage** ❼**transmission** lines from the major electrical ❽**grids** in ❾**outlying** regions, leaving Valley Power unable to immediately restore power to some ❿**affected** districts. While in many other residential areas, the wind brought down ⓫**power lines** and caused trees to ⓬**tangle** with ⓭**wires** and ⓮**transformers**. Valley Power is hopeful power will be restored to all customers by the weekend. ⓯**Stay tuned** for further updates.

✤ ✤ ✤ ✤ ✤ ✤ ✤ ✤

続いて地域のニュースです。バレー電力の作業員が，州全域で起きた停電への対応を続けています。激しい風が原因で域外にある主要電線網からの高圧送電線が損傷し，バレー電力ではこの影響を受けたいくつかの地域の電力をすぐに復旧させることができませんでした。一方，ほかの多くの居住地域では，風によって電線が下がり，木が電線と変圧器に絡まりました。バレー電力では，週末までにはすべての顧客の電力が回復すると見込んでいます。引き続きお聞きのチャンネルで最新情報を確認してください。

---

column news on the hour とは？

「正時のニュース」という意味です。on the hour は「正時に」で，例えば 6:00, 7:00, 8:00 ... とぴったりの時刻のことです。ニュースだけでなく，バスの出発時刻などでも出てきます。every hour をつけて every hour on the hour「毎正時に」のフレーズで使われることも多く，また，(every hour) on the half-hour とすれば「毎正時30分に」で，例えば 8:30, 9:30, 10:30 ... です。

ニュース放送

=見出し語　=関連語句

- ⓯ **Stay tuned.** [チャンネル[ダイヤル]はそのままで。]
  ＊テレビ・ラジオなどで

- **program** [próugræm] 名 [(ラジオ・テレビの)番組]
- **broadcast** [brɔ́ːdkæst] 動 [(番組)を放送する] 名 [放送]

電力

- ❶ **power** [páuər] 名 [電力, 動力]
- ❷ **outage** [áuṭɪdʒ] 名 [停電(期間)]
- ❻ **voltage** [vóultɪdʒ] 名 [電圧, ボルト数]
- ❼ **transmission** [trænsmíʃən] 名 [伝達, 通信, 送信]
- ❽ **grid** [ɡrɪd] 名 [配電網, 格子[碁盤目]状のもの]
- ⓫ **power line** [送電線]
- ⓭ **wire** [wáɪər] 名 [電線, 電話線]
- ⓮ **transformer** [trænsfɔ́ːrmər] 名 [変圧器]

- **blackout** [blǽkàut] 名 [停電(期間)]
- **power failure** [停電]
- **go down** [作動しなくなる, (機能が)停止する]
  ＊ The power went down. 停電した。
- **power plant** [発電所]

その他

- ❸ **throughout** [θruːáut] 前 [〜の至る所に]
- ❹ **province** [prɑ́(ː)vɪns] 名 [州, 省]
- ❺ **damage** [dǽmɪdʒ] 動 [〜に損害を与える]
- ❾ **outlying** [áutlàɪɪŋ] 形 [外側にある]
- ❿ **affected** [əféktɪd] 形 [(災害などの)影響を受けた]
  ＊ affected area 被災地, 被害地
- ⓬ **tangle** [tǽŋɡl] 動 [絡まる, もつれる]

- **quake-stricken** 形 [地震で被災した]
  ＊ quake-stricken area 地震の被災地

31 停電

387

放送・アナウンス 32 住宅ローン　2-33

> ローン関係では，貸し手側と借り手側をきちんと区別して読みましょう。支払い方法や条件にも注意。

Many **❶homeowners** are **❷falling behind** on their monthly **❸installments**. In most cases, the reason behind a late payment is unexpected unemployment or increasing medical expenses. Some **❹mortgage** holders are forced to **❺refinance** their loan to lower monthly payments, often extending their debt back an additional ten years. For **❻lenders**, it is easier and cheaper to modify the **❼loan** rather than take the home back. Many **❽creditors** are offering **❾forbearance**, which allows homeowners to temporarily skip payments now, by agreeing to pay a **❿lump sum** at a later date.

✢ ✢ ✢ ✢ ✢ ✢ ✢ ✢ ✢

多くの住宅所有者は月々の支払いが滞っている。ほとんどの場合，支払いが遅れる理由は予期せぬ失業か増加する医療費だ。住宅ローンを抱える人の中には，毎月の支払額を下げるためローンの借り換えをせざるを得ない人もいて，多くの場合，借入期間をさらに10年後ろに伸ばすのだ。貸し手にとっては，住宅を引き取るよりローンを変更する方が簡単で安く済む。多くの債権者は支払い猶予を申し出ており，これにより住宅所有者は，後日一括払いする約束で，一時的に今の支払いをせずに済む。

---

column　installment は「分割払込金」だけじゃない！

installment には「分割払込金」のほかに，「数回に分かれたシリーズや連載の1回分」という意味があります。例えば，物語や映画などで「これは3部作シリーズの第1作目，1話目」と言う場合は，This is the first installment of a three-part series. となります。

貸し手と借り手

=見出し語　=関連語句

- ❶ **homeowner** [hóumòunər] 名 [住宅所有者]
- ❻ **lender** [léndər] 名 [貸し手]
- ❽ **creditor** [krédətər] 名 [債権者，貸主]

- **debtor** [détər] 名 [借り主，債務者]
- **borrower** [bɔ́(:)rouər] 名 [借り手]

ローン関連

- ❷ **fall behind** [遅れる，滞納する]　＊ fall behind on payment 支払いが遅れる
- ❹ **mortgage** [mɔ́ːrɡɪdʒ] 名 [住宅ローン，抵当]
- ❺ **refinance** [rìːfənǽns] 動 [(ローン)を借り換える]
- ❼ **loan** [loun] 名 [貸付金，ローン]
- ❾ **forbearance** [fɔːrbéərəns] 名 [(債務の支払い)猶予，辛抱，寛容]

- **take out a loan** [(銀行などから)資金を借りる]
- **foreclosure** [fɔːrklóuʒər] 名 [差し押さえ，抵当流れ]
- **in arrears** [返済が遅れて]

頭金・前金

- **down payment** [(分割払いの)頭金]
- **up-front** 副 [前払いで，前金として]
- ＊ He paid $200 upfront. 彼は前金として200ドル払った。
- **deposit** [dɪpá(ː)zət] 名 [手付金，頭金]
- **advance** [ədvǽns] 名 [前払い金] (=advance(d) payment)

支払い方法

- ❸ **installment** [ɪnstɔ́ːlmənt] 名 [(1回分の)分割払込金]
- ＊ pay in [by] installments 分割で払う
- ❿ **lump sum** [一括払いの総額]

- **pay in full** [全額を支払う]
- **pay in advance** [前払いする]

案内・アンケート 33 口座開設の案内 2-34

銀行口座には貯蓄を目的とした普通預金口座のほか、小切手などの支払いに使われる当座預金口座があります。

Don't miss your chance to open a high-interest **❶savings account**! Ace Bank offers a special interest **❷rate** of 4.6% for the first year, which is more than 1% higher than the leading market rate. The **❸minimum** amount you need to **❹deposit** is $3,000. Please note that you must keep at least $3,000 in the account and that only four **❺withdrawals** are allowed each year. This special offer is available to **❻existing** customers of Ace Bank, and is **❼good** only from September 1st to 30th, inclusive.

✱ ✱ ✱ ✱ ✱ ✱ ✱ ✱ ✱

高金利の普通預金口座を開くチャンスを逃さないでください。エース銀行では、最初の1年間、市場トップの利率よりも1%以上高い特別金利4.6%を提供しています。預金に必要な最低額は3,000ドルです。口座には最低3,000ドルを常に置いておく必要があり、引き出しは年4回しかできませんのでご注意ください。この特別オファーは、現在エース銀行とお取引いただいているお客さまがご利用でき、9月1日から30日に限り（9月1日と30日を含む）有効です。

銀行一般

- ❶ **savings account** [普通預金口座]
- ❷ **rate** [reɪt] 名 [率，割合，料金]
- ❸ **minimum** [mínɪməm] 形 [最低限の，最小限の] 名 [最低限，最小限]
- ❻ **existing** [ɪgzístɪŋ] 形 [現存する，現在の，既存の]
- ❼ **good** [gʊd] 形 [有効な]

- **checking account** [当座預金口座]
- **bank account** [銀行口座]
- **bank teller** [銀行の窓口係，出納係(すいとう)]
- **bankbook** [bǽŋkbùk] 名 [(銀行の)預金通帳]
- **banknote** [bǽŋknòut] 名 [紙幣(=note, bill)]
- **ATM** [現金自動預払機(=automated teller machine)]
- **cash** [kæʃ] 動 [(小切手など)を現金に換える] 名 [現金]
- **security guard** [警備員]
- **PIN number** [暗証番号(=personal identification number)]
- **maximum** [mǽksɪməm] 名 [最大限]

入金・出金

- ❹ **deposit** [dɪpá(:)zət] 動 [～を預金する] 名 [預金]
- ❺ **withdrawal** [wɪðdrɔ́:əl] 名 [預金の引き出し，撤回，脱退]
- ＊ withdrawal slip 払出伝票

- **withdraw** [wɪðdrɔ́:] 動 [(預金)を引き出す]
- **credit** [krédət] 動 [～を(銀行口座に)入金する(to)]
- **debit** [débət] 動 [～を(銀行口座から)引き落とす(from)]
- **statement** [stéɪtmənt] 名 [明細書，声明]
- ＊ bank statement 銀行の取引明細書

34 保養地の案内

家族向け保養地の案内です。ホテルのアメニティーに注意して読みましょう。

Want a weekend **❶getaway** for your family that **❷won't break the bank**? **❸Take advantage of** this kids-friendly offer. Our Familytime package includes deluxe overnight accommodations in a two-room **❹suite** with two queen-sized beds. **❺Infants** under three stay free. Everyone in your family receives **❻complimentary** **❼vouchers** for the **❽continental breakfast**. But you'll want an early **❾wake-up call** so your children can enjoy unlimited use of the hotel's **❿connected** pool and water park. Be sure to use **⓫promotional** code JAM when making your online **⓬reservation**.

❖ ❖ ❖ ❖ ❖ ❖ ❖ ❖

大金をかけずに家族と過ごす週末の休暇をお望みですか。子供に優しいこのオファーをご利用ください。当社のファミリータイム・パックには、2つのクイーンサイズベッドを備えた、2部屋あるスイートでの豪華なご宿泊が含まれます。3歳未満の幼児のお客さまは、無料でご宿泊いただけます。ご家族の皆さまに、コンチネンタル・ブレックファストの無料食事券を差し上げます。また、お子さまがホテル併設のプールやウォーターパークを好きなだけ利用できるよう、朝早いモーニングコールを希望されることでしょう。オンラインでご予約いただく際は、必ず販促コードJAMをご使用ください。

column 料金いろいろ

「料金」を意味する単語はいろいろあります。大きく分けて、fareはtrain fare「電車賃」のように「乗り物の料金」、rateはhotel rate「ホテルの料金」のように、「1日など単位当たりの基準で決められる料金」、feeはadmission fee「入場料、入会料」のように「入場や入会など、何かするための料金」です。toll「道路や橋などの通行料」、rent「家賃」も合わせて覚えましょう。

ホテル関連

■=見出し語　■=関連語句

- ❶ **getaway** [gétəwèɪ] 名 [休暇，保養地，逃走]
- ❹ **suite** [swiːt] 名 [(ホテルの)スイートルーム]
- ❻ **complimentary** [kà(ː)mpləméntəri] 形 [無料の]
  * complimentary ticket 招待券，無料券
- ❼ **voucher** [váutʃər] 名 [引換券，クーポン券]
- ❽ **continental breakfast** [コンチネンタル式の朝食]
  * パンとコーヒーの軽い朝食。
- ❾ **wake-up call** [モーニングコール]
- ⓬ **reservation** [rèzərvéɪʃən] 名 [予約]

- retreat [rɪtríːt] 名 [保養地，隠れ家，退却]
- inn [ɪn] 名 [宿，小さなホテル，酒場]
- lodging [lá(ː)dʒɪŋ] 名 [宿，宿泊]
- English breakfast [英国式朝食]
- concierge [kounsjéərʒ] 名 [(ホテルの)接客係，コンシェルジュ]
- shuttle bus [シャトルバス，往復バス]

観光

- tourist spot [観光の名所]
- sightseeing spot [観光の名所]
- historic site [歴史上有名な所，(名所)旧跡]
- scenery [síːnəri] 名 [景色，風景]
- landscape [lǽndskèɪp] 名 [景色，景観]

その他

- ❷ **won't break the bank** [(費用が)大した額にはならない]
  * 直訳は「銀行を破綻させることはない」。
- ❸ **take advantage of ...** […を利用する]
- ❺ **infant** [ínfənt] 名 [幼児，赤ん坊]
- ❿ **connected** [kənéktɪd] 形 [接続した，関連した]
- ⓫ **promotional** [prəmóuʃənəl] 形 [(販売)促進の，昇進の]

- toddler [tá(ː)dlər] 名 [よちよち歩きの幼児]

35 パンフレット

売り込む製品の強みは何なのかを読み取りましょう。

For a limited time only, Diamint Technology is offering **❶flawless** brilliant-cut diamonds in all sizes, for a **❷fraction** of real diamonds' market value. We create perfect **❸high-end** diamonds in our laboratory that are almost identical to real diamonds. This is a quality-guaranteed product. We have the **❹competitive edge**, so we are offering you a **❺competitive price**. We also have some **❻limited-production** diamonds, and we can even have diamonds **❼custom-made** to your order. Own high-technology **❽jewelry** at **❾bargain-basement** prices! Contact us today to receive our catalog.

✣ ✣ ✣ ✣ ✣ ✣ ✣ ✣ ✣

期間限定で，ダイアミント・テクノロジー社は，あらゆるサイズの傷のないブリリアント・カットのダイヤモンドを市場価値のほんのわずかな価格で提供します。当社は本物のダイヤモンドとほぼ同じである完ぺきな最高級ダイヤモンドを研究所の中で作り上げます。これは品質が保証された製品です。弊社が持つこの競争力により，他社に負けない価格を打ち出せるのです。限定生産のダイヤモンドもありますし，さらにオーダーメイドも承ります。特売価格で先端技術の宝石があなたのものに！　本日当社にご連絡いただき，カタログをお受け取りください。

column　bargain basement とは…

bargain basement は「デパートなどの特価品売り場，特売場」のことです。日本ではデパートの地階（basement）は食品売り場となっていることが多いですが，欧米では一般に地階に特売所があるのでこのような意味になりました。ですから bargain-basement price と言えば「特売価格」です。

価格

=見出し語　　=関連語句

- ☐ **❺competitive price** [（他社に負けない）競争力のある価格]
- ☐ **❾bargain-basement** 名 [特売，格安]

- ☐ cost-effective 形 [費用対効果[コストパフォーマンス]の高い]
- ☐ reasonable price [手ごろな価格]
- ☐ nominal [nάː)mənəl] 形 [名ばかりの，ごくわずかな]
- ＊ at a nominal fee わずかな料金で
- ☐ rebate [ríːbeɪt] 名 [（支払金の一部）払い戻し]
- ＊ You can get a $50 rebate on the purchase of a GD-Phone. GD フォン1台お買い上げで50ドル払い戻しを受けられます。

商品・サービスの強み

- ☐ **❶flawless** [flɔ́ːləs] 形 [傷のない，完全な]
- ☐ **❸high-end** 形 [最高級[高性能]の，高所得者向けの]
- ☐ **❹competitive edge** [競争力]
- ☐ **❻limited-production** 名 [限定生産]
- ☐ **❼custom-made** 形 [オーダーメードの，注文製の]

- ☐ made-to-order 形 [オーダーメードの]
- ☐ ready-made 形 [出来合いの，既製の]
- ☐ after-sales service [アフターサービス]
- ☐ brand-name 形 [有名ブランドの]
- ＊ brand-name item ブランドもの
- ☐ durability [djùərəbíləṭi] 名 [耐久性]
- ☐ compatibility [kəmpæ̀ṭəbíləṭi] 名 [適合性，（コンピューターなどの）互換性]
- ☐ lightness [láɪtnəs] 名 [軽いこと，明るさ]
- ☐ user-friendly 形 [使いやすい]

その他

- ☐ **❷fraction** [frǽkʃən] 名 [わずか，破片，断片]
- ＊ a fraction of ... わずかな…
- ☐ **❽jewelry** [dʒúːəlri] 名 [（集合的に）宝石類]

案内・アンケート 36 セール 🔊 2-37

✏️ セールの案内では，どんな割引や特典が受けられるのかに注意して読みましょう。

Don't **①miss** our **②Grand Opening Sale** this weekend at the downtown Home Club! Use our drive-through for quick stops, or **③browse** through the store to see the amazing bargains. For all **④foot traffic**, there will be free ice cream in the **⑤dairy food ⑥section** and balloons for children in the shoe department. Home Club members will receive a **⑦coupon** for 10% off their total purchase. Half-price club memberships will be available at **⑧checkout counters**. Bring this flyer and enter our prize **⑨drawing**. Come see us at the Home Club!

✻ ✻ ✻ ✻ ✻ ✻ ✻ ✻ ✻

今週末は中心街にあるホームクラブの開店大売り出しを見逃さないでください。ドライブスルーを利用してちょっと立ち寄ってください。あるいは，店内を見て回って驚くようなバーゲン品をご覧ください。徒歩でいらっしゃる方には，乳製品売り場で無料のアイスクリームを，靴売り場ではお子さまに風船を差し上げます。ホームクラブ会員のお客さまは，お買い物合計金額が10％引きになるクーポンをお受け取りになれます。レジでは，半額でクラブ会員になることができます。このちらしを持参して，賞品が当たるくじ引きに参加してください。ホームクラブでお会いしましょう！

---

column　produce section とは？

　スーパーなどの produce section とは、何の売り場だかわかりますか。答えは「青果コーナー」です。produce には、動詞「～を生産［製造］する」以外に、なんと名詞で「農産物、野菜や果物」の意味があり、この意味でも TOEIC でしばしば出題されます。なお、「売り場」は section のほかに department とも言いますので、produce department も同じ意味です。

セール・販促

■=見出し語　■=関連語句

- ❶ **miss** [mɪs] 動 [(機会など)を逃す，～をし損なう]
- ❷ **grand opening sale** [開店大売り出し]
- ❼ **coupon** [kjúːpɑ(ː)n] 名 [クーポン，優待券]
- ❾ **drawing** [drɔ́ːɪŋ] 名 [くじ引き，抽選]

- **going-out-of-business sale** [閉店セール]
- **gift certificate** [商品券，ギフト券]

店の売り場

- ❸ **browse** [braʊz] 動 [見て回る，拾い読みする]
- ❹ **foot traffic** [徒歩で出入りする人，客足，歩行者の交通]
- ❺ **dairy food** [乳製品] ＊dairy は [déəri] と発音することに注意。
- ❻ **section** [sékʃən] 名 [売り場]

- **beverage** [bévərɪdʒ] 名 [飲み物]
- **produce** [próʊdjuːs] 名 [農産物，野菜や果物]
- **canned goods** [缶詰類]
- **aisle** [aɪl] 名 [通路]
＊The dairy section is in aisle 5. 乳製品は5番通路です。
- **cart** [kɑːrt] 名 [手押し車，カート]
- **taste** [teɪst] 動 [～を試食する，～の味をみる]
- **try ... on** […を試着する]
＊I'd like to try this on. これを試着したいのですが。
- **fitting room** [試着室]

レジ・精算

- ❽ **checkout counter** [レジ，精算台]

- **express counter** [エクスプレスカウンター]
＊スーパーで購入品数が少ない客用のレジ。
- **store clerk** [店員]
- **cashier** [kæʃíər] 名 [勘定係，レジ係]
- **plastic bag** [ポリ袋，ビニール袋]

37 アンケート

商品をよりよいものにするためのアンケートです。

This questionnaire is for consumers who have recently purchased our products. We are **❶dedicated** to product quality and customer **❷satisfaction**. **❸Feedback** from you, our customers, is **❹essential** to our **❺pursuit** of continuous quality **❻improvement**. Please **❼rest assured that** all information you **❽share** with us is kept strictly **❾confidential** and **❿anonymous** and is not **⓫disclosed** to any **⓬third parties**. We thank you for taking the time to complete this survey, and **⓭request** your **⓮candid** response to each question. Any comments and suggestions are also welcome.

✽ ✽ ✽ ✽ ✽ ✽ ✽ ✽ ✽

このアンケートは，最近当社の商品をご購入されたお客さまに向けたものです。当社は商品の質とお客さまにご満足いただくことに尽力しています。お客さまである皆さま方からのご意見は，当社が絶えず品質向上を追求していくのに極めて重要なのです。皆さまからの情報はすべて極秘で匿名扱いとなり，いかなる第三者に対しても開示されませんのでご安心ください。時間を取ってこの調査に記入してくださることに感謝するとともに，各質問に対して率直なお答えをお願いします。どんなコメントや提案も歓迎いたします。

アンケート関連

- **❹ essential** [ɪsénʃəl] 形 [極めて重要な, 本質的な, 不可欠の]
- **❻ improvement** [ɪmprúːvmənt] 名 [改良, 改善]
- **❽ share** [ʃeər] 動 [～を分かち合う, ～を共有する]
- **❾ confidential** [kà(:)nfɪdénʃəl] 形 [秘密の]
- **❿ anonymous** [əná(:)nɪməs] 形 [匿名の]
- **⓫ disclose** [dɪsklóuz] 動 [～を明らかにする, (秘密など)をあばく]
- **⓬ third party** [第三者]
- **⓭ request** [rɪkwést] 動 [～を頼む, ～を要請する] 名 [依頼]
- **⓮ candid** [kǽndɪd] 形 [率直な]

- **respondent** [rɪspá(:)ndənt] 名 [応答者, (調査などの)回答者]
- **print** [prɪnt] 動 [活字体で書く]
  * Please print your name. 名前を活字体で書いてください。(他者が読めるようきちんとした字で, という意味合い)

アンケート結果

- **❷ satisfaction** [sæ̀t̬ɪsfǽkʃən] 名 [満足]
- **❸ feedback** [fíːdbæ̀k] 名 [意見, フィードバック, 反応]

- **habit** [hǽbɪt] 名 [習慣, 癖]
  * consumer buying habits 消費者の購入習慣
- **spending habits** [お金の使い方, 消費傾向]
- **comment** [ká(:)mènt] 名 [批評, コメント]
- **potential** [pəténʃəl] 形 [可能な, 潜在的な]
  * potential customer 見込み客, 潜在顧客

その他

- **❶ dedicated** [dédɪkèɪt̬ɪd] 形 [(～に)打ち込んでいる(to)]
- **❺ pursuit** [pərsjúːt] 名 [追求]
- **❼ rest assured that ...** […は確実であると安心する]

案内・アンケート
38 フィットネスクラブの案内

🔊 2-39

✏️ 健康関係の用語や，フィットネスクラブにある器具名も知っておきましょう。

Do you want to get **❶fit** and stay **❷in shape**? Then join Shapeup Fitness Club. We have a complete **❸exercise** room equipped with the latest machines, including **❹treadmills**, **❺stationary bikes**, and **❻free weights**. We offer a variety of fitness classes to create a **❼workout** that will suit your individual needs. Our **❽knowledgeable** and **❾experienced** staff will help you design your own **❿tailor-made** training course. **⓫Enroll** in a trial membership, and **⓬sign up for** a sample fitness program. Get in shape now and avoid the health risks associated with **⓭obesity**. Visit Shapeup today!

✦ ✦ ✦ ✦ ✦ ✦ ✦ ✦

健康で体形よくいたいですか。それならシェイプアップ・フィットネスクラブにご加入ください。ルームランナーやエアロバイク，フリーウェイトトレーニング器具を含む最新の機器を完備したエクササイズルームがございます。個人の必要性に合ったトレーニングのために，さまざまなフィットネスのクラスがございます。知識が豊富で経験豊かなスタッフが，あなたにぴったりの練習メニューを設計するお手伝いをいたします。体験会員として入会して，お試しフィットネスプログラムに申し込んでください。よい体形となって肥満関連の健康上のリスクを避けましょう。シェイプアップへ本日お越しください！

---

column　自転車も bike！

stationary bike は直訳すれば「静止自転車」ですが，ジムなどにある固定された自転車をこぐマシーン「エアロバイク」のことです。また，「マウンテンバイク」mountain bike は「オフロード用の自転車」ですね。日本語でバイクと言えばオートバイ（motorcycle）を指しますが，英語 bike は「自転車（= bicycle），オートバイ（= motorcycle）」の両方を指します。ですから，例えば Part 1 写真問題に自転車が写っていて，それを bike と呼んでいても間違いではありません。

体の状態

■=見出し語　■=関連語句

- ❶ **fit** [fɪt] 形 [体調がよい，健康で]
- ❷ **in shape** [体調[体形]がよくて]
- ⓭ **obesity** [oʊbíːsəti] 名 [肥満]

- **out of shape** [体調が悪くて，形が崩れて]
- **blood pressure** [血圧]
- **pulse** [pʌls] 名 [脈拍，心拍]

フィットネスクラブ

- ❸ **exercise** [éksərsàɪz] 名 [運動，体操]
- ❹ **treadmill** [trédmìl] 名 [(運動用の)トレッドミル，ルームランナー]
- ❺ **stationary bike** [エアロバイク]
- ❻ **free weight** [フリーウェイト(バーベル，ダンベルなどの重り)]
- ❼ **workout** [wə́ːrkàʊt] 名 [練習，トレーニング]
- ⓫ **enroll** [ɪnróʊl] 動 [(〜に)入会[入学]する (in)]
- ⓬ **sign up for ...** [(署名して)…に加わる]

- **membership** [mémbərʃɪp] 名 [会員の資格，会員総数]
- **weigh** [weɪ] 動 [〜の重さを量る，重さが〜だ]
- **fitness center** [フィットネスセンター]
- **gym** [dʒɪm] 名 [ジム，体育館 (=gymnasium)]
- **to capacity** [満員で]
- ＊ The course is filled to capacity. その講習は満員です。

その他

- ❽ **knowledgeable** [nɑ́(ː)lɪdʒəbl] 形 [知識の豊富な，精通している]
- ❾ **experienced** [ɪkspíəriənst] 形 [経験豊かな，ベテランの]
- ❿ **tailor-made** 形 [ぴったりの，注文仕立ての]

- **breathe** [briːð] 動 [呼吸する]

38 案内・アンケート フィットネスクラブの案内

39 ボランティアの案内

公園の清掃運動や慈善活動の案内です。活動の目的や活動内容を読み取りましょう。

It's time again for the annual Greenleaf ❶**clean-up** ❷**drive** picnic and ❸**charity** auction! ❹**Hosted** by local ❺**community** ❻**organizations**, and ❼**sponsored** through area businesses, our goals are to clean the park, ❽**raise funds**, and build community ❾**spirit**. All ❿**donations** will be used to support Greenleaf Park. Drinks and snacks will be provided to all participants, and lunch will be ⓫**generously** ⓬**donated** by Burger-Man. It's a great way to have fun and help your ⓭**neighborhood**. For more information, contact program director and ⓮**long-time** volunteer, Grace Hutton.

✦ ✦ ✦ ✦ ✦ ✦ ✦ ✦

毎年恒例のグリーンリーフ清掃活動ピクニックと慈善オークションの時期になりました。地元コミュニティー団体が主催し，地域企業が後援するこの活動の目的は，公園を清掃し，基金を集め，地域社会の意識を築くことです。寄付はすべてグリーンリーフ公園を維持するために使われます。飲み物とスナックが参加者全員に用意され，昼食はバーガーマンから寛大にも提供されます。楽しんで近隣の役に立つ素晴らしい方法です。詳しくはこの計画の運営者で長年のボランティアでもあるグレース・ハットンにご連絡ください。

慈善活動

■=見出し語　■=関連語句

- ❶ **clean-up** 名 [掃除]
- ❷ **drive** [draɪv] 名 [（組織的な）運動]　＊blood drive 献血運動
- ❸ **charity** [tʃǽrəti] 名 [慈善（団体）]
- ❹ **host** [hoʊst] 動 [～を主催する]
- ❼ **sponsor** [spá(:)nsər] 動 [～の後援者[スポンサー]となる]
- ❽ **raise funds** [基金を集める]
- ❾ **spirit** [spírət] 名 [精神]
- ❿ **donation** [doʊnéɪʃən] 名 [寄付（金）]
- ⓬ **donate** [dóʊneɪt] 動 [～を寄付する]

- **solicit** [səlísət] 動 [（援助・金銭など）を請い求める，懇願する]
- **fund-raiser** 名 [資金[寄付金]を集める人]
- **benefactor** [bénɪfæktər] 名 [恩恵を施す人，（学校・慈善事業の）後援者]

地域

- ❺ **community** [kəmjúːnəti] 名 [地域社会]
- ⓭ **neighborhood** [néɪbərhʊd] 名 [近所，近所の人々]

組織・団体

- ❻ **organization** [ɔ̀ːrɡənəzéɪʃən] 名 [組織，団体，機関]

- **nonprofit organization** [非営利団体]　＊略は NPO。
- **institution** [ìnstɪtjúːʃən] 名 [機関，組織，協会]
- **institute** [ínstɪtjùːt] 名 [学会，協会，研究所]
- **research institute** [研究所，研究機関]
- **association** [əsòʊsiéɪʃən] 名 [（共通の目的のための）協会，連合]
- **foundation** [faʊndéɪʃən] 名 [財団]

その他

- ⓫ **generously** [dʒénərəsli] 副 [寛大に，気前よく]
- ⓮ **long-time** 形 [長年の]

- **rain date** [雨天の場合の予備日]

案内・アンケート 40 雑誌の購読更新の案内 ♦ 2-41

📝 雑誌の定期購読など契約期間の終了が迫ってくると，継続の案内が送られてきます。継続方法や特典などが出題されます。

Please ❶**renew** your ❷**subscription** now for 12 issues for just $75—a ❸**savings** of 30% OFF the ❹**cover price**. Don't miss a single issue of *Inside World* magazine. Complete this ❺**renewal** ❻**form,** and then ❼**detach** along the ❽**perforated line** and return it using the enclosed ❾**postage-paid** envelope, or make your payment at any post office with the enclosed ❿**money transfer** ⓫**slip**. You will later receive a confirmation letter from us, which will verify your subscription status. Remember that each subscriber also receives our monthly e-mail ⓬**newsletter**.

✶ ✶ ✶ ✶ ✶ ✶ ✶ ✶

12号分たったの75ドルで，すぐにあなたの予約購読を更新してください。表示価格の30%引きです。『インサイド・ワールド』誌を1号たりともお見逃しなく。必要事項を記入の上，この更新申込書をミシン目で切り離し，同封されている郵便料金支払い済みの封筒で返送するか，同封の振込用紙を使って郵便局でお支払いをしてください。その後，当社から，あなたが定期購読者であることを証明する確認書が送られます。各購読者には毎月メールでニュースレターが配信されることもお忘れなく。

---

column　言い換えに注意！

　TOEIC の Part 7 では，本文中に出てきた単語を別の単語を使って言い換えるケースが多々あります。例えば，英文中では magazine「雑誌」と出ているものを，設問や選択肢では periodical「定期刊行物」や publication「出版物」と言い換えて示すパターンは頻出です。注意しましょう。

購読・更新

■=見出し語　■=関連語句

- ❶ **renew** [rɪnjúː] 動 [～を更新する]
- ❷ **subscription** [səbskrípʃən] 名 [予約購読(料)]
- ❸ **savings** [séɪvɪŋz] 名 [節約したお金] ＊単数扱い。
- ＊ at a savings of X% off ... …のX%引きで
- ❺ **renewal** [rɪnjúːəl] 名 [更新，再開]
- ❻ **form** [fɔːrm] 名 [申込用紙]
- ❼ **detach** [dɪtǽtʃ] 動 [～を引き離す，～を切り取る]
- ❽ **perforated line** [ミシン目]

- trial [tráɪəl] 名 [試し]

価格・支払い

- ❹ **cover price** [カバープライス(表紙に表示されている価格)，表示価格]
- ❾ **postage-paid** 形 [郵便料金支払い済みの]
- ❿ **money transfer** [送金，振替]
- ⓫ **slip** [slɪp] 名 [細長い紙[土地]，伝票]

- postage [póʊstɪdʒ] 名 [郵便料金]
- self-addressed 形 [自分宛の]
- ＊ self-addressed envelope 返信用封筒

新聞・雑誌

- ⓬ **newsletter** [njúːzlètər] 名 [ニュースレター，(定期的に発行する)会報]

- newsstand [njúːzstænd] 名 [新聞・雑誌の売店]
- copy [káː(ː)pi] 名 [(本・雑誌などの)部，冊]
- ＊ a copy of the newspaper 新聞1部
- periodical [pìəriáː(ː)dɪkəl] 名 [定期刊行物，雑誌]
- circulation [sə̀ːrkjuléɪʃən] 名 [循環，(新聞の)発行部数，売れ行き]
- supplement [sʌ́plɪmənt] 名 [補足，増刊号，別冊付録] 動 [～を補う]
- editorial [èdɪtɔ́ːriəl] 名 [(新聞・雑誌の)社説，論説]
- feature story [特集記事]
- obituary [əbítʃuèri] 名 [(新聞などの)死亡記事，死亡告示]
- classified ad [(新聞などの求人・家・中古車など部門別の)案内広告]

41 レストランのレビュー

批評　2-42

レストランのレビューです。料理名や食材，出てきた料理についての描写などを注意して読みましょう。

We arrived at El restaurante **❶ahead of** our reservation but were **❷seated** immediately. The menu had a wide range of mains to choose from—seafood, beef, **❸poultry** and **❹vegetarian** dishes. Our waiter **❺greeted** us without delay, and gave us a **❻rundown** of the day's **❼specials**. After placing our orders, we enjoyed the **❽quiet** yet **❾cozy** atmosphere of the restaurant. Our dinners were promptly served, and our **❿entrée** of **⓫roast** duck had a wonderful **⓬tender** **⓭texture** and spicy **⓮flavor**. We will **⓯definitely** return to El restaurante again soon.

❖ ❖ ❖ ❖ ❖ ❖ ❖ ❖

予約時間前にエル・リストランテに着きましたが，すぐに座れました。メニューにはさまざまなメイン料理があり，魚介，牛肉，鶏肉やベジタリアン料理から選べます。ウエーターはタイミングよくあいさつすると，その日の特別料理の概要を説明してくれました。注文をして待っている間は，レストランの静かながらも心地よい雰囲気を楽しみました。ディナーはすぐに出され，メイン料理の鴨のローストは見事な軟らかい舌ざわりで，香辛料が効いていました。近いうちにまたぜひ，エル・リストランテに行きます。

レストラン

- ❷ **seat** [síːt] 動 [(人)を座らせる]　＊Please be seated. ご着席ください。
- ❹ **vegetarian** [vèdʒətéəriən] 形 [菜食主義(者)の]　名 [菜食主義者]
- ❽ **quiet** [kwáɪət] 形 [静かな]
- ❾ **cozy** [kóuzi] 形 [(場所などが)居心地のよい]

- **gourmet** [gúərmeɪ] 名 [食通，グルメ]
- **pour** [pɔːr] 動 [(飲み物など)を注ぐ]
- ＊pour coffee into a cup コーヒーをカップに注ぐ
- **take an order** [注文を取る]
- **gratuity** [grətjúːəti] 名 [チップ(=tip)]

料理・飲み物

- ❸ **poultry** [póultri] 名 [(鶏，七面鳥など)家禽(の肉)，鶏肉]
- ❼ **special** [spéʃəl] 名 [(料理店自慢の)特別料理，(店の)特価品]
- ❿ **entrée** [áːntreɪ] 名 [主菜]
- ⓫ **roast** [roust] 形 [ローストした，焼いた]
- ⓬ **tender** [téndər] 形 [柔らかい]
- ⓭ **texture** [tékstʃər] 名 [舌[手]ざわり，きめ]
- ⓮ **flavor** [fléɪvər] 名 [味，風味，香味料]

- **appetizer** [ǽpɪtàɪzər] 名 [食前酒，前菜]
- **meal** [míːl] 名 [(1回の)食事]
- **cuisine** [kwɪzíːn] 名 [料理(法)]
- **ingredient** [ɪngríːdiənt] 名 [成分，材料]
- **garnish** [gáːrnɪʃ] 名 [(料理の)つま，付け合わせ]
- **starter** [stáːrtər] 名 [(食事の)最初に出る料理]
- **soup of the day** [本日のスープ]
- **nutrition** [njutríʃən] 名 [栄養摂取]

その他

- ❶ **ahead of ...** […より先[前]に]
- ❺ **greet** [gríːt] 動 [(人)にあいさつする]
- ❻ **rundown** [rʌ́ndàun] 名 [概要(の説明)]
- ⓯ **definitely** [défənətli] 副 [明確に，確かに]

41 レストランのレビュー

42 本の紹介

批評

🔊 2-43

📝 本の内容についてどう言っているかに注意しましょう。政治関係の用語もチェック。

Tom Brown's award-winning and ❶best-selling ❷biography of John Gardner is now available in ❸paperback. Since its ❹publication one year ago, *Accountability* has sold over 100,000 copies and won many ❺prominent awards. ❻Critics call the book an ❼engrossing ❽masterpiece. When ❾actor-turned-politician John Gardner was ❿governor of North Cross, Tom Brown worked as his personal secretary. Based on notes Brown kept during that time, *Accountability* exposes the dark side of politics, and details the ⓫controversial ⓬themes of ⓭bribery and ⓮corruption.

✤ ✤ ✤ ✤ ✤ ✤ ✤ ✤

トム・ブラウンの受賞作でベストセラー作品でもあるジョン・ガードナーの伝記が今度はペーパーバックになった。1年前の出版以来『アカウンタビリティー』は10万部以上売れ，数多くの名高い賞を受賞した。批評家たちはこの本を，夢中にさせる傑作と呼ぶ。俳優から転身した政治家ジョン・ガードナーがノースクロスの知事だったとき，トム・ブラウンは彼の個人秘書として働いていた。ブラウンが当時つけていたメモを基にして，『アカウンタビリティー』は政治の闇の部分をさらけ出し，わいろと汚職という論争の的となるテーマを詳しく述べている。

column 「○○から転身した△△」

actor-turned-politician は「俳優から転身した政治家」ですが，〈前職 -turned- 現職〉の形で「(前職)から転身した(現職)」という意味になります。職名であれば -turned- の前後に何を入れても構いませんので，いろいろ作れる便利な表現です。(例) writer-turned-governor「作家出身の知事」，lawyer-turned-journalist「弁護士出身のジャーナリスト」

本関連

- ❶ **best-selling** [形] [(本・作家など)ベストセラーの]
- ❷ **biography** [baɪá(ː)ɡrəfi] [名] [伝記]
- ❸ **paperback** [péɪpərbæk] [名] [ペーパーバック, 紙表紙本]
- ❹ **publication** [pʌ̀blɪkéɪʃən] [名] [出版(物), 発表]
- ❻ **critic** [krítɪk] [名] [批評家]
- ❽ **masterpiece** [mǽstərpìːs] [名] [傑作]
- ⓬ **theme** [θiːm] [名] [主題, テーマ]

- **content** [ká(ː)ntent] [名] [中身, 内容] ＊a table of contents 目次
- **index** [índeks] [名] [索引]
- **volume** [vá(ː)ljəm] [名] [音量, 容量, (本の)巻] ＊volume 3 第3巻
- **sequel** [síːkwəl] [名] [(小説などの)続編]
- **autobiography** [ɔ̀ːṭəbaɪá(ː)ɡrəfi] [名] [自伝, 自叙伝]
- **memoir** [mémwɑːr] [名] [回顧録, 自叙伝(-s)]
- **tragedy** [trǽdʒədi] [名] [悲劇]
- **fiction** [fíkʃən] [名] [小説, フィクション]
- **literature** [líṭərətʃər] [名] [文学(作品), (広告・宣伝用)印刷物]

政治関係

- ❾ **actor-turned-politician** [名] [俳優から転身した政治家]
- ❿ **governor** [ɡʌ́vərnər] [名] [知事]
- ⓫ **controversial** [kà(ː)ntrəvə́ːrʃəl] [形] [論議の的となる, 論争を招く]
- ⓭ **bribery** [bráɪbəri] [名] [わいろの授受]
- ⓮ **corruption** [kərʌ́pʃən] [名] [贈収賄, 汚職, (政治的)腐敗]

- **municipal** [mjuːnísɪpəl] [形] [地方自治の, 市[町]の]
  ＊municipal office 市役所
- **local government** [地方自治体]

その他

- ❺ **prominent** [prá(ː)mɪnənt] [形] [有名な, 卓越した, 目立った]
- ❼ **engrossing** [ɪnɡróʊsɪŋ] [形] [夢中にさせる, 心を奪うような]

INDEX (さくいん)

A

A as well as B	218
abide	88
ability	121
able	183
aboard	42
abroad	85
abruptly	202
abundant	156
accept	16
acceptable	16
acceptance	16
access	105
accessible	105
accommodate	143
accommodating	143
accommodation	143
accompany	58
accomplish	95
accomplished	339
accomplishment	129
accord	367
accordingly	213
according to ...	213
account	87, 319
accountability	87
accountable	87
accountant	54, 285
accounting date	303
accounting department	267
accumulate	84
accumulation	84
accumulative	84
accuracy	36
accurate	187
accurately	187
accuse	46
achieve	95
achievement	95
acknowledge	96
a couple of ...	211
acquaintance	341
acquire	90
acquisition	367
actor-turned-politician	409
actual	196
actually	196
add	22
addition	158
additional	22
address a meeting	270
adequate	182
adhere	44
adjacent	153
adjust	68
administration office	267
admire	97
admission	15
admission fee	381
admit	15
adopt	96
advance	295, 375, 389
advanced	192
advancement	295
advantage	377
adversary	175
adverse	175
adversely	175
adversity	175
advertisement	310
advertiser	311
advertising agency	311
advertising effect	311
advise	23
advocate	23
affect	60
affected	387
affiliated company	281
affirm	78
affix	44
afflict	41
affluent	143
afford	32
affordability	32
affordable	32
after adjusting for inflation	176
after all	199
after-sales service	395
afterwards	209
agenda	264
aggressive	361
agree	16
agreed-upon	353
agreement	367
agricultural	133
ahead	105
ahead of ...	407
ahead of schedule	269
aim	130
air conditioning	365
airline	32
air pollution	375
aisle	397
aisle seat	379
alarm	52
alert	52, 168
allergic	56
alleviate	33

allocate	74	appearance	50	assembly	77
allocation	74	appetizer	407	assembly line	369
allow	15	applaud	100	assert	90
allowance	359	applause	100	assess	88
almost	200	appliance	124	asset	140, 305
alongside	365	applicable	359	assign	151
along with ...	208	applicant	82	assignment	151
alter	122	application	88	assistance	345
alternate	122	apply	88	associate	291
alternative	122	appoint	93	associated	186
alternative fuel	377	appointment	142	associated company	
alternatively	345	appraise	89		281
amazing	172	appreciate	97	association	403
ambience	126	appreciation	97, 299	assume	68
ambition	192	apprentice	341	assumption	69
ambitious	192	appropriate	185	assure	78
amend	67	approval	16	asthma	175
amenity	126	approve	16	athlete	339
amid	373	approximately	200	at last	199
amount	110	architect	138	at least	209
analysis	69	architecture	138	ATM	391
analyst	69	area	109	atmosphere	126
analyze	69	area code	345	at no cost	357
anniversary	337	argue	90	at once	195
annoyed	159	arise	34	at one's earliest	
annual	176	around	201	convenience	216
annual general		arrange	73	at one's option	357
meeting	305	array	377	attach	44
annually	177	arrest	146	attachment	44
annual report	304	arrow	343	attain	95
anonymous	399	article	124, 309	attempt	38
answering machine		articulate	29	attend	66
	345	art museum	381	attendance	66, 335
anticipate	100	artwork	381	attendee	66
anticipation	100	ascend	102	attention	112
anxiety	21	as for [to] ...	204	attentive	183
anxious	166	ask for ...	120	attentively	183
apart from ...	214	as much as ...	158	attic	114
apologize	65	as necessary	99	attire	112
apology	65	as of ...	215	attitude	117
apparently	199	aspect	120	attract	59
appear	50	assemble	77	attraction	59

attractive	59	bankruptcy	205	best-selling	409
attribute	47	bank teller	391	be underway	210
audience	319	banner	335	be up to ...	17
auditor	277	banquet	148	beverage	397
authenticate	78	bargain-basement	395	be yet to *do*	211
author	339			biannual	177
authority	151	bargaining	371	bid	367
authorization	151	barn	25	bill	317
authorize	151	-based	367	billboard	311
authorized	349	basement	157	billing	353
autobiography	409	battery	375	biodiversity	381
automobile	375	be about to *do*	216	biography	409
automotive	375	beat	60	blackout	387
availability	155	(be) based on ...	98	blame	46
available	155	because of ...	207	blood pressure	401
avenue	363	be entitled to		blueprint	138
average	176	[to *do*] ...	184	board	42
avert	15	beep	345	boarding	379
avid	166	be equipped with ...	216	boardroom	277
avoid	14	beforehand	133	body	271
award	94	be free from ...	357	bond	279
aware	155	be good through ...	85	book	36, 307
awareness	155			bookkeeper	183, 307
awesome	171	be hard hit	221	bookkeeping	307
awful	171	behave	117	booklet	313
axis	343	behavior	117	booming	369
		behind schedule	269	boost	14
B		belonging	103	boring	331
		bend	25	borrow	20
bachelor's degree	327	benefactor	134, 403	borrower	389
backbreaking	331	beneficial	134	both *A* and *B*	218
back order	351	benefit	134	bother	62
back ... up	385	benefits package	327	bottom line	301
backyard	104	be passed over for		boulevard	363
baggage	102	promotion	295	box office	116
baggage claim	379	be put on hold	345	branch	275
balance	306	be responsible for ...	209, 327	brand-name	395
balance sheet	305			break	343
ballot	52	be satisfied with ...	75	break even	307
ban	110	besides	196	break-even point	307
bank account	391	be sold out	169	breakthrough	377
bankbook	391			breathe	401
banknote	391				

breeze	383	caller	289	ceiling fan	365
bribe	15	call for ...	120	celebrate	95
bribery	409	call in sick	345	celebrated	339
brick	24	call ... off	265	celebration	95, 335
brief	71, 201	call off the strike	371	celebrity	95
briefcase	102	calm (...) down	106	cell phone	289
briefly	201	cancel an order	351	Celsius	383
bring ... about	21	candid	399	CEO	277
broad	168	candidate	138, 327	ceremony	335
broadcast	387	canned goods	397	certificate	327
brochure	312	capability	183	chair	265
broken	355	capable	182	chairperson	265
broom	26	capacity	369	chairperson (of the board)	277
browse	57, 397	capital	140, 305	challenging	331
budget	134	capture	90	chance	123
budget constraint	303	car	105	change	51
buffet	335	car accident	385	charge	353
bug	347	carbon dioxide	375	charity	403
burden	145	cardboard box	103	chart	343
business day	345	car dealership	273	chartered bus	381
business hours	345	career	62	check	128
bustle	363	cargo	146	checkbook	129
buyout	367	caring	337	check-in counter	379
by air	351	carrier	128, 273	checking account	391
by a majority vote	16	carry	18	check one's bag	379
by express mail	351	carry (...) on	143	checkout counter	397
by mail	351	carry-on	379	chief	171, 291
by oneself	210	carry ... out	99	chilly	383
by overnight mail	351	cart	397	chipped	355
bypass	385	carton	103	choice	122
by registered mail	351	cash	391	chronic	56
by ship	351	cash flow statement	305	circular	313
by truck	351	cashier	397	circulation	405
		casual	363	circumstance	122
C		catalog	349	citizen	118
cabinet	113	catch the train	42	city hall	136
cafeteria	208, 369	caterer	335	claim	90
calculate	22	cause	21	clap	100
calculation	22	caution	52	clarify	27
calculator	22	cease	365	classified	173
call a meeting	265	ceiling	114	classified ad	405
call back	345				

classify	173	committed	149	compound	141		
clause	357	committee	149	compound interest	299		
cleaner	285	commodity	309				
clean-up	403	common	178	comprehend	188		
clean (...) up	27	commonly	178	comprehensible	188		
clear the table	26	communication	363	comprehensive	188		
clerk	137	community	403	comprise	39		
client	319	commute	83	compromise	371		
climate	122	commuter	83	compulsory	341		
climate change	375	company	58	conceal	99		
closet	113	company brochure	313	concentrate	56		
close to ...	215			concentration	56		
closing time	345	compare	36	concern	47		
closure	373	comparison	36	concerning	47		
cloth	112	compatibility	395	concierge	393		
clothing	112	compel	100	concise	339		
clutter	27	compensate	147	conclude	48		
coal	377	compensation	146, 337	conclusion	48, 271		
co-founder	337	compete	177	condemn	46		
coherently	200	competent	183	conditional	349		
collaborate	359	competition	177	conduct	84		
collapse	119	competitive	177	conductor	85		
colleague	291	competitive edge	395	conference	343		
collect	51	competitive price	395	conference call	343		
collective	371	competitor	177	confidence	124		
collision	385	complain	119	confident	124		
combine	377	complaint	119	confidential	173, 399		
combined	359	complete	35	confirm	78		
come by ...	213	completely	35	confirmation	78		
come into effect	219	completion	35	conflict	93		
come up with ...	209	complex	142	confront	43		
comfort	157	compliance	88	confrontation	371		
comfortable	157	complicated	167	confuse	27		
coming	177	complication	167	confused	27		
commemorate	337	compliment	96	confusion	27		
commend	23	complimentary	393	congested	385		
commensurate	327	comply	88	congratulate	333		
comment	399	component	136	congratulation	333		
commerce	187	compose	136	connected	393		
commercial	187	composed	136	connecting flight	379		
commission	149, 293	composer	137	conscious	155		
commitment	149			consecutive	190		

consecutively	190	controversial	409	credible	181
consent	16	convene	343	credit	353, 391
consequence	150	convenient	363	creditor	389
consequently	198	convention	343	crew	50
conserve	64	convert	377	criminal	347
consider	30	convince	60	criterion	111
considerable	30	COO	277	critic	409
considerate	31	cooperate	97	critical	186
consideration	30	cooperation	97, 359	criticism	149
considering that ...	220	cooperative	97	criticize	149
consist	39	coordinate	68	critique	149
consistent	39	copy	405	cross	23
consistently	200	cordial	29	crossing	108
consolidate	367	cordially	335	crucial	186
consolidation	367	corporation	273	cuisine	407
conspicuous	184	correct	161	cupboard	113, 287
constant	164	correction	161	curb	107
constitution	120	corrective	161	currency	164
construct	136	correctly	161	current	164
construction	136	correspondence	363	currently	164
constructive	343	corroborate	78	curtail	33
consult	49	corruption	409	customer	319
consume	94	cosmetic	14	customer base	367
consumer	94	cost	353	customer loyalty	351
consumer goods	309	cost-effective	395	customer number	317
consumption	94	council	68	customer service	267
contact	168	count on ...	17	custom-made	395
contact number	363	coupon	397	customs	379
contain	34	courage	61	cutback	361
container	35	courier	351	cut down on ...	33
content	409	courteous	180	cutlery	114
continental breakfast	393	courteously	335	cyber	347
continual	164	courtesy	180		
continue	164	cover	43	**D**	
continuous	164	coverage	337	dairy food	397
contract	128	cover letter	327	damage	147, 387
contractor	283	cover price	405	damaged	355
contractual	128	co-worker	291	damp	49
contribute	57	cozy	407	data management	341
contribution	57, 333	cracked	355	dated	351
		crash	385	date of purchase	357
		create jobs	369		

415

deadlock	150	department	266	dig	26
deal	128	departure	379	diligence	182
dealer	349	depend	16	diligent	182
deal in ...	18	dependable	181	diminish	33
deal with ...	219	dependent	17	diner	319
debit	391	depict	39	direct	144
debt	135	depletion	375	direct flight	379
debtor	389	deposit	389, 391	direction	144
decade	121	depreciation	299	director	277
decide	59	depression	321	directory	126
decline	33	deregulation	121	disadvantage	377
decrease	14	descend	102	disappear	50
dedicated	90, 399	descent	379	disappointed	160
dedication	331	describe	39	disapprove	16
deduct	293	description	39, 317	disassemble	77
defeat	60	deserve	173	disaster	375
defect	173, 357	design	66	discipline	120
defective	173	designate	74	disclose	399
defend	18	designation	74	discolored	355
deficit	135	designer	66	discontinue	351
deficit-ridden company	301	desired	327	discourage	61
		despite	203	discovery	152
definitely	407	destination	379	disgusted	160
degree	383	detach	44, 405	disinclined	158
delay	121	detail	29	dismay	47
delete	77	detailed	29	dismiss	64, 373
deliberate	31	deteriorate	40	display	85
delight	158	determination	59	disposal	323
delighted	158	determine	59	dispose of ...	72
deliver	18, 315, 351	determined	59	dispute	150
deliver a speech	271	detour	385	disregard	353
delivery date	317	develop	69	disrupt	62
demand	120	developer	69	disruption	62
demanding	331	development	69	dissatisfied	158
demeanor	117	device	136	distance	363
demonstrate	80	devote	167	distinguished	339
demonstration	80	devoted	167	distract	59
demote	295	devotion	167	distress	47
demotion	295	diagnose	56	distribute	73
dentist	285	dial tone	345	distribution	73
deny	15	diet	61	distributor	73, 349
depart	19	difficulty	145	district	109

disturb	62	dubious	116	employ	74
disturbance	62	due	176	employee	371
diverse	156	due to ...	207	Employee of the Year Award	333
divide	22	durability	395	empty	165
dividend	279	durable goods	309	enable	15
division	331	duration	357	enclose	76
do business	349	duty	64	enclosure	76
document	17			encounter	43
documentation	359	**E**		encourage	61
do extra work	269	eager	166	encouragement	61
domestic	179	earn	82	end	130
domestic sales department	267	earnings	83, 361	endanger	18
donate	403	ease	127	endorse	16
donation	403	easily	218	endure	58
do the laundry	26	eco-friendly	375	enforce	99
double	369	economist	339	engage	84
double-digit	361	editorial	88, 405	engagement	84
doubt	116	effect	60	English breakfast	393
doubtful	116	effective	178	engrossing	409
download	347	effectiveness	178	enhance	98
down payment	389	efficiency	181	enhancement	98
downside	377	efficient	181	enlarge	86
downsizing	361	efficiently	181	enlargement	365
downstairs	193	either *A* or *B*	218	enlightening	341
down the street	212	elaborate	94	enormous	331
downtown	108	election	52	enough	182
downturn	321	electric	375	enroll	139, 401
downward spiral	321	electrical grid	377	ensure	79
dozen	121	electrician	285	enter	42
doze off	217	electricity	323	enterprise	273
draft	145	element	137	entertainment	335
drastic	111	eligibility	184	entertainment expense	359
drawer	113	eligible	184	enthusiastic	166
drawing	397	eliminate	72	entire	163
draw on ...	367	elimination	72	entirely	163
dressed	28	embark	92	entrance	42
drive	103, 403	emerge	50	entrée	407
driveway	103	emergent	169	entry	42
drop by ...	213	emission	375	envelope	287
drop ... off	106	emit	375	environment	122
drought	375	emphasis	125		
		emphasize	125		

environmentalist	375	existing	182, 391	factory	275
environmentally-friendly	37	exit	385	Fahrenheit	383
		expand	86	fail	45
equip	136	expansion	86	failure	118
equipment	136	expect	69	fall	50
equivalent	327	expenditure	361	fall asleep	217
eradicate	72	expense	135, 361	fall behind	389
erase	77	expensive	135	fame	125
especially	195	experience	63, 361	familiar	163
essential	399	experienced	401	familiarize	341
establish	74	experiment	89	far	172
establishment	75	expert	52	fare	107
estimate	82	expertise	153	farewell party	333
evacuate	34	expiration	85	farmer	337
evade	15	expire	85	farther	168
evaluate	88	explain	28	fashion	111
eventually	199	exploit	101	fasten	379
exact	187	exploration	53	fault	355
examination	89	explore	53	faulty	173
examine	89	explorer	53	favor	116
excavate	27	exporter	283	favorable	116
excavation	381	expose	58	favorite	116
exceed	93	exposure	58	fear	116
excel	93	express	29	feasible	188
excellent	172	express counter	397	feature	119
except	203	expressway	206	feature story	405
except for ...	214	extend	86	fee	107
exception	203	extension	288, 365	feedback	399
exceptional	203, 329	extensive	187	feel free to *do*	168
excess	93	external	179	fever	205
excess item	355	extinction	381	fiber-optic cable	365
exchange	51	extinguish	72	fiction	409
exchange rate	299	extreme	198	field test	85
exclude	174	extremely	198	figure	133
excluding	203			figure ... out	212
exclusive	174	**F**		file	355
exclusively	174	fabric	112	file a claim	199
executive	277	fabulous	172	filing cabinet	287
exercise	401	face	42	fill	19
exhausted	160	facilitate	141	fill an order	351
exhibit	381	facility	141	fill ... in	208
exhibition	335	factor	120	fill ... out	208

418

film director	339	fluctuate	154	freeze	361
finalize	367	fluctuation	154	freezing	383
finally	199	fluent	329	frequency	199
finance	178, 281	flyer	313	frequent	199
financial	178	focus	56	frequent flyer program	379
financial crisis	321	fold	114
financially	178	follow	22	frequently	199
financial statement	305	following	23	front	383
		foot traffic	397	frustrated	160
fine	130	for a minute	20	frustration	21
fine print	357	forbearance	389	fuel	106
finite	377	forbid	56	fuel-efficient	375
fire	373	force	100	fulfill	48
fire extinguisher	369	forecast	143	full-time	373
firefighter	285	foreclosure	389	fund	281
firewall	347	foreign	179	fundamental	171
firm	170, 272	foreman	291	fund-raiser	403
firmly	21	foresee	91	furnished	113
first aid	341	for free	357	furnishing	113
first of all	339	forget	20	furniture	113
fiscal	303	forgive	15	further	168
fit	165, 401	form	63, 405	furthermore	196
fitness center	401	former	162
fitting room	397	for nothing	357	**G**
fix	31	forthcoming	177
fixed	31	fortunate	198	gadget	136
fixed interest rate	299	fortunately	198	gain	80, 301
fixture	31	fortune	198	gala	148, 335
flammable	124	forward	116	gallery	381
flatter	96	for your reference	190, 355	garage	104
flat tire	385			garbage	114
flavor	407	fossil	381	garden	198
flaw	355	fossil fuel	377	garment	112
flawless	395	found	75	garner	51
fleet	375	foundation	75, 403	garnish	407
flight attendant	379	founder	75, 337	gas guzzler	375
floating interest rate	299	founding	337	gas station	107
		fraction	395	gather	50
flood	375	frankly speaking	220	gathering	51
flooding	62	fraud	132	gauge	111
floor	363	free of charge	357	gaze	57
flourish	369	free weight	401	general affairs	267

| 419 |

generally speaking	220	grab	17	hardly ever ...	193
generate	21	gradual	202	hardship	145
generous	182	gradually	202	hardware	347
generously	403	graduate	341	hardworking	182
getaway	393	grand opening sale	397	harm	18, 375
get off ...	206	grant	15, 281	have yet to *do*	211
get on ...	206	grasp	17	head	331
get over ...	144	gratitude	123, 333	headache	41
get [receive] a promotion	295	gratuity	407	head office	275
get rid of ...	77	greenhouse gas	375	headquarters	274
get sick leave	205	greet	407	head toward(s) ...	383
get stuck	385	grid	387	health-conscious	349
get together	51	grocery	114	hear from ...	216
giant	273	gross	301	heart	363
gift certificate	397	growth	367	heating	365
given that ...	220	guarantee	75	hereby	335
glad	159	guess	69	hesitant	45
glance	57	guest	319	hesitate	44
glimpse	57	guided tour	381	hesitation	45
glitch	347	gust	383	hide	99
global warming	375	gym	401	high-end	395
go ahead	143			highlight	98
go bankrupt	205	**H**		high-profile	184
go down	387	habit	117, 399	high-tech	192
going-out-of-business sale	397	hacker	347	hinder	46
go into the red [black]	301	halt	150	hint	37
good	391	handicraft	381	hire	74
good reason	30	handle	73	historic	124
goods	308	handlebar	73	historic site	393
go on strike	52, 371	handling	73	hit a new high [low]	361
go out of business	205	handling cost	349	hit a record high [low]	361
go over ...	206	hand ... out	73	hold	17
go public	279	handout	132	hold a meeting	265
go through ...	63	handrail	102	holding company	281
go to the polls	52	handset	289	Hold on, please.	289
gourmet	407	hands-on	327	homeowner	389
governor	212, 409	hang	24	honor	146
		hang up	345	hood	107
		happen	210	hook	24
		hard hat	27		
		hardly	193		

horizontal	343	impressive	159	index	409		
hospitality	148	impromptu speech		indicate	37		
hospitalize	148		271	indication	37		
host	403	improperly	201	indict	43		
hostile	160	improve	40	individual	139		
hourly	373	improvement	399	individually	139		
household	179	inability	121	induce	60		
household goods	309	in accordance with ...		in effect	219		
however	197		214	inefficient	181		
hub	363	inaccurate	187	inexpensive	367		
huge	170	in addition	355	in fact	196		
human resources		in addition to ...	208	infamous	339		
department	267	in advance	209	infant	393		
humble	180	inappropriate	185	infect	347		
humid	383	in a row	215	infer	37		
hybrid	375	in arrears	389	inferior	172		
hydroelectric	377	in association with ...		in-flight	379		
			369	influence	60		
		inattentive	183	inform	70		
		inauguration speech		informative	341		
icy	383		271	in general	22		
identical	61	in bulk	349	ingredient	407		
identification	132	incapable	183	inherit	45		
identify	61	in case of ...	216	in-house	341		
identity theft	347	incentive	327	initial	92		
idle	373	in charge of ...	209	initially	92		
ignorance	64	inclement	383	initial public offering			
ignorant	64	inclined	162		279		
ignore	64	include	203	initiate	92		
illustrate	39	including	203	initiative	92		
immediate	195	inclusion	203	injure	127		
immediately	195	inclusive	174	injury	62		
immerse	50	income	134, 361	ink cartridge	287		
impatient	181	income tax	293	inn	393		
imperative	169	incoming call	289	innovate	189		
implement	99	incompetent	183	innovation	189, 377		
implementation	99	in conclusion	339	innovative	189		
implication	37	inconvenience	365	in person	210		
imply	37	incorrect	161	in place of ...	214		
importer	283	increase	14	inquire	151		
impose	101	indeed	196	inquiry	151		
impress	159	in-depth	174	insert	76		
impressed	159						

| 421 |

in shape	401	intern	341	job creation	369
insist	28	internal	179, 341	job description	327
inspect	85	interoffice	341	job interview	327
inspection	85	interpersonal	329	job opening	327
inspector	85	interrupt	62	job placement	297
inspiration	381	intersection	108	join forces	359
inspire	61	in the event of ...	216	joint venture [company]	281
in spite of ...	203	in the foreseeable future	321	judge	89, 285
install	84	in the long run	212	junction	108
installation	84	in the meantime	220	just in case	216
installment	389	in the wake of ...	217		
instantly	195	introduce	19	**K**	
instead of ...	208	introduction	19, 271	keen	157
institute	403	invalid	359	keep ... in mind	343
institution	403	invaluable	148	keynote speaker	339
in stock	351	invent	152	knee	55
instruct	144	invention	152	kneel	55
instruction	144	inventory	147	knowledge	122
instructor	144	invest	80	knowledgeable	401
instrument	137	investigate	132		
instrumental	137	investigation	132	**L**	
insufficient	182	investment	80	lab	163
insurance	72, 337	investor	80	label	44
insurance policy	103, 337	invitation	335	labor	186, 371
insure	337	invoice	316	laboratory	275
integrate	51	involve	185	labor cost	359
integrated	377	involved	185	laborer	371
intend	45	in writing	210	lack	135
intense	188	irrelevant	186	ladder	25
intensive	188	irresponsibility	123	laid-off	92
intent	45	irritated	159	land	379
intention	45	issue	54	landfill	323
intentional	45	item	309	landing	102
interact	381	itemized budget	303	land-line phone	289
interdepartmental	341	item number	317	landlord	193
interest rate	298	itinerary	145	landscape	393
interim	191			lane	385
intermediate	329	**J**		large-scale	187
intermittent	383	janitor	26	last	48
in terms of ...	216	jet lag	379	last-minute	343
		jewelry	395	late	164

latecomer	343	limited-production	395	make a reservation	36
late fee	353	line	104, 335	make [give] a speech	271
lately	164	liquid	124	make certain	79
latest	164	listed company	279	make every effort	33
latter	162	literature	313, 409	make it to ...	213
launch	92	live up to ...	48	make sense	74
law	120	load	76	make sure	79
lawyer	285	loan	389	make up one's mind	59
lay	24	local government	190, 409	malfunction	357
lay ... off	373	locate	43	malicious	347
lay ... out	73	location	363	mall	153
lead	21	lock	365	manage	70
lead by example	120, 329	lodging	393	management	303
leading	21	long-term	189	managerial	331
leaflet	313	long-time	189, 403	mandatory	341
leak	119	look for ...	55	manner	111
lean	25	look forward to ...	216	manufacture	81
leave	19	look over ...	206	manufacturer	282
leave a message	345	lose	373	margin	301
ledger	307	loss	301	mark	95
lend	20	lost	337	marketing	311
lender	389	lot	109	market trend	343
length	357	lower	33	marvelous	172
lengthen	54	lower back pain	41	massive	170
letterhead paper	287	low-pressure	383	mass production	369
letter of recommendation	329	luckily	198	mass transit	104
letter of reference	329	lucrative	190	masterpiece	409
letter of resignation	297	luggage	102	material	133
liability	154, 305	lump sum	389	material cost	359
liaison	275	luxurious	25	matter	132
life	381	luxury	143	maximum	391
lift (up)	103	luxury goods	309	mayor	138
light meal	335			meal	407
lightness	395	**M**		mean	176
lightning	383	machinery	136	meaningful	161
likely	162	made-to-order	395	means	111
limited	104	magnificent	172	meanwhile	220
		maintain	32	measure	111
		maintenance	32	measure up to ...	48
		make a profit	300		

mechanic	85	
media	311	
median	176	
medical	118	
medical checkup	56	
medication	118	
medicine	118	
medium	176	
meet	48	
membership	401	
memoir	409	
memorable	337	
memorandum	363	
memorialize	337	
mention	28	
merchandise	309	
merge	367	
merger	367	
mergers and acquisitions	367	
method	110	
mileage	359	
minimum	391	
minimum order	349	
minute	265	
miscalculate	22	
miscellaneous	156	
misgiving	116	
mishandle	73	
mislead	21	
misplace	78	
miss	397	
missing	355	
miss the train	42	
moderate	180	
modest	180	
modestly	180	
modification	68	
modify	68	
money order	218	
money transfer	405	
monitor	347	

mop	26	
moreover	196	
mortgage	389	
motivated	329	
motorist	385	
move to ...	363	
move (...) up	295	
multiply	22	
municipal	80,	409
must	327	
mutual	189	

N

name	93	
narrow	168	
natural gas	323	
natural history museum	381	
nature park	381	
nearby	153	
nearly	201	
neglect	64	
negligence	64	
negligible	64	
negotiate	371	
neighborhood	153,	403
neighboring	196	
neither *A* nor *B*	218	
nervous	167	
net	301	
net profit	361	
nevertheless	197	
newly-hired employee	341	
newsletter	405	
newspaper	124	
newsstand	405	
next to ...	214	
no later than ...	355	
no longer	215	
no matter how ...	197	

nominal	395	
nominate	333	
nominee	333	
nonetheless	197	
nonprofit organization	403	
notable	339	
note	76,	351
noted	339	
notepad	287	
notice	70	
notify	70	
not only *A* but (also) *B*	218	
novelist	339	
now is the time to *do*	32	
now that ...	220	
numerous	156	
nutrition	407	

O

obesity	401	
obey	88	
obituary	405	
object	16	
objective	130	
obligation	154	
obligatory	341	
oblige	154	
observe	95	
obstruct	46	
obtain	80	
obvious	199	
obviously	198	
occasion	147	
occasional	383	
occasionally	147	
occupancy	43	
occupation	139	
occupied	165	
occupy	43	

occur	34	organizer	73	oversight	25
occurrence	34	otherwise	197	overview	81
offer	29	outage	387	overwhelm	63
office clerk	285	outcome	150	overwhelming	63
officer	277	outdated	365	owe	40
office supplies	286	outfit	112	owing to ...	207
official	15	outgoing call	289	own	349
offset	307	outlaw	56		
oil	377	outlet	275	**P**	
old-fashioned	191	outline	71	pack	355
omit	72	outlook	321	package	103
on an hourly basis	22	outlying	387	packaging	355
on behalf of ...	214	out-of-pocket	359	packaging cost	359
one-time	105	out of shape	401	paid vacation	327
ongoing	164	out of stock	351	painting	24
on hand	185	outplacement	297	pamphlet	313
on one's own	210	outpost	275	panel	365
on one's way home	213	output	142, 369	paperback	409
		outside line	289	parcel	103
on schedule	269	outskirts	109	parent company	281
on-site	341	outsourcing	361	part	137, 357
on the contrary	219	outstanding	184	partial	188
on time	209	outstanding balance	307	participant	139
on top of ...	215			participate	67
opening address	271	outweigh	377	participation	139
opening remark	271	overall	163	particular	169
opening time	345	overboard	42	particularly	169
operate	72	overbook	36	part-timer	373
operating cost	359	overcome	62	passenger	106
operation	72	overdue	176	passer-by	104
operator	72, 373	overestimate	82	pass ... out	343
opponent	160	overhaul	99	path	20
opportunity	123	overhead	359	patience	181
oppose	160	overhead compartment	379	patient	180
opposed	160			patron	318
opposite	160	overload	76	patronage	351
opposition	160	overlook	25	paving	385
option	122	overpass	104	pay ... back	130
order date	317	overseas	179	pay by bank transfer	353
ordinary	178	overseas [international] sales department	267		
organization	73, 403			pay by check	353
organize	72				

| 425 |

pay by money order	353	place an order	314	power failure	387
pay cash on delivery	353	plant	115, 275	power line	387
		plaque	333	power outage	98
paycheck	292	plastic bag	397	power plant	387
payday	293	plate	114	practical	169
pay in advance	389	platform	105	practically	169
pay in cash	353	play a major role	333	practice	110
pay in full	389	pleasant	159, 379	praise	96
payment	353	please	159	precede	23
payroll	293	pleased	159	preceding	163
payslip	293	pleasure	333	precipitation	383
pedestrian	104	pledge	75	precise	187
penalty	130	plenary	191	predecessor	152
pension	297	plentiful	156	predict	91
perforated line	405	plot	109	prediction	91
perform	129	plug ... in	206	prefer	55
performance	129	plumber	285	preferable	55
period	116	plummet	321	preference	50
periodic	117	plunge	321	preferred	327
periodical	405	plus	327	preliminary	191
peripheral	347	podium	339	premise	141
permanent	373	point	24	premium	337
permission	140	policy	349	preparation	32
permit	140	polite	180	preparatory	191
persist	28	politician	121	prepare	32
persistence	329	poll	131	prerequisite	83
personnel department	267	pollution	143	prescribe	56
		popularity	125	prescription	56
persuade	60	portfolio	102	presence	131
pertinent	186	position	331	present	163
pharmaceutical	87	possess	82	presentation	339
pharmacist	285	possession	82	presenter	339
philosophy	337	possibility	123	presently	163
photocopier	287	possible	123	preserve	64
photovoltaics	377	post	361	press	311
physician	118	postage	405	press conference	343
pick ... up	106	postage-paid	405	press release	369
pile	26	postpone	44	presume	69
pill	118	potential	399	prevent	46
PIN number	391	poultry	407	prevention	46
place	78	pour	407	preventive	46
		power	387	previous	162

| 426 |

priceless	166
price list	349
primarily	171
primary	171
prime	43
print	399
printer	285
prior	163
priority	125
prior to ...	217
private company	273
privilege	331
prize	333
proactive	329
probability	194
probable	162
probably	194
probation	341
probe	89
procedure	112
proceed	112
proceeds	361
process	79
produce	142, 397
product	309
production	142
productive	142
productivity	142
product recall	309
profession	139
professionally	331
proficiency	153
proficient	329
profit	134
profitability	134, 361
profitable	134
profit-and-loss statement	305
program	387
progress	143
prohibit	56
project	87

projection	87
project proposal	265
prominent	409
promise	75
promising	184
promote	295, 331
promotion	294
promotional	393
prompt	100, 195
promptly	194
prone	162
proof	51, 359
proofread	89
proper	201
properly	201
property	140
proposal	129, 265
propose	129
prospect	152
prospective	152
prosper	369
protect	64
protection	337
prove	51
provide	67
provider	67, 283
province	387
provision	67, 357
provisional	191
proximity	153
publication	409
publicity	335
public relations	267
publish	82
publishing house	273
pull over	107
pulse	401
punctual	329
punishment	130
purchase	65
purchaser	357
purpose	130

pursue	55
pursuit	399
put ... off	44
put ... on	28
put [place] an ad in the paper	311
put ... together	77
put up with ...	58
puzzle	27

Q

quake-stricken	387
qualification	16, 327
qualified	185
qualify	185
quality	67
quality control	341
quantity	110, 317, 349
quarter	302
question-and-answer session	339
questionnaire	126
quickly	194
quiet	407
quit	297
quite a few	211
quota	151
quotation	82
quote	82

R

railing	115, 365
railroad	105
railway	105
rain date	403
rainfall	383
rainforest	100
raise	14
raise funds	403
rally	64
range	18
rapid	194

427

rapidly	194	refuse	34	remind	36
rare	156	regard	53	reminder	36
rarely	193	regarding	204	remit	353
rate	216, 391	regardless of ...	204	remittance	353
read	108	region	108	remodel	365
ready-made	395	regional	109	removal	77
real estate	49	regional office	275	remove	77
real estate agency	273	register	53	remunerative	331
realization	19	registration	53	renew	405
realize	19	registry	53	renewable energy	377
rearview mirror	107	regret	18	renewal	405
reasonable price	395	regrettably	351	renovate	150, 365
rebate	395	regular	373	renovation	150
recall	36	regular price	41	renowned	339
receipt	359	regulate	120	rent	20, 87, 359
reception	335	regulation	120	reorganize	73
receptionist	285	reimburse	92	repair	31
recession	320	reimbursement	359	replace	78
recipient	333	reject	34	replacement	78
recognition	40	rejection	34	reply	70
recognize	40	relate	186	report to ...	327
recognized	40	related	186	represent	343
recommend	23	relation	115	reputation	125
recommendation	23	relationship	115	repute	125
reconditioned	357	relative	186	request	399
recoup	361	relatively	186	require	83
recovery	144	release	82	required	327
recruit	341	relevant	186	requirement	83, 327
rectify	68	reliability	17	requisite	83
redecorate	365	reliable	181	reschedule	86
red ink	301	relief	127	rescue	18
reduce	33	relief supplies	109	research and development department	267
reduction	33	relieve	127	research institute	403
refer	71	relocate	363	reservation	329, 393
reference	71	reluctant	158	reserve	36
refinance	389	rely	17	residence	118
reflect	46	remain	35	resident	118
reflection	46	remainder	35	residential	118
refreshment	147	remark	149	resign	152, 296
refund	130	remarkable	149	resignation	152
refundable	130	remedy	118		
refurbish	365	remember	36		

resist	58	right	214	scarce	156
resolve	101	right away	195	scarcely	193
resource	148	ring	216	scatter	86
resourceful	329	rise	14, 369	scenery	393
respect	120	roast	407	schedule	86
respective	202	robbery	146	scheme	131
respectively	202	roll	373	scholar	339
respond	71	roll off ...	369	scrub	26
respondent	399	rooftop	377	sculpture	381
response	71	room	84	seat	407
responsibility	123	rough	200	secondhand	375
responsible	123	roughly	200	secretarial	331
rest assured that ...		rout	60	secretary	285
	73, 399	route	385	section	397
restock	351	row	126	secure	78
restoration	365	RSVP	335	security	279
restore	98	rubbish	115	security camera	45
restraint	120	rule ... out	72	security guard	391
restriction	120	rumor	212	sedentary	331
restructuring	361	rundown	407	see a doctor	205
result	150	run on ...	66	see if [whether] ...	31
result in ...	120	runway	379	seek	54
resume	343	rural	175	seeker	55
résumé	327			seem	50
retail	138, 283	**S**		see ... off	379
retailer	138	safe	208	seize	17
retailing	188	safety boots	369	seldom	193
retire	297	salary	293	self-addressed	405
retirement	333	sale	361	self-starter	329
retool	365	salesclerk	285	semiannual	177
retreat	393	sales representative		sender	347
return one's call	345		284	send ... in	315
revamp	40	satellite office	275	senior	202, 329
reveal	99	satisfaction	399	sequel	409
revenue	134, 361	satisfactory	158	serve	38
review	81	satisfied	158	setting	122
revise	67	satisfy	158	settle	66
revision	67	save	18	settlement	66
revitalize	369	savings	405	set ... up	75
reward	146	savings account		several	156
rewarding	331		55, 391	severance	373
ride	106, 363	scan	57	severance pay	297

sewage	323		situation	122		spectator	319
sewer	323		sizeable	190		speculate	69
share	279, 399		skill	121		speed	385
shelf	113		skillful	183		spending	361
shift	379		skip	77		spending habits	399
ship	76, 315		skyrocket	369		spirit	403
shipment	315		slash	373		splendid	172
shipping and handling (charge)	317		slight	194		sponsor	403
			slightly	194		spot	385
			slip	405		spread	86
shipping cost	349		slippery	383		sprinkle	115
shipping date	315		slow down	385		square	109
shortage	186		small and medium-sized company	273		stability	170
shortcut	385					stabilize	170
shorten	54		smoke detector	216		stable	170
shortly	196		snack	335		stack	26
short-term	189		snooze	217		staff	371
showcase	335		snowy	383		stair	102
shower	383		soaring	369		stamp	213
show +人+ around	219		so far	215		standstill	150
			software	218, 347		stapler	287
shrink	33		soil	55		stare	57
shutdown	373		solar panel	377		starter	407
shuttle bus	393		solicit	403		start-up (company)	273
shy	180		solo	349			
sidewalk	24		solution	69		state	90
sightseeing spot	393		solution-oriented	329		statement	91, 391
sign	108		solve	101		state-of-the-art	191
signal	108		some	201		stationary	383
signature	108		soon	196		stationary bike	401
significance	161		sophisticated	192		stationery	287
significant	161		soup of the day	407		statistics	131
signify	161		source	148		stay	35
sign up for ...	401		southbound	385		stay close to ...	381
silverware	114		spacious	157		Stay tuned.	387
similar	331		special	407		steadily	202
simplify	111		specialize	92		steady	202
sincerely	335		specific	94		steelmaker	373
sink	50		specifically	94		steep decline	373
site	109		specification	94		step	102
situate	43		specify	94		step down	297
situated	122		spectacular	172		stimulate	96

stimulus	96	subsidize	281	surveillance camera		365
stipulate	357	subsidy	281	survey		131
stock	279	substance	190	suspect		30
stockbroker	279	substantial	190	suspend		44
stock exchange	279	substitute	122	suspicion		116
stockholder	278	subtotal	317	suspicious		30
stolen	337	subtract	22	sustain		32
stop by ...	213	suburb	109	sustainable		377
stop operations	371	succeed	45	sweep		26
stopover	379	succeeding	45	sweeping		26
storage	49	successful	45	swiftly		194
store	49	successive	190	symposium		343
store clerk	397	successor	331	symptom		117
storeroom	49	suddenly	202			
storm	383	suffer	41	**T**		
stranded	385	sufficient	182	table		133
strategy	131	suggest	37	tactic		131
streamline	361	suggestion	37	tailor-made		401
strength	54	suit	165	take a day off		205
strengthen	54	suitable	165	take advantage of ...		393
stress	98	suite	393	take a leave of absence		205
stretch the budget	303	sum	91	take a message		345
strict	170	summarize	91	take a nap		217
strictly	170	summary	91	take an order		407
strike	371	superb	172	take ... into account		221
stringent	170	superior	172, 291	take off		379
strive	38	supervision	329	take ... on		207
structural	141	supervisor	290	take one's place		331
structure	141	supplement	405	take out a loan		389
study	131	supplier	283	take ... over	331,	347
subcontractor	283	supply	140	takeover		367
subject	179	supply room	287	take part in ...		67
submerge	50	support	23	take place		210
submission	81	suppose	68	talent		121
submit	81	surcharge	353	talk		371
subordinate	291	surface	50	tangle		387
subscribe	41	surge	14	target audience		311
subscriber	41	surpass	93	task		151
subscription	41, 405	surplus	135			
subside	50	surround	38			
subsidiary	280	surrounding	38			

| 431 |

taste	397
tax	317
tax relief	145
team up with ...	359
technical terms	153
telecommunications	323
telecommuting	269
telephone directory	345
temperature	383
temporarily	365
temporary	373
tempt	38
tenant	118
tender	297, 407
tentative	190
tentatively	191
term	189
terms and conditions	349
terms of payment	353
terrible	171
terrific	171
textile	53
textile product	309
texture	407
thanks to ...	207
the board of directors	276
theft	30
theme	409
the person in charge	289
therefore	198
thesis	89
thick	168
thin	168
third party	399
thorough	174
thoroughly	174

thought	156
thought-provoking	341
threaten	371
thrive	369
throughout	56, 387
thunderstorm	98
tick	197
ticket	385
tidy	27
tie	202
tight	170
tight budget	303
time-line	269
tire	107
tired	160
tireless	182
toast	335
to be determined	353
to be honest	220
to capacity	401
to date	215
toddler	393
together with ...	203
token	355
tolerate	16
toll-free	345
tool	137
too ... to *do*	167
to that effect	351
to the effect that ...	218
tour	381
tourism	221
tourist spot	393
tow	105
To Whom It May Concern	329
toxic	58
toxic chemical	195
track	20
tracking number	351

track record	327
traffic	104
traffic congestion	385
traffic jam	385
tragedy	409
trail	20
trainee	341
transfer	79
transformer	387
transit	355
transmission	387
transport	104
transportation	104
trash	115
travel	385
travel agency	273
treadmill	401
treatment	56
treaty	367
trial	405
trimming	361
tropical storm	383
truckload	76
truly	331
trusted	347
trustworthy	181
try ... on	397
turbulence	379
turn around ...	221
turn ... down	33
turn ... off	206
turn ... on	206
turn out	212
turnout	52
turnover	373
turn to ...	17
turn (to the) right	104
turn ... up	206
typo	145

U

ultimately	199	upset	47	via	355
unanimously	343	upside	377	viable	188
unattended	15	upstairs	193	vicinity	153
unauthorized	357	upsurge	369	vigorous	166
unavailable	155	up to ...	18	violation	349
uncover	99	up-to-date	191	virtually	200
underestimate	82	upturn	369	virus	35, 347
undergo	63	urban	175	visitor	319
undergraduate	341	urge	100	visual aid	343
underline	98	urgent	169	vital	186
underscore	98	urgently	169	voice	91
under separate cover	351	user-friendly	395	voltage	387
understaffed	74	utensil	114	volume	409
undertake	63	utility bill	322	volume discount	349
undertake the job	331	utilize	101, 323	voluntary resignation	297
underwrite	337	utter	91	vote	52

V

uneasy	166	voter	52
unemployed	373	vacancy	165	voucher	393
unemployment rate	321	vacant	165	vulnerability	347
		vacuum	26	
		valid	174	

W

unforgettable	337	validate	174	wage	293
unfortunately	351	valuable	103, 166	wait in (a) line	42
uninsured	337	value	88	wait on ...	38
union	371	valued	88	wake-up call	393
unique	209	variety	381	walk	363
unit	137, 317	various	156	walk out	371
unlike	153	vary	156	walkout	371
unlikely	162	vase	355	warehouse	146, 363
unload	76	vast	349	warn	52
unpack	355	vegetarian	407	warning	52
unplug	206	vehicle	105	warrant	357
unveil	99	vending machine	141	warranty	357
unwilling	157	vendor	283	wash [do] the dishes	26
upcoming	177	ventilation	365		
update	124	venue	335	waste	18, 115
up-front	389	verge	381	wastewater	323
uphold	23	verify	359	water	115
upon receipt of ...	353	versatility	329	watercolor	115
upright	379	vertical	343	weaken	54, 373
ups and downs	154	vessel	76	wear	28

| 433 |

weather	62		windshield	107		workmanship	357
website	347		wind turbine	377		work on ...	207
weigh	401		wipe	26		workout	401
welcome party	333		wire	387		work overtime	268
welfare	327		wiring	365		workplace	46
well-equipped	214		with care	173		workshop	341
well-known	339		withdraw	55, 391		worn-out	160
well-mannered	180		withdrawal	391		worried	167
well-paid	331		with ease	218		worry	47
wheel	106		without charge	357		worsen	40
wheelbarrow	106		with reference to ...	345		worth	172
white-collar	331					worthwhile	173
whole	163		withstand	58		worthy	173
wholesale	138, 283		wonder	30		wrong	161
wholesaler	349		won't break the bank	393			
Why don't we ...?	208					**X**	
wide	168		work a night [day / morning] shift	269		X-ray	59
widespread	187		worker	371		**Y**	
wildfire	34		work from home	269		years of service	333
wildlife	381		working day	345		yet	197
willing	157		work late	269		yield	299
win	215		workman	24			
wind farm	377						

MEMO